キリン
大衆
琉球泡盛
女の人入用

洛北出版

# 釜ヶ崎のススメ

原口 剛　稲田七海　白波瀬達也　平川隆啓 編著

ここまでの写真は、上畑恵宣撮影、大阪市立大学都市研究プラザ所蔵

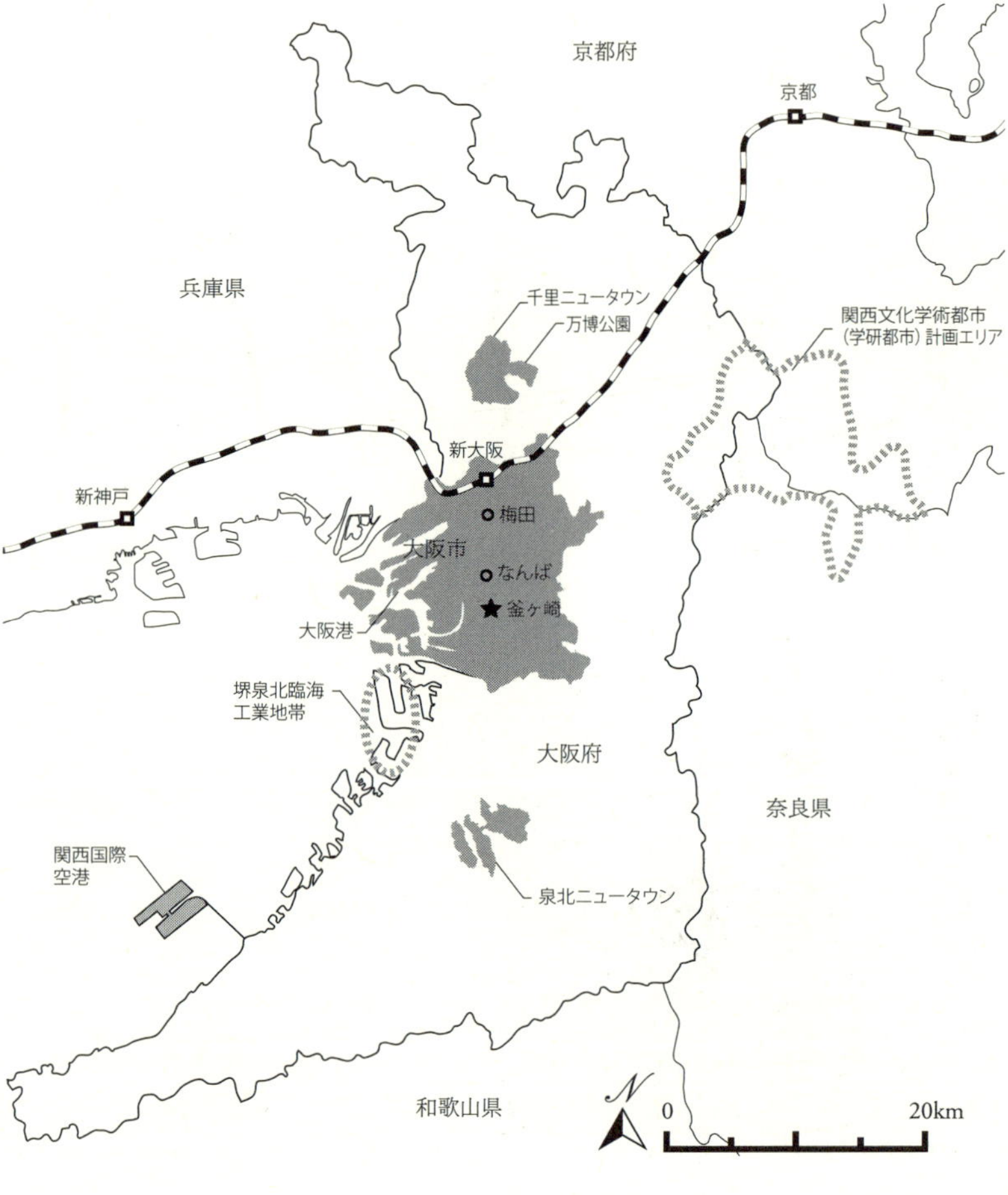
京都府
京都
兵庫県
千里ニュータウン
万博公園
関西文化学術都市
（学研都市）計画エリア
新大阪
新神戸
梅田
大阪市
なんば
釜ヶ崎
大阪港
堺泉北臨海
工業地帯
大阪府
奈良県
関西国際
空港
泉北ニュータウン
和歌山県
N
0
20km

なんば
日本橋
ミナミ
南海なんば
日本橋でんでんタウン
大国町
恵美須町
新世界
南海新今宮
フェスティバルゲート跡地
天王寺動物園
天王寺公園
JR新今宮
あいりん総合センター
動物園前
釜ヶ崎
太子
萩之茶屋
山王
阿倍野再開発事業エリア
天王寺
JR天王寺
0
200m
N

新今宮駅
関西本線
尼崎平野線（国道43号線）
南霞町駅
新今宮駅
動物園前駅
（大阪市営地下鉄堺筋線・御堂筋線）
愛隣寮
あいりん総合センター
あいりん公共職業安定所
西成労働福祉センター
大阪社会医療センター
今宮中学校
花園公園
南海本線
萩之茶屋小学校
仏現寺公園
（萩之茶屋北公園）
臨時夜間緊急避難所
（シェルター・今宮）
三徳寮
旧紀州街道
（銀座通り）
阪堺線
堺筋
動物園前1番街
大阪市立更生相談所

この釜ヶ崎の詳細地図は、冨永哲雄・作成による地図に、本書の編者が加工・加筆を行ない、校正したものである。

# 凡《はん》例《れい》

◉「序章」の末尾（37頁）の言葉を、以下に引用する。

「この本は、どこから読んでもいいように作られている。はじめのほうから順をおって読む必要はない――もちろん、そういうふうに読んでもらってもいい――、まずは気になるところから読み始めてほしい。それから、ページには脚註《きゃくちゅう》（主に下の段に小さな活字で組んだ文章）をたくさん記しておいたが、これらは読み飛ばしてもらってかまわない。もっとくわしく知りたいと思ったときや、ちょっと分かりにくいなと感じたときに、参照してほしい。」

◉本書の中で述べられている主な出来事・歴史・概念《がいねん》などについて、その紹介・解説を、各ページの下部分に、脚註として記している。その位置は、本文中に註番号および▽記号で示している。

◉本文および脚註の中の［⇩123頁］は、「本書の123ページを参照」を示している。そのページには、関連する言葉や出来事について詳しく述べられている。また、主な事項や固有名詞は、巻末の「索引《さくいん》」からも、言及されているページを知ることができる。

◉本文中の［ ］は、著者による補註《ほちゅう》（語の説明・原語の表記など）の挿入《そうにゅう》である。また、書籍、雑誌、新聞などには『 』を、論文などには「 」を用いて表わした。

◉本文中の引用文献・参照文献は、その書誌《しょし》情報を脚註として記した。

序章

# 釜ヶ崎という地名

原口剛

## 地名のナゾ

この本は、釜ヶ崎《かまがさき》という場所について書かれている。では、釜ヶ崎とはどこにあるのだろうか？

ＪＲ環状線《かんじょうせん》の新今宮《しんいまみや》駅を降りると、◁南側に「ホテル」という看板を掲げたたくさんの建物が目にはいる。これら並び立つホテルは、安い値段で宿泊できる簡《かん》易宿泊所《いしゅくはくしょ》で、「やど」をひっくり返して通称「ドヤ」◁とも呼ばれる。このときあ

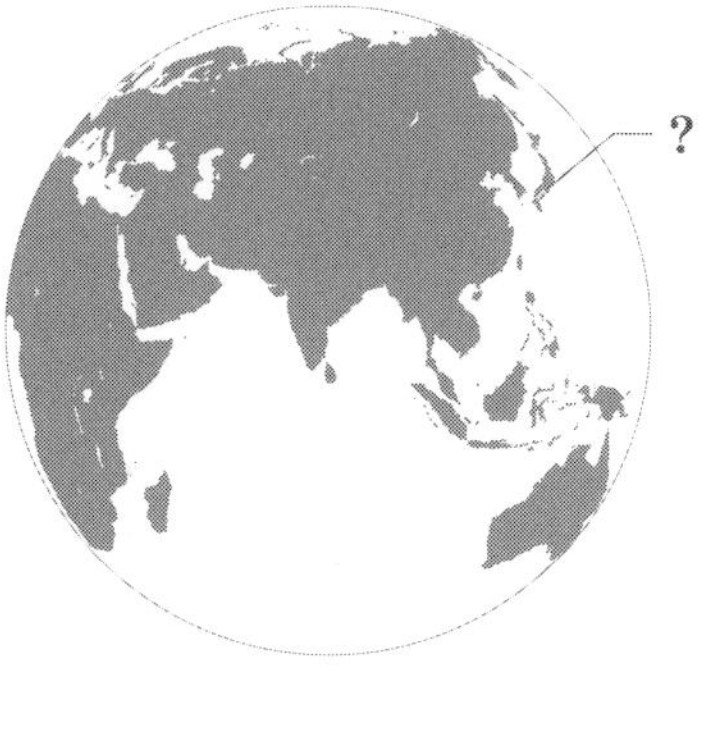

なたが目にしているのが、釜ヶ崎と呼ばれる場所だ。けれども、不思議なことがある。

ドヤ街《がい》を歩きながら、あなたは地図帳を、もしくは携帯電話でwebサイトを開いて、自分がどこにいるかを確認しようとする。けれど、地図を開いていくら目を凝《こ》らし探してみても、このあたりにあるはずの「釜ヶ崎《かまがさき》」という地名は見あたらないのだ。そこであなたは、通りを歩いているおじさんに「ここはどこですか」と尋ねてみる。すると、「ここはカマやで」とか、「ニシナリやで」とか、そういった答えが返ってくる。なるほどたしかにここは釜ヶ崎であるらしい、けれどもそれは地図にまったく記載《きさい》されていないのだ。

不思議なことはまだある。ドヤ街の散歩から帰ったあなたは、ちょうどテレビのニュースで今さっきまでいた場所が取り上げられているのを目にした。しかしこのニュースのなかでも、「釜ヶ崎」という名前はまったく使われない。そのかわりに、「ここあいりんでは…」といった具合に、「カマ」とか「ニシナリ」と呼ばれた場所が、テレビでは「あいりん」と呼ばれているのだ。

このように、釜ヶ崎という場所は状況によってさまざまな呼ばれ方がされる。簡単に整理しておくと――

**新今宮駅**（JR環状線）⇩11頁、12頁の**地図**
**ドヤ**⇩120頁、158頁、186頁

❶一九六五年頃の新今宮駅前の交差点（上畑恵宣撮影・大阪市立大学都市研究プラザ所蔵）下の❷は同じ場所の二〇一一年五月の写真

❷

(1) 地図に釜ヶ崎《かまがさき》という表記はない。だからそれは正式な地名ではない。
(2) けれどもそこで生活する日雇《ひやと》い労働者は、この地域を釜ヶ崎と呼ぶ。
(3) テレビや新聞では、この地域を「あいりん」と呼ぶ。

正式な地名ではないのに、なぜ人びとはこの地域を釜ヶ崎と呼んでいるのか？この地域が釜ヶ崎と呼ばれる一方で、なぜテレビや新聞は「あいりん」というまったく別の呼び名を使うのか？　そもそもなぜ、それほど広くないこの地域に、いくつもの呼ばれ方がされるのか？　地名ひとつとっても、すこし考えると釜ヶ崎にはたくさんのナゾがある。これらのナゾの一つひとつは、釜ヶ崎の歴史といまをひも解くことで、ようやく理解できるようになる。

この本には、釜ヶ崎の歴史といまを知るための文章がふんだんに掲載されている。本を読み進めるためのガイドとして、まずこの序章では、それぞれの時代に釜ヶ崎がどのような呼ばれ方をしていたのかをたどっていこう。そうすることで、釜ヶ崎という地名のナゾをきっと理解してもらえるだろう。

左の❸の**写真**は、一八九〇年代の新今宮駅あたりを撮影したものである。148頁の「**地図のススメ**③」の**右図**の中で、その撮影方向を地図左側の⬇で示してあるので確認してほしい。当時の大阪鉄道（ＪＲ関西線、大阪環状線）と阪堺鉄道（南海電鉄）の交差地のこの写真は、現在のＪＲ・南海新今宮駅にあたる。現在は南海線の高架がＪＲ線をまたいで走っているが、この写真の時代はまだ南海線が高架になっていないので、現在とは逆に築堤状の関西線が南海線をまたいでいる。また、そのまわりは一面に田んぼが広がる光景となっている。
（出典：上田貞治郎写真コレクション、大阪市立大学都市研究プラザ管理）　（水内俊雄 筆）

# 釜ヶ崎が地図に載《の》っていたころ

　明治時代末期の地図をみると、「釜ヶ崎《かまがさき》」という地名が記載されているのがわかる（次頁の❹の**地図**）。この時代には、この場所の正式な地名は「西成郡今宮村字《にしなりぐんいまみやむらあざ》釜ヶ崎」[一1]だったのだ。

　当時、釜ヶ崎の土地にはどのような風景が拡《ひろ》がっていたのだろうか？　釜ヶ崎界隈《かいわい》を写した一八九〇年代の写真（下の❸の**写真**）には、現在のようにドヤが建ち並ぶ姿は見当たらない（162頁以下の❹❺❻❼の**写真**も参照）。それどころか、建物らしき物影はひとつも写っていない。いまと同じなのは、大阪鉄道（現在のＪＲ関西線、大阪環状線）と阪堺《はんかい》鉄道（現在の南海電鉄）の線路が走っている姿だけで、あとは一面に田んぼが拡がっているばかりである。

　このように釜ヶ崎が地図に載《の》っていた当時、この土地は都市としてまだ開発されることのない農地だった。釜ヶ崎という地名も、ほかの地名となんら変わらない、当時としてはありふれた地名のひとつでしかなかった。けれどもこのありふれた地名は、やがてこの土

❸一八九〇年代の風景

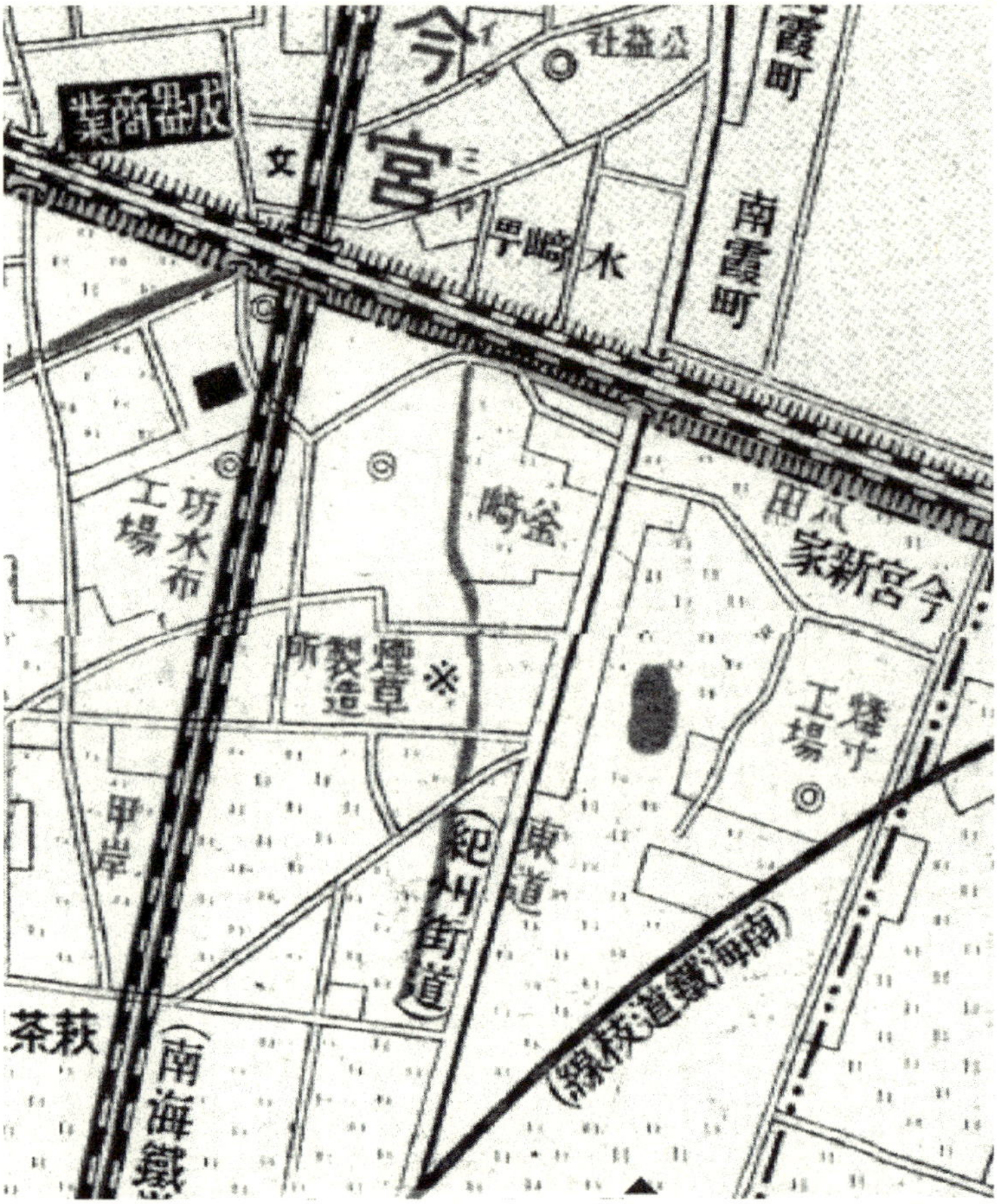


**❹ 市販地図に初めて釜ヶ崎が登場**

農地と市街地の違いが分かり、「釜崎」の地名の右に走る紀州街道に木賃宿街の登場が見られる。

地で起こるものごととともに、数奇な運命をたどることになる。

その運命を決定づけたのが、木賃宿《きちんやど》（この時代のドヤの正式名称）である。◁かつて木賃宿は、長町《ながまち》（名護《なご》町）と呼ばれる町の端《はし》に建ち並んでいた（159頁の❷、161頁の❸、168頁の❾の**地図**を参照）。長町とは、現在の日本橋《にっぽんばし》◁の界隈《かいわい》にあった町である。つまり当時のドヤ街《がい》は、釜ヶ崎のもっと北のほうに位置していた。そして釜ヶ崎はといえば、一面に田んぼが拡《ひろ》がるばかりであった。

さて明治時代に入ると、都市の近代化がはじまる。都市の近代化とは、それまでにない新しい権力構造のもとで、都市空間が塗《ぬ》りかえられていく、ということを意味する。この新しい権力は、思うがままに都市を操《あやつ》ろうとして、まずは都市計画の図面をつくる。そうして、図面にしたがって道路を走らせたり、工場や住宅地を開発したりして、都市を近代的な姿へと塗りかえていくわけである。それとともに、都市空間は爆発的に拡がっていくのだ。

このとき、釜ヶ崎という地名の数奇な運命がはじまる。押し寄せる近代化の波のなか、長町の木賃宿街は解体され、別の土地へと移されていった。そうして木賃宿街が移転された先の土地の名前こそ、「西成郡今宮村字釜ヶ崎」の界隈だったのだ。このような釜ヶ崎の歴史のはじまりを、**第4章**ではくわしく解き明かしている。

**1**● 145頁の「**地図のススメ①**」を参照

**木賃宿**⇩158頁、186頁

**日本橋**⇩11頁の**地図**。現在は西日本最大の家電量販街でもある。

もともと木賃宿《きちんやど》街は、貧しい人びとがなけなしの日銭《ひぜに》を払って集まり住む場所だった。それは、いつの時代でも「貧民窟《ひんみんくつ》」だとか「スラム」◁だとか、異質な場所としてイメージされるものだった。貧しい人びとが集まっているわけだから、まだ衛生環境も整っていないこの当時には、伝染病が発生する震源地《しんげんち》ともなった。そればかりなく、ときの権力者は木賃宿街を犯罪の巣窟《そうくつ》◁だとみなしたりもした。

長《なが》町の木賃宿街が抱えてきたそうした運命を、こんどは「釜ヶ崎」と呼ばれる土地が引き受けることになったのだ。かつてありふれた地名だった「釜ヶ崎」は、木賃宿が移転されることで、いちやく有名になった。釜ヶ崎といえばスラム、といったぐあいに、この場所は、好奇心と恐怖心が入り混じったまなざしを注がれるようになったのである。その具体的なあり様は、**第5章**で明らかにするとおりである。

一九二二年、町名改正によって「釜ヶ崎」という地名は変更され、正式な地名としては姿を消した。けれども、木賃宿街に注がれる好奇と恐怖のまなざしは、変わることなく注がれつづけた。そうして正式な地名として姿を消した後も、「釜ヶ崎」という地名は木賃宿街を名指す通称《つうしょう》として、呼びならわされ続けることになった。「地図にない町」としての釜ヶ崎の歴史は、こうしてはじまったのである。

**スラム**

スラムとは、貧困が集中する都市のエリアを指す言葉である。こうしたエリアは、近代に入ってからというもの、世界中の都市が抱える問題として存在していた。また、スラムは、犯罪の温床とみなされたり、治療されるべき病理とみなされたりと、時代によってさまざまな視線を浴びせられてきた。ちなみに有名な都市研究者のマイク・デイヴィスは、二一世紀の都市では、かつてないほどの規模でスラムが拡大するだろうと予言している（マイク・デイヴィス『スラムの惑星――都市貧困のグローバル化』酒井隆史監訳、二〇一〇年、明石書店）。

**犯罪の巣窟** ⇩164頁以下

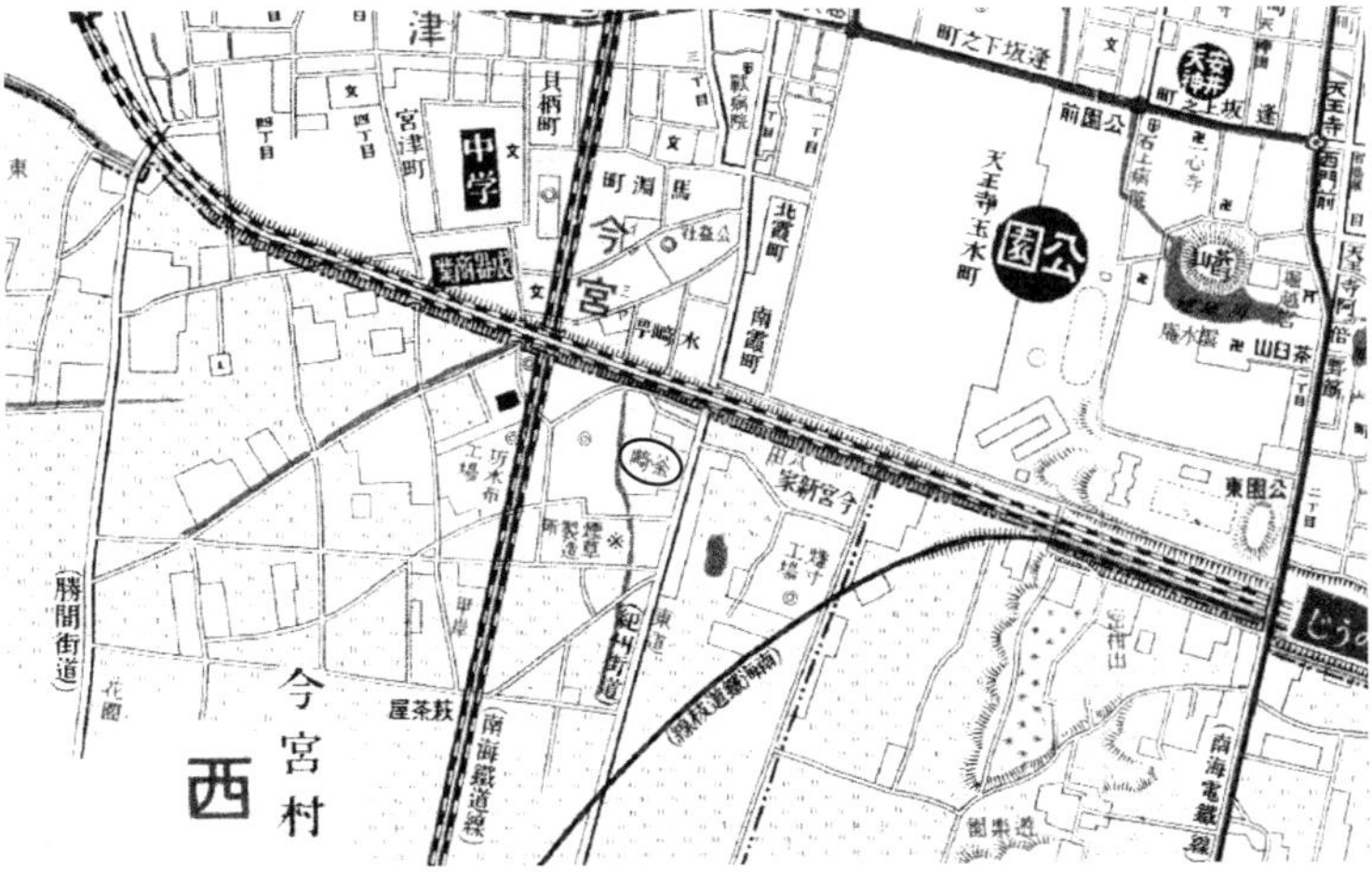


❺ 1911 年

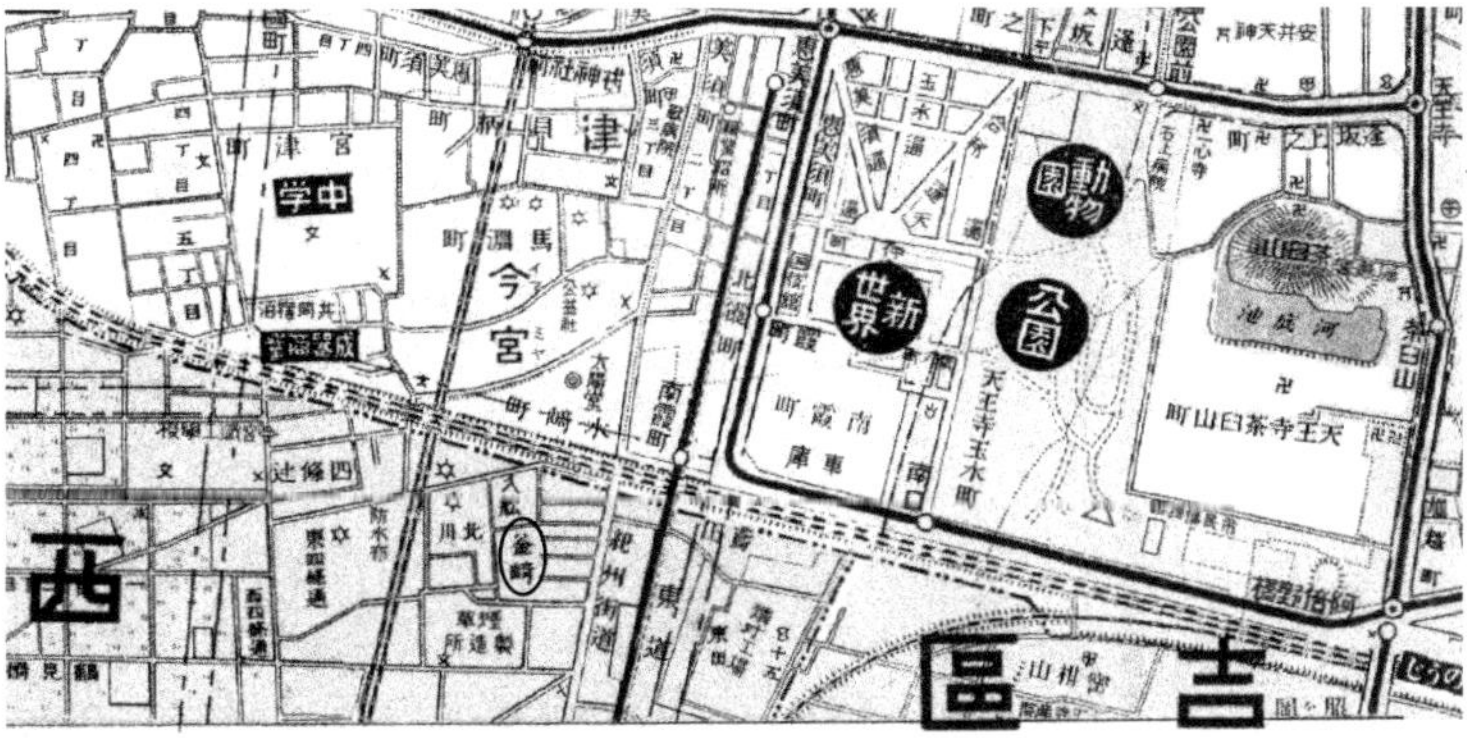


❻ 1925 年

**一九一一年❺と一九二五年❻の地図**

市販の地図で釜ヶ崎の地名が初めて登場したのは、一九一一年の和楽路屋の地図のようである。**上図❺**では、「釜崎」と書かれたまわりで、農地の記号以外の白地のところが市街地化の進んでいるエリアとして描かれている。煙草製造工場の進出とともに、市街地としての釜ヶ崎の成立が見て取れる。西という字は、西成郡を意味し、鉄道を挟んで北部は大阪市である。鉄道の北側の大きな空白地は、新世界が登場する直前の状況であるが、天王寺公園はすでに開設されている。

一方、大大阪成立の一九二五年の**地図❻**では、西成区、住吉区の名称が地図上で登場し、地名も新町名が

## 「あいりん」という地名

地名をめぐるもうひとつのナゾは、テレビや新聞がこの地域を「あいりん」と呼ぶのはなぜか？ということだった。このナゾをひも解くカギは、釜ヶ崎の戦後の歴史にある。

「あいりん」という地名が生まれるきっかけは、一九六一年八月に起こった第一次暴動《ぼうどう》だ。この暴動のくわしい説明は、ひとまず**第2章**や**第6章**、**第7章**の説明にゆずることにしたい。地名がたどる運命を考えるうえで重要なのは、ひとつには第一次暴動がマスメディアによって盛んに報《ほう》じられた、ということ。もうひとつには、この暴動をきっかけとして釜ヶ崎対策が開始され、地域の姿がおおきく変えられていった、ということである。

釜ヶ崎は、木賃宿が移転されてきた当時から、「貧民窟《ひんみんくつ》」や「スラム」といったまなざしを注がれてきた地域である。そこで起こった暴動は、それみたことかといわんばかりに、大々的に報じられた。ただでさえ「スラム」というイメージで差別視されてきた地域に、さらに「暴動」のイメージが塗り重ねられたのである。けれども、問題は、イメージの中身よりも、むしろその広がり方にあった。

記されている。このとき「釜ヶ崎」という町名はすでに正式な地名ではなくなっているが、地図では「入舩」（東入船町・西入船町という新町名を略した表記）に併記されるかたちで「釜崎」という表記が残されている。

市街地化はほぼ完了し、釜ヶ崎をはさんで、両側では矩形の街区が登場し、耕地整理事業の進行がうかがえる。新世界ははっきりと見て取れ、新たに動物園や市電の車庫、今宮中学校（旧制）の立地が描かれている。

（出典：実地踏測大阪市街全図、一九二一年、日下伊兵衛、和楽路屋。実地踏測大阪市街図、一九二五年、日下伊兵衛、和楽路屋。国際日本文化センター http://tois.nichibun.ac.jp/chizu/index_area.html より）

（水内俊雄 筆）

一九六一年当時といえば、高度経済成長◁のまっただなかである。人びとの生活が豊かになりゆくなか、各家庭にはテレビが爆発的に普及◁しつつあった。暴動は、そのようななかで報じられることになったのだ。暴動の映像は、「釜ヶ崎」や「**西成**《にしなり》」といった地名を添《そ》えて、全国すみずみへと届けられた。多くの人は、「釜ヶ崎」や「西成」という地名を、暴動の報道をつうじてはじめて知ることになった。大阪に行ったこともないのに、ましてや釜ヶ崎や西成がどこにあるのかもわからないのに、「釜ヶ崎といえば暴動」というイメージだけなんとなく知っている――そんなふうに釜ヶ崎のイメージが、ひとり歩きをしてしまったのだ。[2]

他方では、暴動が起こったことで、行政や政府も釜ヶ崎で起こっていることをもはや無視できなくなった。そこで、大阪市や大阪府のみならず、政府みずからも加わった、大掛かりな**釜ヶ崎対策**が開始された。この釜ヶ崎対策によって、地域の姿はおおきく変えられることになる。まず、暴動が起こるような地域は家族にとって不健全だという理由で、家族をもっている労働者は、釜ヶ崎以外の地域へと移転させられていった。その一方で、仕事を探して各地の農村から都市へと出てくるひとり身の若い労働者を、釜ヶ崎へどんどん流入させていった（⇩216頁の❼の表）。というのも、一九七〇年に開催《かいさい》される予定の万国博覧会《ばんこくはくらんかい》◁をなんとしても成功させるために、博覧会会場を建設する労働者を集めておく必要が

**高度経済成長**
一九五〇年代から一九七〇年代はじめまで、日本経済は驚くほどのスピードで成長した。一九五六年には経済白書が「もはや戦後ではない」とうたい、六〇年には国民所得を十年間で倍増させる新政策「国民所得倍増計画」が始動。六八年には、国内総生産（GNP）で資本主義世界第二位にのし上がった。

**テレビの普及率**
一九六一年には白黒テレビの世帯普及率は五〇%を超え、六五年には九〇%に達した。また、一九六〇年には、NHKと民放4局がカラーテレビの放送を始めたが、普及はまだごくわずかであった。その後、カラー

あったのだ。釜ヶ崎のドヤ街《がい》に若い労働者（現在でいうところのフリーター）を集めておけば、博覧会場を建設するために必要な労働者をいくらでもまかなえる、というわけだ。この対策のより具体的な内容は、**第6章**できめこまやかに説明しているので参照してほしい。また、**第1章**や**第2章**を読めば、日雇《ひやと》い労働者が働く姿をより身近なものとしてイメージしてもらえることだろう。

　家族を釜ヶ崎から移転させる、その一方でひとり身の労働者を流入させる。すると当然ながら、釜ヶ崎はひとり身の男性労働者のまちへと塗り替えられていく。一九六〇年代の釜ヶ崎は、いまと同じく貧しい人びとが寄り集まるまちだったけれども、そこには家族や子どもの姿があった。現在、釜ヶ崎のまちを歩くと、道ですれ違うのはだいたい高齢の男性ばかりで、家族の姿はほとんど見かけられない。釜ヶ崎がそのようなまちになったのも、こうした経緯《けいい》があってのことなのだ。

　さて、この釜ヶ崎対策のなかでもうひとつ、ある重要なことがらが決定されていた。この地域に、「あいりん」という地名が名づけられたのである。さきほど説明したように、釜ヶ崎という地名は暴動のイメージとともに、全国的に知れわたってしまった。このイメージをかき消すためには、新たな地名が必要だと考えられた。そこで、縁《えん》もゆかりもない「あいりん」という、まったく新しい地名を使用することが決定されたのだ。

テレビは急速にシェアを拡大し、一九七二年には六〇%を超えた。

**一九七〇年の万博**

一九七〇年に大阪で開催された日本万国博覧会は、六四年の東京オリンピックと並んで、高度経済成長を象徴するイベントだといえるだろう。「人類の進歩と調和」をテーマにしたこの博覧会は、アジアではじめて開かれた国際博覧会だった。テレビの画面をつうじた宣伝と演出は、万博に対する人びとのあこがれをかき立て、会期中には六〇〇〇万人を超える人びとが訪れた。この集客数は、二〇一〇年の上海万博によって塗り替えられるまで、万博史上最多であった（吉見俊哉『博覧会の政治学――まなざしそれからというもの、新聞やテレビでは◁この地域を「あいりん」と呼ぶのがならわしとなった。そもそも「釜ヶ崎」という地名が通称《つうしょう》なのに、それを打ち消すためにさらに新たな通称が加わったのだから、なんともややこしい話である。こうして、あるときには「釜ヶ崎」や「ニシナリ」と呼ばれたり、あるときには「あいりん」と呼ばれたりと、この地域はさまざまに呼ばれるようになったわけだ。

## 釜ヶ崎対策が残したもの

釜ヶ崎対策のいちばんの目的は、一九七〇年の万博《ばんぱく》をなんとか乗り切ることだった。目論見どおり、万博は大成功を収め、いまでも大阪の戦後史にさん然とした輝きを残している。では、釜ヶ崎にはなにが残されたのか？

一九六〇年代にあれだけ大々的に繰り広げられた釜ヶ崎対策であるが、万博が終わった後は、それ以上の対策は打ち出されなくなった。簡易宿泊所《かんいしゅくはくしょ》を住まいとするようこの場所に囲い込まれた日雇い労働者は、その数三万人にも達するともいわれる。いつ失業するかもわからない不安定な状態のまま、これだけの膨大《ぼうだい》な数の日雇い労働者を残して、釜ヶ崎対策の展開は幕を閉じた。釜ヶ崎には、い

---

の近代』一九九二年、中央公論社）。浦沢直樹のマンガ『二〇世紀少年』を読むと、当時の日本社会に万博が与えたインパクトがよくわかる。

大阪・西成のあいりん地区（釜ケ崎）で求職した60代の男性労働者が、求人内容とは異なる東京電力福島第一原子力発電所敷地内での作業に従事させられていたことがわかった。求人情報を掲示した財団法人「西成労働福祉センター」が9日、明らかにした。職業安定法＝＝違反の可能性もあり、大阪労働局は事実関係の確認を進めている。

**新聞やテレビでは…**
たとえば『朝日新聞』二〇一一年五月九日夕刊の記事は右のように記されている。

つ爆発するかわからない時限爆弾が仕掛けられたといっていいだろう。日雇いの仕事があるうちは、ドヤぐらしを続けることができる。けれどもいざ日雇い仕事がなくなった途端、たくさんの労働者が即座に住まいを失うことになるだろう。じっさい一九九〇年代に入ると、◁釜ヶ崎にはいよいよ失業の時代が到来した。こうして釜ヶ崎では、失業と野宿《のじゅく》の問題が劇的に爆発したのである。

釜ヶ崎対策が残したものは、それだけではない。対策を経て、地域には大きな傷が刻み込まれた。日雇い労働者を支援する労働運動や支援団体と、日雇い労働者と生活や商売を共にする「地域住民」[2]とが、正反対の立場に立たされることになってしまったのだ。じつは、釜ヶ崎やあいりんといった地名は、そうした傷をもあらわしている。

ここで、労働運動や支援団体の立場になって考えてみよう。日雇い労働者は、立場が不安定なだけではない。手配師《てはいし》◁と呼ばれる仲介《ちゅうかい》業者によって賃金はピンはねされ、労働現場では差別的に扱われ、ときに暴力を受けることも珍しくはない。仕事を失えば、宿賃が払えなくなり野宿を強いられ、路上で命を落とす労働者も跡《あと》を絶たない。そのような状況をつくり出したまま、釜ヶ崎対策の展開は幕を閉じてしまった。いわば、日雇い労働者は使い捨てにされてしまったのだ。そのようななかで、それでもなお労働者の権利や生活を守るためには、政府や自治

**一九九〇年代に入ると…** 一九八〇年代、日本経済は「バブル経済」と呼ばれる好景気に踊った。しかし、九〇年代に入ると一転して景気は後退し、現在までつづく長期不況の時代に突入していった。釜ヶ崎では、この時期から仕事がどんどん減っていって、数多くの日雇い労働者が簡易宿所の宿代を払えなくなり、野宿生活を強いられるようになった。こうして、日雇い労働者の仕事や住まいの保障を求める反失業闘争が取り組まれるようになったのである。

体とときに敵対してでも要求をつきつけ、闘いをつづけるほかない――このような視点にたつとき、「あいりん」という地名は、行政によって上から押し付けられた名前であって、日雇い労働者を取り巻くさまざまな困難や問題から目を背ける言葉でしかない。だから労働運動や支援団体は、この地域を釜ヶ崎と呼び、決してあいりんとは呼ばない。

次に、視点を変えて、「地域住民」の立場になって考えてみよう。このとき重大なのは、釜ヶ崎やニシナリという地名が、暴動のイメージとともに全国的に知れわたってしまったということだ。釜ヶ崎に住んでいる、西成で働いていると言っただけで、「こわいところ」という視線を浴びる経験は珍しくない。**第7章**で述べるように、一九七〇年代は暴動が頻発《ひんぱつ》したが、それをエネルギーとして労働運動はおおいに盛り上がった。そのことによって日雇い労働者の権利が拡大したのは間違いない。けれどもそこで「地域住民」が置かれる立場は複雑だ。暴動がマスメディアによって取り上げられるほど、「地域住民」に対して投げかけられる差別的な視線は強められてしまうのだから。釜ヶ崎という地名は、暴動のイメージをまっさきに呼び起こしてしまう名前である。だからこそ「地域住民」は、このようなイメージを少しでも拭《ぬぐ》い去るために、「あいりん」という地名に頼らざるを得なくなる。

**2**●ここでいう「地域住民」とは、簡易宿泊所の経営者をはじめ地域で商売を営む人びとや、家をかまえて地域に定着する人びとを指している。本来は日雇い労働者や野宿生活者も地域住民であるはずなのだが、そうした人びとは必ずしも「住民」とは捉えられてこなかった。だからこそ、九〇年代末にはじまるまちづくりの運動は「日雇い労働者だけが住民でもなく、町会や商店会所属の人びとだけが住民でもありません」と訴えて、地域に住む多様な人びとが「住民」として参加できる環境づくりを目指したのである。

**手配師** ⇩55頁、80頁、211頁

この地域を「釜ヶ崎」と呼ぶか、「あいりん」と呼ぶかという違いには、このような立場の違いが刻み込まれているのだ。同じ土地のうえで、共に日雇い労働者と生活しながら、労働運動や支援団体と「地域住民」とは、互いにあい反する立場に立たされてきた。[3] 釜ヶ崎対策は、こうした亀裂《きれつ》を残したまま、地域を丸ごと置き去りにしてしまったのだ。

## 失業の時代をこえて——生まれゆく地名、よみがえる地名

一九九〇年代に入り、釜ヶ崎には失業の嵐が吹き荒れた。まちは、職を奪われた日雇い労働者の姿であふれかえった。釜ヶ崎を離れ、市内の公園で野宿《のじゅく》を営む労働者もたくさんいた。そうして野宿生活者の姿は一般社会の目にも見えやすいものとなり、ずっと釜ヶ崎が抱えてきた失業と野宿の問題は、「ホームレス問題」として捉えられるようになった。

こうした状況のなか、九〇年代の釜ヶ崎では、失業に立ち向かうための運動がおおきく盛り上がった。こうした運動の成果として、地域の清掃《せいそう》をして賃金を得られる「高齢者特別清掃事業」◁や、ひと夜《よ》かぎりではあるが雨露《つゆ》をしのぐことの

3● 『月かげのいたらぬ里はなけれども』（一九九五年）という調査報告書がある。当時の釜ヶ崎でボランティア活動をしていた若者が、野宿生活者や日雇い労働者への聞き取り調査を行なって自主出版した報告書だ。この活動に参加した永橋為介は、自身の経験を次のように振り返っている。「実は、出版後の後日談がある。それは、「自分達が聴いたことを他の人達にも聴いてもらい、私たちがこれから何をすべきか、あるいはしてはいけないかを教えてもらおう」という目的で開催した「茶読会」で、その場に支援グループの人々、現役の日雇労働者、そして当時、立場や考え方としては正反対にあった町内会役員や商店街組合役員

できるシェルター◁といった、ホームレス対策が実現されたのである。**第8章**では、こうした反《はん》失業運動がたどった経緯《けいい》をていねいに書きつづっている。また、**第9章**で述べるような、野宿に寄り添う取り組みがますます重要となったのもこの時期である。

さらに二〇〇〇年代に入ると、釜ヶ崎は新たな段階に入った。これまでお互いに話し合うことのなかった労働運動・支援団体と「地域住民」とが立場をこえて協力しあい、地域が抱える困難を解決していこうとする、まちづくりの機運《きうん》がはぐくまれていったのである。

そしていま、釜ヶ崎のまちは変わろうとしている。変わりゆく釜ヶ崎の姿をいちばんよくあらわしているのが、簡易宿泊所だろう。**第3章**で述べるように、簡易宿泊所は日雇い労働者の生活をずっと支えた基盤だったし、なにより地域がもつ最大の社会資源《しげん》だ。その行く末は、このまちの未来の姿をおおきく左右することだろう。

現在、簡易宿泊所は三つの機能に分かれようとしている。ひとつは、むかしからのまちの伝統を受け継ぐ、日雇い労働者の宿としての機能。二つめには、現役を引退して生活保護を受けながら地域で暮らす労働者のための、定住空間としての機能（くわしくは**第10章**を参照）。三つめには、国内や海外から安い宿を求めて

を招いたのだった。……支援グループの人々も町内会商店街の人々も、自分達のグループ以外の人々がそこに集うとは知らされていなかった。長テーブルを正方形の島になるよう並べその周りに座っていただいたが、皆にこりともしない。……殴り合いが始まるのなら、まずは自分から殴られよう、と腹をくくった」。しかし、いざ顔を合わせて対話をしてみると、まちのあり方（好きな所・嫌いな所）をめぐって場はおおいに盛り上がり、最後には「いろいろと問題はあるけれど、しかし、わがまち」という共通の感覚を、集った人びと全員が受け取った。この経験は、「地域住民」と日雇い労働者や支援グループとの対立がどれほど深かったかとい

やってくる、旅行者のための宿としての機能（くわしくは**第11章**を参照）。

さて、ここで釜ヶ崎という地名をあらためてふりかえってみよう。この地名は、一九二二年の町名改正によって正式な地名ではなくなった。にもかかわらず、釜ヶ崎の名は地域を名指す通称《つうしょう》として、ずっと使われつづけたのだった。これだけの長いあいだ釜ヶ崎という地名が語られてきたのも、そこにドヤがぎゅうぎゅうに密集していて、たくさんの日雇い労働者が住んでいて、そこでいくつもの物語が生まれてきたからこそである。いま、その歴史は、おおきく変わろうとしている。移動の激しい日雇い労働者のまちであった釜ヶ崎は、現役を退《しりぞ》いた日雇い労働者が定住《ていじゅう》するまちへ、そして国内外の旅行者が旅の宿《やど》りを求めるまちへと、変ろうとしているのだ。

地域の景観《けいかん》が変われば、そこで紡《つむ》ぎ出される物語も変わる。とするならば、物語と共に歴史を歩んできた地名も、同じままではいられないだろう。それでは、釜ヶ崎という地名はどうなっていくのだろうか？　これからこのまちは、どのような名で呼ばれることになるのだろうか？　まちのなかでは、新しい地名が生まれたり、よみがえったりしようとしている。いくつかの場面をのぞいてみよう。

うことだけでなく、対立する立場の者どうしが顔を合わせて対話することの大切さや可能性を教えてくれる（永橋為介「「対話の力」が「場所の力」を呼び覚ます」二一〇－二一六頁）。

**高齢者特別清掃事業**
⇩277頁、327頁

**シェルター** ⇩278頁以下

**場面その1**　まちづくりでは、立場の違いを乗り越えて、ともに手を取り合うための信頼関係づくりがおおきな課題となっている。そのような課題にたつとき、「釜ヶ崎」や「あいりん」という地名のもとで、どれだけたくさんの人が傷ついてきたか、いかに地域が分断されてきたのかが、ようやくみえるようになった。地域のなかには、釜ヶ崎という名前に愛着をもつ人もいれば、あいりんという地名のほうがよいと思う人もいる。まちの未来のためにお互いが手を取り合うためには、どうしたらいいか？

そのように手探りするなかで、これまで見すごされていた地名が再発見されようとしている。**萩之茶屋**[4]という地名がそれだ。萩之茶屋《はぎのちゃや》は、地図に記載《きさい》されている地域の正式な名称だし、なにより地域の真ん中には萩之茶屋小学校が建っている。小学校に通った経験や子どもを育てた経験は、立場の違いにかかわりなく共通の記憶としてある。再発見された萩之茶屋という地名のもとで、まちづくりは新たなステージに踏み出そうとしている。

**場面その2**　まちづくりの取り組みによって、国内外の旅行者向けの宿が生まれ、まちには旅行客の姿をずいぶんと見かけるようになった。日雇いの

4● 一九二二年の町名改正によって、「釜ヶ崎」という地名は消え、その大部分は「東入船町」（一部は「西入船町」および「東田町」）という地名に書き換えられた。さらに、一九七三年の町名改正により、これらの地名は「萩之茶屋」へと変更された。

仕事がなくなり地域の経済が衰退《すいたい》していくなか、こうした取り組みによって、新しい活気がまちに生まれようとしている。そしてそこでも、新たな呼び名が生まれようとしている。旅行客の立場になれば、釜ヶ崎と言われてもそれがどこにあるのかさっぱり分からないだろう（地図にはない地名なのだから、当然そうなる）。だから、初めて来る人にも分かりやすい呼び名が必要になる。

そこで新たに生まれようとしている地名が、**新今宮**だ。宿はすべて、新《しん》今宮《いまみや》駅のまわりに建ち並んでいる。初めての旅行者であっても、新今宮と言われれば分かりやすい。たとえば、「なんば」と言われれば、なんば駅に行けばいいことはすぐに伝わる。同じように、新今宮の駅を目指せば宿に辿《たど》りつけるというわけだ。そう遠くない未来、このまちは新今宮と呼ばれ、国境を越えてその名を馳《は》せているのかもしれない。

## 場面その3　まちに新しくやってくるようになったのは、旅行者だけではない。

まちでは、アーティストの姿も見かけるようになった。それというのも、地域のなかに新たにアートNPOが生まれたからである。このまちには、さまざまな地から、多様なアーティストがふらっとやってくる。彼ら彼女らは、まちで紡《つむ》がれた物語に引き寄せられ、刺激を受けて、それまでにないアートを生み出そうとしているのだ。そのなかで、釜ヶ崎という地名が装《よそお》いを新たによみがえろうとしている。

このまちでアーティストが運営するスペースのひとつに、「カマン！メディアセンター」がある。メディアセンターという名前が示すように、まちのさまざまな情報を発信することを目的としたスペースだ。興味深いのは、「カマン！」という名前がつけられたいきさつである。当初このスペースは、「釜ヶ崎メディアセンター」と名づけられる予定だった。しかし地元から「釜ヶ崎という名前は使わないでほしい」という声があがり、耳を傾けて悩んだ挙句、*Come On!* と絡《から》めて「**カマン！**」と名づけられたのだった。釜ヶ崎という地名に呼び寄せられ、その物語に惹《ひ》きつけられたアーティストたちは、地域住民と折り合いをつけながら、なんとかその名を残そうとしている。「カマン！」の看板には、釜ヶ崎という地名がひっそりと受け継がれ、新たな生命を与えられようとしている。

**スペースのひとつ** コラム「**芸**」（⇩314頁以下）、および141頁も参照

## 釜ヶ崎のススメ

変わりゆくまちのなかで、そして変わりゆく地名のなかで、私たちは一冊の本をつくった。いまあなたが手にしている『釜ヶ崎のススメ』がそれだ。

釜ヶ崎という地名に愛着をもっている人もいる。釜ヶ崎という地名で傷ついた人もいる。萩之《はぎの》茶屋《ちゃや》や新今宮《しんいまみや》という、新しい地名が生み出されようとしている。その傍《かたわ》らでは、釜ヶ崎という地名が、かすかに新しい呼吸をはじめようともしている。

そんななかで私たちは、「釜ヶ崎」という名前を選び取り、「釜ヶ崎」についての本をつくった。そこには、たったひとつの、ささやかな願いが込められている。このまちが歩んできた歴史と、このまちの現在とを、たくさんの人に知ってほしい、という願いだ。私たちもまた、このまちの物語に惹《ひ》きつけられ、そしてたくさんのことを学んだ。このまちで学んだ価値のすばらしさを知ってしまったがゆえに、それを誰かに伝えないではいられないのだ。

地名は、人の営みのなかでのみ、生まれたり、消えたり、よみがえったりもする。そして人びとがその名を呼ぶたびに、土地の物語は紡《つむ》がれていく。この本のページをめくる指の先で、行間をおう目線の先で、物語は息をしている。じっと耳を傾けてほしい。この本を読み終えるころには、あなたも語り部のひとりになっているかもしれない。

**参考文献**

◉永橋為介「「対話の力」が「場所の力」を呼び覚ます——「場所の力」を引き出すデザインはいかにして可能か?」、こたね編集委員会編『こころのたねとして——記憶と社会をつなぐアートプロジェクト』ココルーム出版、二〇〇八年

◉原口剛「寄せ場「釜ヶ崎」の生産過程にみる空間の政治——「場所の構築」と「制度的実践」の視点から」、青木秀男編『ホームレス・スタディーズ——排除と包摂のリアリティ』ミネルヴァ書房、二〇一〇年

この本は、どこから読んでもいいように作られている。はじめのほうから順をおって読む必要はない——もちろん、そういうふうに読んでもらってもいい——、まずは気になるところから読み始めてほしい。それから、ページには脚註（主に下の段に小さな活字で組んだ文章）をたくさん記しておいたが、これらは読み飛ばしてもらってかまわない。もっとくわしく知りたいと思ったときや、ちょっと分かりにくいなと感じたときに、参照してほしい。

1978年ころのまちの一角（上畑恵宣撮影、大阪市立大学都市研究プラザ所蔵）

# 釜ヶ崎いまむかし

ありむら潜

イラスト

**1945年、敗戦直前の釜ヶ崎**

この年3月と8月に米軍機B29による大空襲《だいくうしゅう》があり、大阪の街はたちまちにして廃墟《はいきょ》と化した。かろうじて残った大阪城と髙島屋《たかしまや》デパート（難波）が見えていたという。釜ヶ崎近辺も、新今宮《しんいまみや》駅北側のクラブ化粧品の建物や今池《いまいけ》・飛田《とびた》方面を残して、すべてが燃えてしまった。絵にすると、こんな風景だっただろうか。（ありむら潜）

## 1950年代、「バラック時代」の釜ヶ崎

釜ヶ崎が典型的《てんけいてき》なスラムだった頃で、戦災《せんさい》被害者が多かったそうだ。このような風景だっただろうか。表通りに簡易宿泊所《かんいしゅくはくしょ》（ドヤ）が並び、その裏手《うらて》にはそまつな木材片でできたバラック住居がひしめき、道路も占拠《せんきょ》され、迷路《めいろ》を形成していた。南海《なんかい》ガード下のバラック群《ぐん》は「南海ホテル」と呼ばれていたそうだ。人びとは荷物かつぎやボロ買い、クズ拾《ひろ》い、くつみがき、タバコ売り、露天《ろてん》商など、あらゆる小商売で生計《せいけい》を必死に維持《いじ》していた。安《やす》酒屋には、土工《どこう》や沖仲仕《おきなかし》（港湾労働者）の姿もあっただろう。（ありむら潜）

**1960年代前半の釜ヶ崎——銀座通《ぎんざとお》り**

戦後進駐《しんちゅう》したGHQ（連合軍総合指令部）によって街路《がいろ》の拡充《かくじゅう》（迷路の改善）、木賃宿《きちんやど》（簡易宿泊所）の改造《かいぞう》が指示された。1961年の簡易宿泊所《かんいしゅくはくしょ》は175軒《けん》（宿泊人員15,000人：府警資料）だった。当時の地区人口は35,000人にふくれあがり、そのうち日雇《ひやと》い労働者は6～7割、単身者世帯《たんしんしゃせたい》が40％前後、男女比《ひ》はほぼ半々であったと言われる。（ありむら潜）

**1960年代前半の釜ヶ崎——寄《よ》せ場《ば》風景**

この当時の寄《よ》せ場《ば》は南海《なんかい》電車ガード西側にあった。大阪府労働部西《にし》成分室《なりぶんしつ》（西成労働福祉センターの前身）も絵の左下側（国道26号線寄り）にあった。日本の高度経済成長を反映《はんえい》し、農村労働力や閉山《へいざん》した炭鉱《たんこう》労働者などが流入。男性単身日雇い労働者がいっきに1万人を突破し、20代・30代の若年労働者が大勢をしめた。建設業だけでなく、運《うん》輸《ゆ》業（港湾関係）や製造《せいぞう》業も多かった。なお、通天閣《つうてんかく》は1943年（昭和18年）に解体《かいたい》され、1956年（昭和31年）に再建《さいけん》された。（ありむら潜）

**1960年代後半の寄《よ》せ場《ば》**

1970年の万博《ばんぱく》（吹田市千里一帯）景気《けいき》で求人ラッシュとなり、全国から日雇《ひやと》い労働者が流入し、活気《かっき》に満《み》ちた時期だった。（ありむら潜）

## 1970年代の釜ヶ崎——銀座通《ぎんざとお》り

簡易宿泊所《かんいしゅくはくしょ》（ドヤ）は4～5階建てのビル（中は床を増やして倍の階数にしたり、ベニヤ板で仕切って「個室」にしたりした）に建て替えられ、すっかり単身《たんしん》者《しゃ》の街となった。部屋代は1泊平均600～700円だった。銀座通りのイチョウの木々はまだ小さかった。（ありむら潜）

**1970年代の釜ヶ崎——寄《よ》せ場《ば》風景・活況《かっきょう》期**

1970年10月に現在のあいりん総合《そうごう》センターがオープンし、西成《にしなり》労働福祉センターや大阪社会医療《いりょう》センターとともに、寄《よ》せ場《ば》もここの1階に移った。あいりん職安《しょくあん》での「アブレ手当《てあて》」支給《しきゅう》（雇用保険日雇労働披保険者手帳）もこの時スタートした。70年代中頃には第1次石油危機の大波がおそいかかり、この絵とは逆に、人びとはアブレ地獄にあえいだ。（ありむら潜）

**バブル景気時代の釜ヶ崎の銀座通り**（1980年代後半～1990年）

この時代は釜ヶ崎でも歴史的な求人ラッシュとなり、鉄鋼《てっこう》・造船《ぞうせん》産業などからも地区へのあらたな流入が続いた。約200軒の簡易宿《かんいしゅく》泊所《はくしょ》（ドヤ）もことごとく高層《こうそう》のビジネスホテル風に新改築《しんかいちく》された。突然17年ぶりに発生した大暴動（90年10月2日～7日）は、暴力団やそれに癒着《ゆちゃく》した警察への反撃《はんげき》であった。同時に、国家総《そう》ぐるみでバブルに浮かれる時代への、底辺《ていへん》からの異議《いぎ》申し立て、痛撃《つうげき》であったともいえる。（ありむら潜、『HOTEL NEW 釜ヶ崎』〈秋田書店ヤングチャンピオンコミックス〉より転載）

満月の夜　おっさんたちは正義の闘いに
決起した　釜ヶ崎は「アイデンティティ」を
取り戻し不死鳥のようによみがえった
NEW釜ヶ崎
HOTEL萩之茶屋
ホテルプロレタリア
釜ヶ崎解放

### 1990年代の釜ヶ崎——1991年バブル崩壊《ほうかい》による大不況《ふきょう》期

高齢化《こうれいか》（当時の平均年齢52歳）が急速に進行しつつあるにもかかわらず、本格的で総合的な釜ヶ崎対策は打ち出されず、人びとの苦悩《くのう》は深まった。地域の日雇労《ひやといろう》組《そ》やキリスト教関係団体の「炊《た》き出《だ》し」に1回1,000人前後が並ぶ日々——。一方、80年代後半より外国人労働者が釜ヶ崎にも姿を見せ始めたが、不況の長期化によってこの流れは続かなかった。（ありむら潜）

**2000年前後の釜ヶ崎——銀座通り**

1999年頃から一転《いってん》して、いくつものNPOや支援《しえん》ボランティア団体、まちづくり団体等が生まれ、ホームレス支援の多様な活動が活発化し始めた。高齢者特別清掃事業《こうれいしゃとくべつせいそうじぎょう》（運動体の激しい闘争で1994年秋に始まった）や介護《かいご》事業による仕事づくりが広がる一方、生活保護《せいかつほご》で野宿《のじゅく》を脱《だっ》した人びとの生活サポートを重視する「簡易宿泊所転用型《かんいしゅくはくしょてんようがた》高齢者共同アパート」（サポーティブハウスや福祉アパート）が登場してきた。野宿のままアルミ缶回収《かんかいしゅう》業で食いつなぐ労働者たちも市内全域《ぜんいき》に拡がっていた。

（ありむら潜）

**2010年前後の釜ヶ崎——太子《たいし》交差点付近**

交差点東側に2000年代半ばから外国人バックパッカー・タウンが急速に形成され始め、街の雰囲気《ふんいき》を変えつつあった。そこへ2008年9月にリーマンショックという経済的大津波が襲来《しゅうらい》。年越《としこ》し派遣村《はけんむら》をきっかけに、新規《しんき》流入した派遣切り型若年《じゃくねん》労働者を含めて、現役日雇《ひやと》い労働者層が数千人規模で生活保護《せいかつほご》になだれ込んだ。月末のコンビニエンス・ストアや銀行は、生活保護費を引き出す人びとであふれる。そこへ、東日本大震災という巨大災害が、遠く離れた釜ヶ崎にもさらなる変容《へんよう》を迫《せま》る。

（ありむら潜）

第1章

# 建設日雇い労働者になる

渡辺拓也

## 僕でも建設日雇い労働者になれた

この章では僕の体験をもとに建設日雇《ひやと》い労働者になる方法を解説していきたい。

まず、僕が建設業の労働者として働くことになったきっかけを簡単に説明しておこう。

二〇〇一年の夏、僕は大学の卒業論文のために大阪市内のある公園のテント村

ハンドクリッパー

にいた。借りた青テントにのべ二ヶ月滞在《たいざい》し、ホームレスの人たちの生活を調べていた。この時知り合ったおじさんが「わしらがホームレスをしとる理由は飯場《はんば》に入ってみんとわからん」と僕に言った。

ホームレスの人たちの多くは建設日雇《ひやと》い労働を経験している。日雇い労働力をさまざまな建設会社に提供する業者を「人夫出《にんぷだ》し」という。人夫出し業者が労働者のために用意する宿舎が「飯場《はんば》」だ。釜ヶ崎から建設の現場で日雇いとして働く方法は主に二通りある。〈現金《げんきん》〉といって、一日だけの契約で働き、その日の賃金をその日に受けとるようなもの。〈契約《けいやく》〉といって、一〇日、一五日、一ヶ月というふうに実働《じつどう》の期間契約を結び、飯場に入って働くようなものだ。〈契約〉の場合、賃金は契約満了時にまとめて支払われる。

ホームレス生活をより深く理解したいと思っていた僕は彼の言葉をきっかけに飯場での調査を

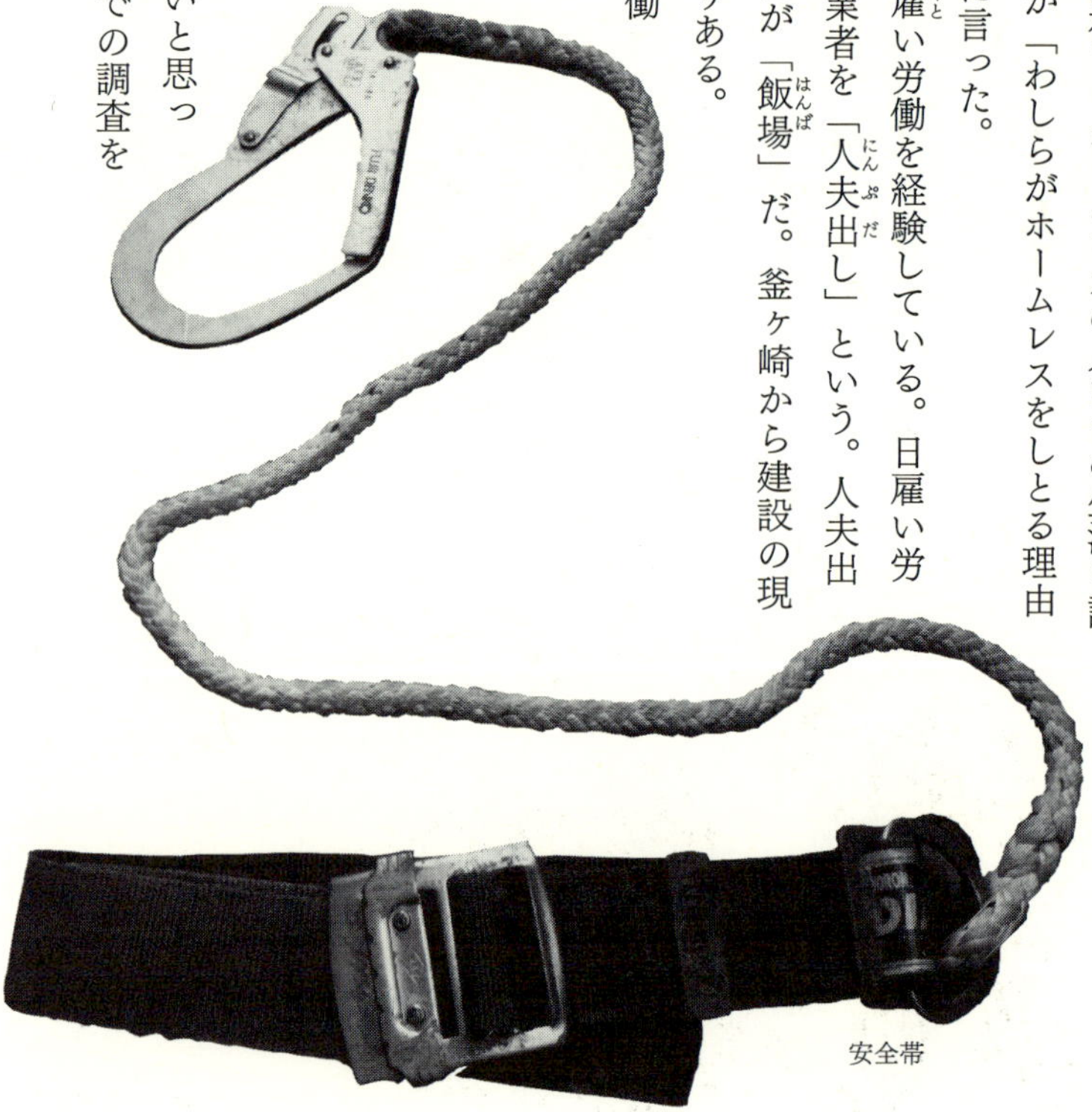

安全帯

決意した。[1] 飯場で調査することを決めたものの、僕は決して肉体労働に自信があるわけではなかった。そんな僕の経験だからこそ、素人《しろうと》が立派な建設日雇い労働者になるために役立つアドバイスができると思う。

## どんな準備をして行ったらいいだろうか?

テント村で調査したおかげで僕には建設労働の大先輩の知り合いがたくさんいた。釜ヶ崎から仕事に行くにあたって、彼らにアドバイスを求めることができた。まず、どんな服装で行ったらいいのか、準備しておくべきものなどが気になる。ところが聞いてみると、「特に準備するものはない」というあっさりした答えだった。「必要なものは人夫《にんぷ》出し業者が用意してくれる」という。しかし、不安なのでもう少しねばって聞くと、作業服、安全靴、軍手《ぐんて》、安全帯《あんぜんたい》ぐらいがあればいいと教えてくれた。釜ヶ崎には中古の作業服屋がたくさんあるので作業服は上下合わせて一〇〇〇円以内で手に入る。軍手も一組一〇〇円くらいのものだ。安全靴というのはつま先に鉄板《てっぱん》が入っている靴で、重量物の落下時に足を守ってくれる。安いもので二〇〇〇円弱で手に入る。安全帯は高所作業時の落下防止に

1● この辺りの経緯は「フィールドと日常の間」という論文に詳しく書いている。興味のある人はあたってほしい。

腰に巻くベルトで、ひも付きのフックが付いている。これは結構高くて三〇〇〇円くらいする。

実際に働いてみて、安全帯はいらなかったと思う。持っていない労働者も多い。安全帯を持たせずに仕事に行かせると会社の信用にも関わるので、必要な日は貸してくれる。安全靴は必要だ。手配師[2]に「安全靴あるか?」と必ずといっていいほど聞かれる。これはスニーカータイプより長靴タイプの方がよい。コンクリートや水の中に足をつっこまなければならない仕事が多いので、どうせなら長靴タイプを買っておいた方がお得《とく》だ。安いものだと二~三週間もすると穴が空くのでもう買い替え時だ。軍手については、これは僕の個人的なこだわりなのだが、手のひらの部分に青いゴムがぺったりはりつけてある「半ゴム手」というやつがいいと思う。汚れても洗えば何日か使えるし、丈夫なのでなかなか穴が空かない。スコップや単管《たんかん》[3]を握っても滑《すべ》りにくいのがいい。軍手などもともと安いものだし、安心感があるので初心者には特におすすめしたい。

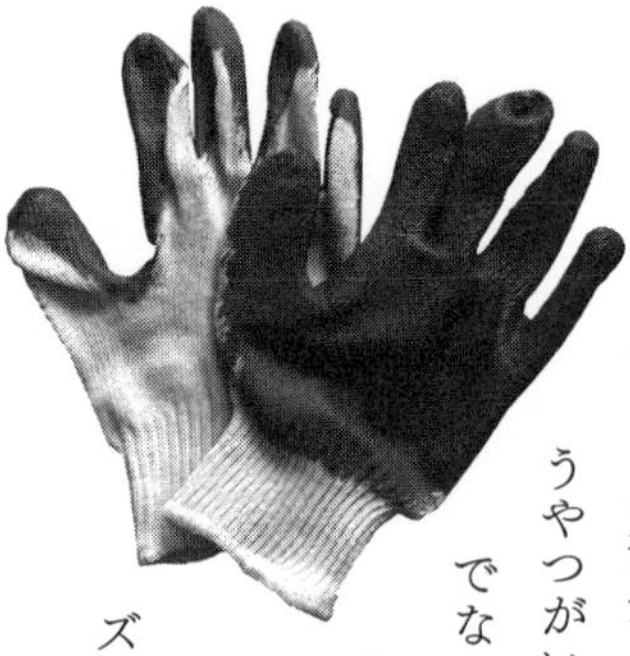

飯場に入るなら作業服は予備に一セット持っておこう。ズボンはゆったりしたものを選んだ方がいい。立ったり

2● 人夫出し業者と労働者の仲介役。中間マージンを取る。

3● 足場材の鉄製のパイプのこと。

**センター**
この本では「センター」という言葉が、二通りの意味で登場する。西成労働福祉センターの略称と、あいりん総合センターの略称であ

しゃがんだり、動き回らなければならないので腰に負担がかからないようにしたい。上着は夏場なら長袖《ながそで》のTシャツのようなものでいい。とにかく暑いので工夫しよう。ただし半袖はNGだ。

## 仕事に行くためにはどうすればいいのか？

道具や服装が整ったところで、次に仕事を得るための注意点についてたずねた。先輩労働者からのアドバイスは「朝五時にセンター◁に行け。若ければまちがいなく声をかけられるから心配はいらない」というまたもやあっさりしたものだった。手配師《てはいし》の方から声をかけてくると◁言うが、もし声をかけてくれなかった場合はどうしたらいいのか。実際、僕が初めて〈現金《げんきん》〉の仕事を探しに行った時、五時ちょっと過ぎにセンターに行ったが声をかけてもらえなかった。実は〈現金〉に行こうと思ったら五時ではちょっと遅い。五時ちょっと前に行くとセンターに着くか着かないかのうちから「兄ちゃん、〈現金〉行かんか？」とすぐに声をかけられる。仕事の多い時期には手配師の方もさっさと労働者を集めて仕事を終えてしまいたいのだろう。ほんの一〇分遅いだけで仕事はなくなってしまう。五時と

る。西成労働福祉センターは、一九六二年に設立された財団法人で、日雇い労働者の就労や生活にかかわる業務を担う組織だ。あいりん総合センターとは、一九七〇年に建設された建物で、その一階部分が日雇い労働者を求人する場所となっている。また、この建物のなかには西成労働福祉センターのほかに、あいりん労働公共職業安定所、大阪社会医療センターが入っている。ここで言及している「センター」は、あいりん総合センターを指している。218頁も参照。

●次頁の**写真**は手配師による求人の様子（二〇一一年、平川隆啓撮影）

26

いったら五時までにセンターに行こう。

　飯場《はんば》に入る場合はもう少し遅くてもいいが、それでも五時台に探した方がいい。六時、七時でも飯場の求人の車は止まっているが、遅くまで求人している会社はそれほど労働者探しに積極的ではないのだと思う。実は初めて飯場に入る時にも僕は失敗をしている。六時過ぎにセンターに行ったら、まったく声をかけられなかった。一ヶ月の長期契約しか見つけられず、その日は出直すことになった。飯場に入る場合もいい条件のところに行こうと思ったら早い時間に動き出さなければいけない。

## 仕事に適応できるだろうか？

　初めて仕事に行く時、一番気になるのは、どんな仕事をやらされるのかということではないだろうか。この点についての先輩労働者のアドバイスは「言われたことをやっていればいい。わからんことは一緒に働く労働者が教えてくれる」というものだった。いくら予備知識を仕入れても実際にやってみなければわからない。「言われたことをやっていればいい」というのは、身もふたもないように見

●右の写真はあいりん総合センター。⇩241頁も参照

**手配師の方から声をかけてくる…**

ここでは、日雇い労働者と求人業者や手配師が直接声をかけ、求人のやりとりをする場面を描いている。このような職業紹介の仕方は「相対（あいたい）方式」と呼ばれるものだ。この方法だと、求人業者はスピー

えて実はまっとうなアドバイスだった。建設日雇い労働者の仕事は「手元《てもと》」と呼ばれるものだ。そして手元（あるいは「土方《どかた》」とも）は「なんでもやらなければならない」とよく言われる。建設日雇い労働者は毎日違う現場で違う作業をしなければならない。経験の長い人でも初めてやるような作業があるし、同じ仕事でも会社によってやり方が違ったりする。そのため、まずは言われたことを言われたとおりにやることを求められる。「気が利《き》く」とか「作業を熟知《じゅくち》している」とかいったことはそのあとに来るものだ。経験や技術の必要なことをいきなり任《まか》されるということはない。そういったことは飯場の古参《こさん》の労働者に割りふられていることが多い。

心強いことに、現場では初心者とわかれば一緒に働く労働者がさまざまなフォローをしてくれる。これは釜ヶ崎の労働者の文化のようなものだ。初めて〈現金〉に行こうとした時、声をかけてもらえなかったエピソードを紹介した。この時はその日たまたま知り合った労働者が彼の知り合いの手配師《てはいし》に頼んでくれたおかげで、一緒に仕事に行くことができた。彼は、建設労働の経験がまったくないという僕に驚きはしたものの、バカにもせず「なるべく一緒の作業につけるようにしよう。わからんことは俺が助けてやるから」と言ってくれた。初めて飯場《はんば》に行こうとした時も同じような失敗をしているが、この時も初対面の労働者が一緒

ディーに労働者を集めることができる。しかしそのかわりに、悪質な業者や手配師が潜み込む危険があり、じっさい日雇い労働者が被害にあうケースが跡を絶たない。だから、求人業者が日雇い労働者に直接声をかける方法をやめて、職業安定所がやりとりを仲介するべきだという意見が、繰り返し主張されてきた。そのような意見を踏まえ、一九七〇年に「あいりん総合センター」が建設された際には、その建物内に「あいりん労働公共職業安定所」（あいりん職安）が設置された。職安が設置されたのだから、「相対方式」はこのとき廃止されるはずだった。にもかかわらずそれ以降も「相対方式」は続けられてきた（あいりん職安は職業紹介

に飯場探しを手伝ってくれて、次の日からその飯場に一〇日契約で入れるようになった。彼は僕のことを心配して、数日後に同じ飯場に入ってきてくれた。

　労働現場でも多くの人たちに助けてもらった。仕事中はもちろん、仕事が終わったあとにも「こういう時はこうすればいい」と仕事のやり方を教えてもらった。ややこしそうな作業について「お前が行ってもわからんやろうから、わしが行くわ」と気を遣《つか》ってもらったことも一度や二度ではない。一緒に働いてもらえば釜ヶ崎の労働者が本当に気持ちのいい労働者だということがよくわかると思う。

## 飯場とはどんなところか？

　飯場《はんば》がどんなところかも気になるだろう。僕が初めて入った飯場は奈良市の外《はず》れの田んぼに囲まれた飯場だった。建物を見た瞬間、「めちゃくちゃボロい！」とあっけにとられた。山奥の、「駅まで徒歩三時間」などというものすごいところに連れていかれたらどうしようとドキドキしたが、近くにコンビニやファミレスもあり、駅も目と鼻の先にあったのでこの点は安心した。現場が方々に散らばっているためか、とんでもなくへんぴなところに飯場があることは少ないよう

に直接タッチせず、白手帳発行等の業務を行なっている）。このように「相対方式」が続けられてきた理由は、万国博覧会会場建設などの大規模事業を成功させるために、いちはやく大量の労働力を確保するという課題が優先されたためである（⇩詳しくは219頁以下）。

に思う。その気で見ていると町中の住宅街にも飯場があることに気づく。

この飯場は基本的にプレハブ造りで、宿舎《しゅくしゃ》として使われている建物が二棟あり、食堂と事務所、共同の風呂とトイレが別にあった。またコイン式の洗濯機が数台設置されていた。鉄筋コンクリートのしっかりした建物だったり、貨物用のコンテナを改造して宿舎としていたりというバリエーションはあるが、飯場の設備は基本的にこのようなものだ。僕が経験した三つの飯場はいずれも個室だった。畳三枚程度の広さで、布団とテレビ、扇風機ないしコイン式のウィンドウクーラーなどが備《そな》え付けられている。照明以外の電気を使おうと思ったら時間あたりで一〇〇円玉を入れなければならないところもあった。洗濯機もコイン式なので飯場生活ではとにかく小銭《こぜに》が必要になる。一〇〇円玉はともかく、洗濯機用に五〇円玉をつねにストックしておくのは結構面倒くさい。

朝はトイレが混み合うので早めに済ませる必要がある。風呂や食事なども共用なので空いている時間を見計らって利用しなければならない。一番重要なのは洗濯機だ。洗濯機の台数は圧倒的に足りないし、一台空《あ》くのに三〇分待たなければならない。そろそろ一台空くはずだと見に行ったらすでに誰かに取られていた、そんな時は本当にくやしい思いをする。なので、仕事が終わって飯場に戻ったら、すぐに服を着替えて汚れ物を洗濯機にたたきこむ。次に混むのは風呂なので、風

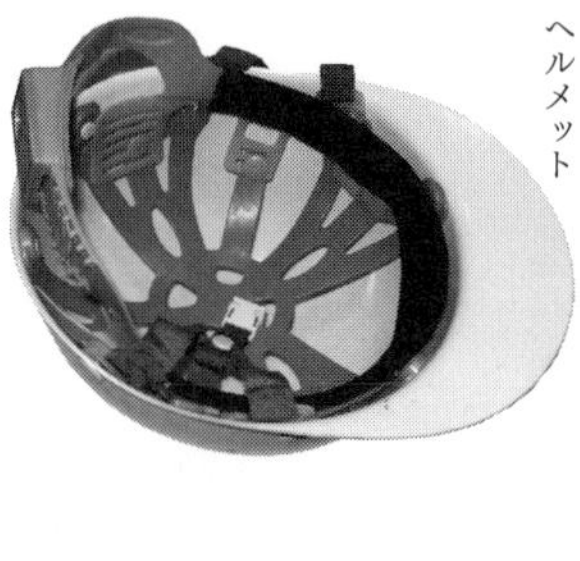
ヘルメット

安全帯に皮スキとラチェットレンチを装備

呂がすいていたら食事より先に風呂だ。食堂はわりと席数があるのでそれほど急ぐ必要はない。遅い時間に洗濯機を回していると顰蹙《ひんしゅく》を買う。風呂や食事などあとでどうとでもなるが、洗濯が終わらないことにはゆっくり休むこともできない。

　このように飯場には集団生活なりの大変さがある。例えば飯場の時間割りはとても規則正しい。飯場の一日は朝五時に始まり、夜九時には終わる。朝にならなければその日の仕事があるかどうか、どこの現場なのかわからない場合が多い。仕事は八時に始まる。現場が近ければ七時過ぎに出発しても間に合うが、大体六時過ぎには出発しなければならない。だから飯場の労働者は朝五時に起きて仕事の有無《うむ》を確認し、準備する。仕事が終わるのは、残業がなければ夕方五時だ。飯場に帰り着くのは六時から七時の間で、それから先ほどの洗濯、風呂、食事などのもろもろを済ませれば八時前後になる。大体八時頃になるとみんな自室に引き揚げていて、九時頃には眠りについている。遅くまで起きている人もいるかもしれないが、物音を立てたり、騒いだりしてはいけない。

　毎日きつい建設労働をこなすためにはしっかり休養を取らなければならない。また、拘束《こうそく》時間や最低限しなければならないことが結構多い。よけいなことをしている余裕がないため、飯場では必然的に秩序だった生活が送られている。

　飯場で働く場合、仕事の有無にかかわらず一日三〇〇〇円程度の施設利用料が

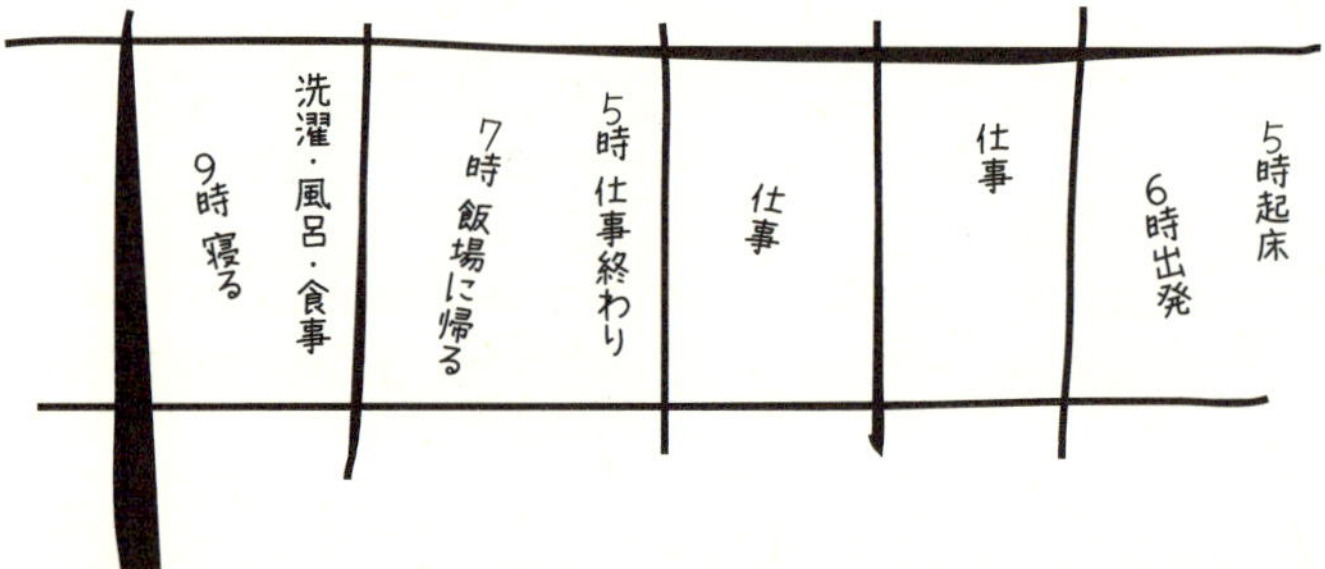

賃金から天引《てんび》きされる。日祝日や、天候や現場の都合などで仕事がない場合でもこのお金は取られてしまう。そのため、最終的に支払われる賃金がほとんど残らなかったり、場合によっては借金になってしまうこともある。飯場に入っても仕事がなく「飼い殺し」のような状態になってしまうことも多いと聞く。ただし、これは仕事が少ないシーズンでのことだ。飯場としても順調に仕事がある時はどんどん働いてもらいたいし、仕事がない時期には借金をつくられるより出ていってもらった方がいいに決まっている。一方で仕事がない時期でも飯場に置いてもらえるよう努力している労働者も少なくない。

飯場の事務所では「諸式《しょしき》」といって、軍手《ぐんて》やタオル、作業服など仕事や生活に必要なものをツケで買うことができる。しかし、市価《しか》より高めなので諸式で物を買うのはあまりかしこいことではない。また、仕事に出た日は二〇〇〇円くらいの前借《まえが》りができる。休憩時のジュース代、洗濯やエアコン代などをこれでまかなうことができる。「前借りは目《め》一杯《いっぱい》しておいた方がいい」と労働者たちは言う。前借りを控《ひか》えていると「こいつはまだ残金が多い」と見られて仕事を休まされる危険が相対的に高まるというわけである。

飯場の人間関係で一つだけ気をつけなければならないことがあるとすれば、楽な現場にあたってもそのことを軽々しく口にするべきではないということだ。飯

場では一人ひとり、毎日配属《はいぞく》される会社や現場、仕事内容が違う。楽な現場にばかりあたる人もいれば、きつい現場にばかりあたる人もいる。運不運でしかないのだが、やっかみを買うのは避けられない。

## ちょっとした仕事のコツ

僕は本当に身体《からだ》を動かすことが苦手だ。スポーツはやるのも見るのも嫌いだし、学校の体育の時間など、他の嫌いな科目を二倍やるから差し引きで免除してくれないかと思っていたくらいだ。そんな人間でも肉体労働者として働けるようになるのだから安心してよい。ここでは僕のように身体を使うことに苦手意識を持っている人のためにちょっとした仕事のコツを伝授《でんじゅ》しよう。

働きはじめのころ、よく「そのうち慣《な》れるわ」とあきらめともなぐさめともつかないことをよく言われた。もう少し具体的なアドバイスをもらいたいところだが、なかなかそんな親切な人はいない。僕からのアドバイスは「「できる」ということは個人的な才能の有無や努力の程度によってのみ達成されるものではない」ということだ。

右が、角スコ
左が、剣スコ

コンクリートやアスファルトの地面の上に集められたチリや小石、砂などをスコップ[4]ですくう。この簡単なことが最初、僕にはできなかった。現場監督が何度となく実演《じつえん》して見せてくれるのだが、何がコツなのかさっぱりわからない。おそらくこんなことはわざわざ教えるようなことではなく、これといって言語化できるコツもないのだろう。

　このテクニックはもう少しあとで身につけることができた。身につけるといっても大したことではない。とある豪邸《ごうてい》の建築現場で一人で掃《は》き掃除をしていた時のことだ。掃き集めたチリを土《ど》のう袋[5]につめようと思うがチリトリがない。たまたま手元にあったスコップを使うことを思いついた。ほうきでスコップに掃き入れるのも面倒だし、誰も見ていないのだから失敗しても構わないと気おわずにやってみたら、いとも簡単にすくうことができた。成功の要因はなんだろうか？ これを「慣《な》れ」だと言ってしまえばそれまでである。ポイントは「誰も見ていなかった」ことと「チリトリがなかった」ことの二点にある。簡単なことほど他人の目があるとできないものだ。「チリトリがないから仕方なくスコップで」という条件もよかった。「自分自身の必要に迫られてやる」ことが大事なのだ。自分の責任で作業していて、必要なことを自分で考えて可能な範囲で実行するという状況にハマれば簡単にできることがたくさんある。「そのうち慣れる」とは「経

**4**● スコップには先が角型になっている「角スコ」と先が尖っている「剣スコ」の二種類がある。この二つはまったく用途が異なるので、スコップが必要な時はどちらを求められているのかに注意したい。

**5**● 砂をつめて土手に積んであるあれだ。建設現場ではゴミ袋としてよく用いられる。「ＰＰ」とも呼ばれる（ポリプロピレン製の袋だからだろうか）。

験が増えれば可能になる」という意味だが、これは、経験を増やしていけば自然とそのような状況に恵まれるだろうと見込んだ考え方なのだ。

　このことはスケールこそ違えどいろんなことに言える。土工の仕事をしているとコンクリート打設《だせつ》に関わる作業に従事する機会が多い。コンクリートを打つ際にまずしなければならないのは「地《じ》ならし」だ。地ならしの次に砕石《さいせき》と呼ばれる砂利《じゃり》をまく。この砂利をまいて水平にならす作業を「整地《せいち》」という。ユンボ[6]で大まかに砂利をまき、スコップでそれを広げたのち、レベルという測量器具で高さの基準となるポイントをいくつか出す。このポイントとポイントをつなぐようにして砕石全体を水平にしていくのだ。僕には長いこと砕石が平らになっているかどうかがわからなかった。「あっちが高い／低い！」と怒られるのだが、その凹《おう》凸《とつ》が見えないのだ。ある日の整地作業の際、一緒に作業したベテラン二人が互いに別々の指示を出すのでチーム全体が混乱したことがあった。思い切って二人の指示を無視して自分で「こっちが高いといえば高いかな？　こっちは明らかに凹《くぼ》んでいるな」と考えながら作業を進めていたら、「まあまあ平らかな」という判断はつくようになった。よく考えれば、最後のコンクリートをならす場合と違い、整地の段階では多少デコボコが残っていても構《かま》わないのだということにも気づいた。理解するのに適した状況がおとずれ、求められていることの水準を理解でき

**土工**（どこう）建設業は鉄筋屋や左官屋、鳶（とび）などといった分業体制で成り立っている。その中でも土工という職種は掘削や埋め戻し、コンクリート打ちなどの作業を担う。他の職種と比べて専門性が低いためか、各職種の職域からはみだす部分は土工の仕事とされがちである。
⇩191頁も参照

**6**● ショベルカーのこと。

れば、自ずと「できる」という瞬間はやってくる。できないことを気に病まずに「まだ理解のための状況に恵まれていないのだ」と軽く考えて日々の仕事に取り組めばいい。

## 道具や身体の使い方

次に、道具の使い方を考えるヒントを提供したいと思う。先ほどチリトリをスコップで代用したエピソードを紹介した。建設労働の現場では、道具を本来の用途とは異なった使い方で応用する姿勢が重んじられている。

例えばこんなことがあった。真夏の現場の野外にタンク式の冷水器が設置されていた。休憩時間にどの会社の人間でも自由に利用できた。最初、ペットボトルを切ったコップが置いてあったのだが、途中でなくなってしまっていた。仕方ないので吸水口に手を当てて苦しい姿勢で水を飲んでいたら、ユンボの運転席で休んでいる人に笑われた。彼は「それのフタ使えばええやん」と言ってきた。何かと思ったら、給水タンクの上部についてるフタをとってコップ替わりにすればよいということだった。

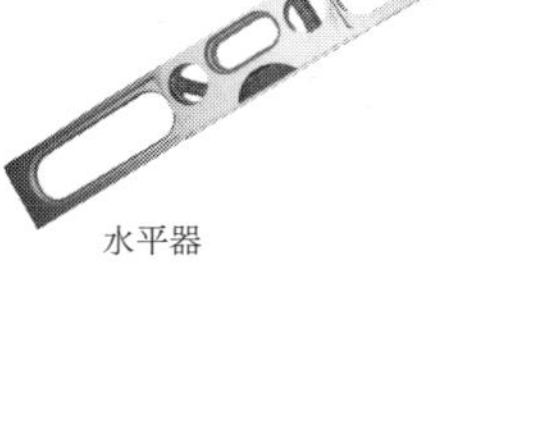

水平器

レベル

こういうふうに何かを別の用途で流用《りゅうよう》することが建設現場ではとても多い。この現場では、コンクリートの型枠《かたわく》になる鉄製の大きな枠を横倒しにして日よけ付きの休憩場所にしていた。工夫して仕事の効率をあげたり楽をしたりすることが建設現場では重んじられていて、うまい工夫ができる人はそれだけ尊敬される。逆に言えば、うまい工夫ができないとバカにされる。例えばコンクリートをこねる機械のファンにこびりついたセメントを落とす時、砂の入った土《ど》のう袋《ぶくろ》に立てかけて固定するとか、そこらに落ちている鉄筋[7]の端切《はぎき》れでセメントをこそぐとか、ちょっとしたことで作業がしやすくなる。

身体《からだ》の使い方についても考えてみよう。建設現場で重いものを肩に担《かつ》いで運んでいるイメージはないだろうか。あれがやってみると結構難しい。他の人がやっているのを真似《まね》して肩にのせて運んでみても痛くてたまらない。かといって両手で抱《かか》えて運ぶと、長いものだと身体をひねって歩かなければならないし、動きにくいので疲れてしまう。実は「肩に担《かつ》ぐ」というのは肩だけでなく、肩から背中にかけた部分も使っているのだ。「肩甲骨《けんこうこつ》」は背中にあるが、その名前からすれば肩の一部でもあるはずだ。肩という一点だけではなく、肩から背中にかけた部分まで心持ち広めに使って、背負うようにしてバランスをさぐりながら担ぐと痛くならない。身体の使い方を少し作業に合わせるとうまくいく場合がある。地面

7● 建築物のコンクリートの中に埋め込まれる鉄製の細い棒のこと。「鉄筋コンクリート」というだろう。

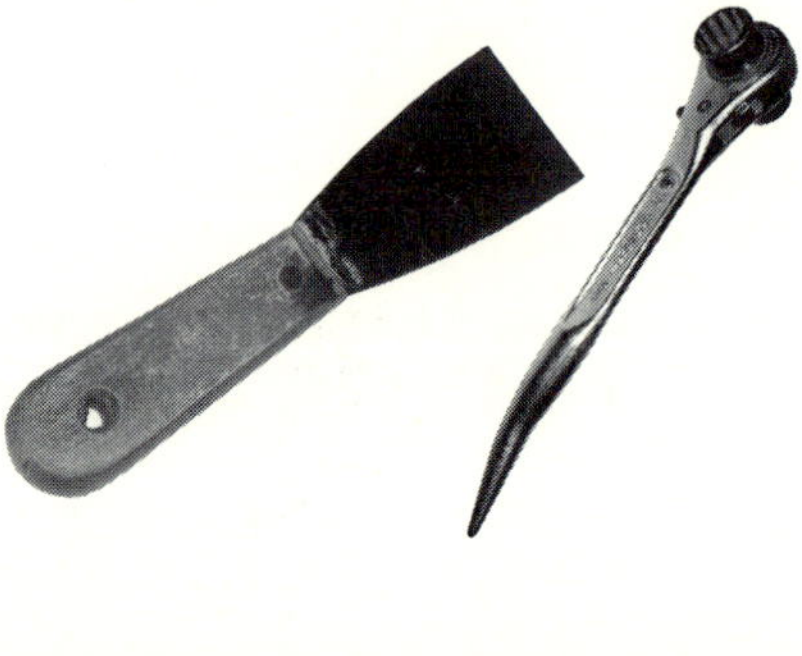

右が「ラチェットレンチ（ガチャ）」、左が「皮スキ」。長く働くならこの二つは自前で持っておきたい。

をツルハシで掘削《くっさく》する場合でも、自分では力一杯やっているつもりでも、充分に振り上げられていなかったりする。普段使っていないだけで、身体《からだ》という道具にはいろんな可能性があることを心得ておくといいかもしれない。

## 道具の名前

同じような道具でもちょっとずつ呼び名が変わっていて面白い。例えば日曜大工にも使うようなクリッパーがある。クリッパーにはハンドクリッパーというニッパーを大きくしたようなものと、両手で抱えて使うボルトクリッパーがある。ある現場で「クリッパー」と言ったらボルトクリッパーを指し、ハンドクリッパーの方は「番線《ばんせん》カッター」と呼ばれていた。これはハンドクリッパーがもっぱら「番線」という単管《たんかん》やサンギ[8]を縛《しば》るのに使う太い針金を切るために用いるためだろう。用途にそって名前が使い分けられている。ハンマーにもいろいろあって、両手で振り上げて使う木製の大きなハンマーは「大ハンマー」という。鉄頭《てっとう》の部分が大きくて、片手で使うハンマーは「セット（石頭）ハンマー」（あるいは略して「セット」）だ。これはコンクリートを砕《くだ》くのに使う。単に「ハンマー」と言えば一

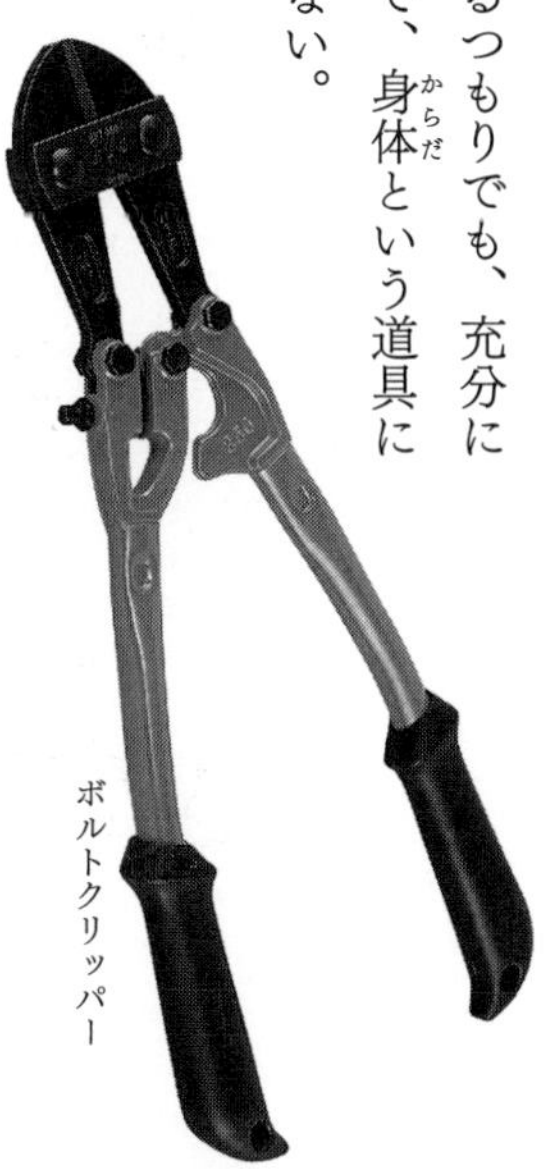

ボルトクリッパー

8● 木製の角材のこと。

般的なかなづちのことだ。

道具の名前を覚えることは仕事を覚えることと密接につながっている。同じ道具でも別の職種だと呼び方が違うこともある。怒られながら覚えていかねばならない。

## 建設日雇い労働者のよろこび

初心者が不安を抱くであろうことから始めて、実際に働く際に少しでも助けになりそうなことを紹介してきた。まだまだ不安に感じることもあるかもしれないが、僕の経験から語れることにも限界がある。[9] これから先は自分の目と身体で確かめていって欲しい。

建設日雇い労働にはよろこびがある。それまでただの学生だった自分が初めて道路工事や建物の建造過程にたずさわった時、自分もこの街の一部を作ることに貢献《こうけん》したのだ、と何とも言えない快感が身中《しんちゅう》からわきあがったことを覚えている。この快感を知っているから釜ヶ崎の労働者たちはみんな仕事について熱心に語ってくれるし、仕事に誇りを持っているのだと思う。この章を読んで、彼らの作り

9● このほか「人夫出し飯場のエスノグラフィー」という論文には、僕が初めて入った飯場での二週間の出来事が日記形式でまとめてある。この章と合わせて読んでもらうとより理解が深まる。

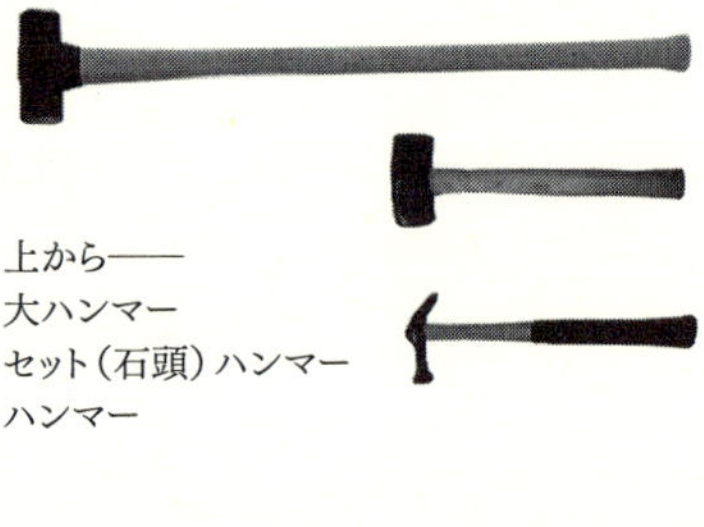

上から——
大ハンマー
セット（石頭）ハンマー
ハンマー

上げていった建物や街があなたを取り囲んでいることに思いを馳《は》せてくれたらうれしい。

最後に、これから建設日雇い労働にチャレンジしようかと思いはじめている人に言っておきたい。仕事のあと、帰りの車で一緒に汗をかいたみんなと飲む缶ビールはめちゃくちゃおいしい。ぜひこのビールを味わって欲しい。

**参考文献**

◉渡辺拓也、「人夫出し飯場のエスノグラフィー――飯場の労働と生活の過程をもとに」『市大社会学』七号、二〇〇六年、大阪市立大学社会学研究会、五一－九六頁
◉渡辺拓也、「フィールドと日常の間――長居公園テント村行政代執行の記録の作成を通して」『寄せ場』二一号、二〇〇八年、日本寄せ場学会、三五－五三頁

# この子たちがいるから日本は大丈夫

荘保共子
（「こどもの里」）

子

一般的に「西成・釜ヶ崎」は恐い所らしい。しかし私は釜ヶ崎に来て四〇年、恐いと思った事が無い。ただ、西成警察を除いて。それどころか、こんなに人間らしい街、こんなに暖かい街は他地域には無いと思っている。そんな街に生きる子どもたちはと言えば、実に子どもらしい。実に澄《す》んだ目をしている。その目の輝きに圧倒された。この子たちがいれば日本はまだ大丈夫と思った。

出会った子どもたちには、凄《すご》い「力」があった。感じる力、個性の力、人と繋《つな》がろうとする力、降りかかってきた問題を解決しようとする力、外からの抑圧を跳《は》ね返してしまう力（レジリアンシー）、傷つけられた自分を慰《なぐさ》め、癒《いや》す力、親を慕《した》う力など。これらが「子どものもつ力」、「生きる力」。

この子たちの生活・生き様にはハングリーさがある。言い換えれば、「心を

使って」生きている。親が何でもしてくれて「あなたは勉強だけしていればいいよ」ではなく、例えば、今晩の明日のご飯はどうしようとか、遠足のお弁当はどうしようとか、親を助けるためにどうやって金を作ろうとか、親や兄弟のために行きたい学校も我慢しようとか、親の病気を治し家族がまた一つ屋根の下に住むには何をすればいいのだとか、今晩も子どもらだけで寝るのかなとか、とにかく心を使い、動かして生きている。それが、子どもがもつ力を発揮《はっき》させる原動力になっているのではないかと思う。ここには「家庭」はないけど「家族」がしっかりある。

この釜の子どもたち中心に「子ども夜《よ》まわり」なるものを、一九八六年度から毎冬行なっている。「火の用心」の夜まわりではない。道端で、ビルの軒下《のきした》で野宿《のじゅく》する人たちを訪問する夜まわりだ。道端《みちばた》で冷たくなっている人と出遭《であ》った。年間釜ヶ崎に五〇〇人もの行路死者がいるという。「一人の人も死なないで一緒に暖かい春を迎えたい」を合《あい》言葉に、野宿せざるをえない人の命を守るのが目的だ。行政代執行《だいしっこう》と称して野宿者を排除する大人。「勉強しなかったらあーなるよ」と言う学校の先生。「目を合わしたらダメよ」と言う親。「怠け者、世の中の役立たず、死んでまえ」と野宿者を襲撃《しゅうげき》する同世代の子。野宿者に対する偏見《へんけん》と差別

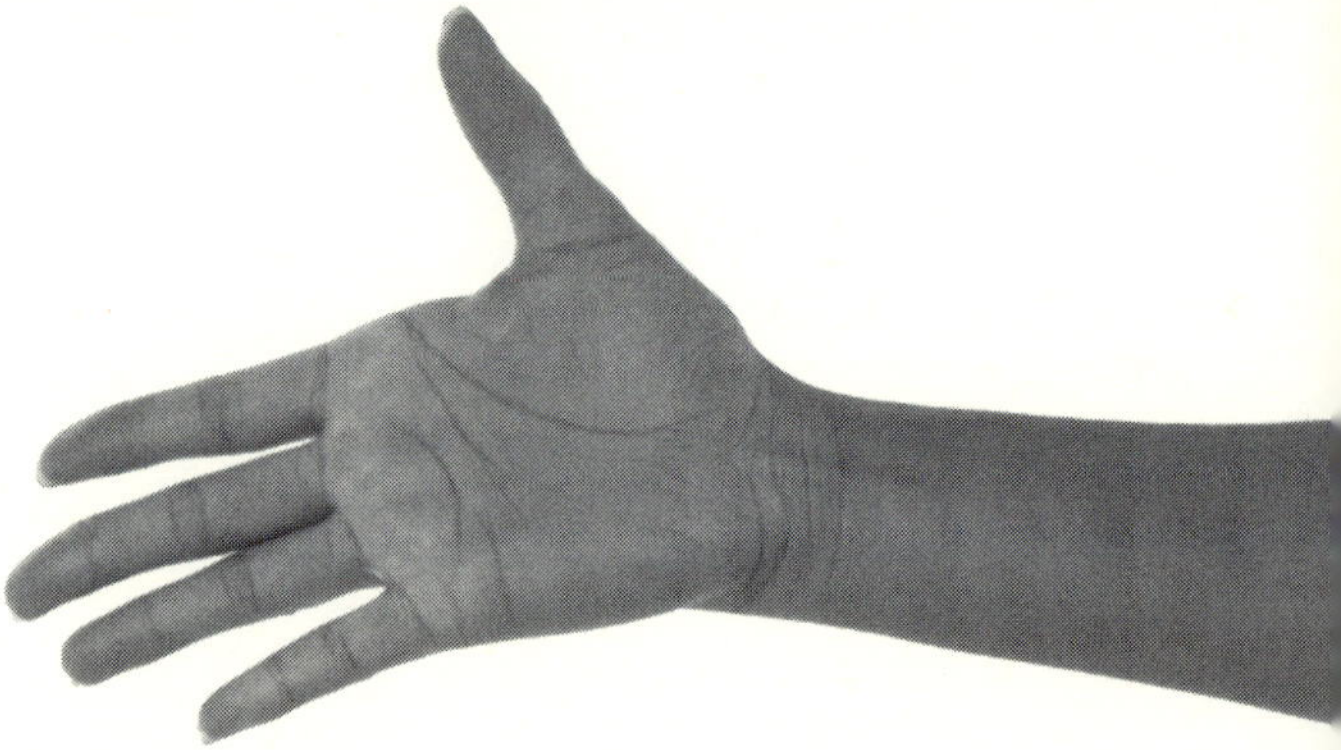

に、子どもの力で抗《こう》する。夜《よ》まわりなんかしなくてもいい社会にしたいと、毛布・おにぎり・ポットの準備から学習会、夜まわりと、毎回八時間を越す活動をやってこなす。その力たるや「凄《すご》い！」の一言だ。子どもの権利の一つ「集会する権利」を行使している。

　この夜まわり活動で、私たち大人が想像もしなかった「子どもの力」に出会った。野宿者《のじゅくしゃ》への関わり方である。路上で寝ている人を見つけると、何のためらいも無く、「こんばんは。体《からだ》大丈夫ですか？」と駆け寄り声をかける。「ありがとう。大丈夫やで。あんたらこそ風邪引《ひ》きなや」とおじさんたち。大人には到底出来ない業《わざ》である。自分の関わり方を恥じた。

　子どもたちのこの自然な無垢《むく》な「人と繋《つな》がろうとする力」は、野宿者からの最高の褒《ほ》め言葉「ありがとう」をいっぱい浴びて、傷ついた子どもの心にふつふつと他者へのいたわり・心配の心が息吹《いぶ》き、それが自分自身への愛しさと自信を息吹かせる。一方野宿者と言えば、寂しく怯《おび》えながらいる寝床に子どもらの訪問を受け、「これで明日もまた頑張れるわ」と生きる気力を取り戻す。子どもらの訪問を飴玉《あめだま》を用意して待っていたり、中にはこどもの里《さと》までわざわざぬいぐるみを持ってきたり、子どもらが勧《すす》めてくれたから相談に来たという人もいる。夜まわりでの子どもと野宿者との出会いは、お互いがエンパワメントされあう関係を生み出した。

もう一点、読者に伝えたいすばらしい「子どもの力」がある。それは、親たちに生きる力を取り戻させる大きな力だ。言い換えれば「親を慕《した》い、思う力」である。二〇〇三年二月放送のNHKスペシャル「こども　輝けいのち　第一集　父ちゃん母ちゃん生きるんや」を見ていただければ、その「力」に直《じか》に触れていただくことが出来る。

生まれ落ちたこの地で与えられた・背負わされた人生を、自分のできるだけの「力」を振り絞って必死に生きるこのすばらしき子どもたち。時には、その重荷に耐えかねて、投げやりになったり、もがき苦しんだり、人にあたる事もある。でもそれも、生きるため。自分を守るため。生きたいため。傍《かたわら》にいる私は生き方を常に問われる。そして、生き直しをさせてもらっている。この子たちの傍にいて、いっしょに生きられていることを誇りに思う。「ありがとう」。

この子たちがいるから日本は大丈夫。

上下の写真とも 1965 年の様子
（上畑恵宣撮影、大阪市立大学都市研究プラザ所蔵）

第2章

# 釜ヶ崎の日雇い労働者はどのように働いているのか

能川泰治

一九六〇年代中頃の寄せ場の様子。現場「大阪港」、作業内容「雑貨、マトン」、就労時間「オールナイト、半夜」、そして賃金が読める。（上畑恵宣撮影、大阪市立大学都市研究プラザ所蔵）

## 日雇い労働者とはどのような人びとなのか

本章の課題は、釜ヶ崎で暮らす日雇《ひやと》い労働者がどのような労働に携《たずさ》わっているのかということを、理解してもらうことにある。それでは、日雇い労働者とはどのような人びとなのか。

日雇いというのは、一日限りの短期契約で雇用《こよう》されることを意味する。短期契

約の雇用形態は多種多様であるが、日雇い労働者というのは、そうした短期契約で雇用される労働者の総称ではない。派遣《はけん》労働者・アルバイター・パートタイマーなどとは区別される寄《よ》せ場《ば》労働者のことである。

それでは、寄せ場◁とは何か。あえて一言で言うと、労働力が取引される場のことである。そこには、親会社から労働者の調達を委託《いたく》された下請《したう》け・孫請《まごう》けの手《て》配師《はいし》・人夫出《にんぷだ》し《し》◁が求人のために集まり、彼らに仕事を斡旋《あっせん》してもらうために求職者も集まってくる。さらに、そこでは手配師・人夫出しによって仕事の内容・時間・賃金などの条件が提示され、求職者はその中から自分にあった内容の仕事を探して手配師・人夫出しに申し込み、仕事の現場に案内してもらう。寄せ場とは、このようなかたちで労働力の取引がなされる場のことであり、いわば労働市場の一形態である。したがって、釜ヶ崎の日雇い労働者の労働を理解するには、釜ヶ崎が寄せ場としての機能をもつ地域であることを知っておく必要がある[—1]。

寄せ場で斡旋される仕事の就労《しゅうろう》形態には、「現金《げんきん》」と「契約《けいやく》」の二種類があることにもふれておこう。「現金」とは、朝雇《やと》われてその日の夕方に賃金をもらう、最も基本的な就労形態である。これに対して「契約」は、一定期日を決めて雇用される就労形態のことで、さらにそれは、ドヤなど労働者の居所から仕事の現場に直接通う「直行《ちょっこう》」と、飯場《はんば》◁やホテルに泊まり込んで就労する「出張《しゅっちょう》」に分類さ

**寄せ場**
労働者はただ寄せ集められているのではなく、寄り集まっているのだという、労働者の主体的な意思を尊重する立場から、「寄り場」と呼ぶ人もいる。釜ヶ崎の他に、東京の山谷（⇩356頁）、横浜の寿町（⇩271頁）、名古屋の笹島などがある。

**手配師・人夫出し**
手配師とは、日雇い労働者に仕事を斡旋して労働現場に送り出すかたちで、雇主と労働者を仲介する者をいう。人夫出しとは、日雇い労働者をいったん自分の飯場に囲っておき、そこから需要に応じて現場に送り出すかたちで、雇主と労働者を仲介する者をいう。いずれも仲介料という名目で労働者の賃金をピンはねする。

れる。[2]

仕事の内容と就労する人びとにもふれておこう。条件が悪くて嫌《いや》がられる仕事の総称として、「3K」(きつい、汚い、危険)という言葉が定着しているが、それは寄せ場で斡旋される仕事に当てはまる。寄せ場で斡旋される仕事は、危険かつ不衛生な現場での肉体的な重労働や軽作業が圧倒多数で、その需要《じゅよう》が景気の変動や天候・季節によって大きく左右されるものばかりである。したがって、収入は必然的に不安定になるため、労働者は常に仕事を求めて移動する生活を余儀《よぎ》なくされる。このような就労条件に耐え得る人材が限られてくるのは言うまでもない。時代によって事情は様々だが、寄せ場にたどり着いてこのような仕事に就《つ》く人びとは、古くは生まれた当初から貧しい生活を送っていた人や、戦災《せんさい》で家族が離散《りさん》した人、近年は失業・倒産・離農《りのう》・借金・事故・家族崩壊等々、「現代ニッポンが生んだ「難民」たち」[3]で、しかも単身《たんしん》の男性が圧倒多数を占めている。

本章でいう日雇い労働者とは、以上のような労働を担うがゆえに生活が苦しく、また社会的に差別されている人びとのことである。そこであらためて、本章の課題について説明しよう。先にも述べた通り、本章の課題は、日雇い労働者がどのような労働に携《たずさ》わっているのかということを、読者に理解してもらうことにある。その際に、日雇い労働者が書き残したものや、筆者に直接語ってくれたこと

**1●** 43頁、47頁に、ありむら潜の描いた、一九六〇年代前半と八〇年代後半の寄せ場の絵を掲載している。一九七〇年にあいりん総合センターが開設されると、青空労働市場だった寄せ場はセンター一階に移動させられた。

**飯場** 鉱山や土木・建築工事の現場近くに仮設された、労働者の合宿所。60頁も参照。

**2●** 青木秀男『現代日本の都市下層』(明石書店、二〇〇〇年)

**3●** ありむら潜『釜ヶ崎〈ドヤ街〉まんが日記』(日本機関紙出版センター、一九八七年)より。

を引用しながら、仕事の実態と働くことに込めた思いを紹介することに力点を置きたい。そして、日雇い労働者の労働の実態と生き様《ざま》を知ることが、日雇い労働者を含めた私たちが人間らしく生きるうえでも大切であることを伝えたい。ただし、筆者の専門分野は歴史学（日本近現代史）である関係上、取り上げる時代は高度成長期◁（一九六〇〜七〇年代）が中心となることを、あらかじめお断りしておく。

## 「仕事がイヤなんと違う。人間として扱え」――平井正治さんの場合

まず、平井正治《ひらいしょうじ》さん（一九二七（昭和二）年生まれ）という日雇い労働者を紹介しよう。平井さんは大阪市内の出身で、少年期に戦争の煽《あお》りで実家の家業が倒産して家族は離散《りさん》し、その後有為転変《ういてんぺん》の生活を経て、一九六一（昭和三六）年の第一次釜ヶ崎暴動◁が起こったときに釜ヶ崎にたどり着いている。それ以降は、主に大阪港で働く日雇い労働者として釜ヶ崎で暮らす一方、日雇い労働者を担い手とする労働組合運動の組織に尽力《じんりょく》し、全港湾◁大阪港支部執行委員やその副委員長を歴任し、さらにその傍ら、釜ヶ崎の歴史に関する史資料や労働問題に関する各種パンフレット・新聞記事・写真等を独自に収集し、外来の見学希望者に釜ヶ崎を案内

**高度（経済）成長** ⇩25頁

**第一次暴動** ⇩240頁

**全港湾**（ぜんこうわん）全日本港湾労働組合の略称。日本国内の港湾で働くあらゆる職種の労働者を加入対象とし、企業別組合ではなく、産業別組合の組織形態をとる。一九四六年に全日本港湾労働組合同盟として発足。三年後に全日本港湾

する語り部としても活躍され、釜ヶ崎の地域再生に取り組む人びとからは、「釜《カマ》の生き字引」として畏敬《いけい》の念をもって遇《ぐう》されている。◁

ところで、平井さんは一九九七（平成九）年に、著書『無縁声声《むえんせいせい》』を刊行している。[4]この本は、平井さんが体験したことと調べたことに基づいて、戦後の大阪の経済復興と経済成長の歴史をまとめたものである。ざっくばらんな大阪弁《べん》の語り口で書かれているが、内容は軽くない。例えば、「今まで日本の高度成長を一番どん底で支えてきたのが、あぶれたときは炊《た》き出しに並んで、それでもやっていけん人が結局、野垂《のた》れ死にして、無縁仏《むえんぼとけ》がようけ出る。その上にそびえ立ってる、これが本当の経済のあり方か」という発言に見られるように、その語り口は、私たちが享受《きょうじゅ》している豊かさを最底辺で支える労働の実態をまざまざと見せつけ、そのことに目をそらしたままでよいのかという問いかけが込められているだけに、読者に重くのしかかる。

このように、『無縁声声』には学ぶべき点がたくさんあるが、本章で述べるテーマとの関連で重要なことは、『無縁声声』は平井さんの自分史でもあるということだ。つまり、平井さんが体験した日雇い労働の実態と、平井さん自身のたたかいの軌跡《きせき》が浮き彫りにされているのである。このことを踏まえながら、『無縁声声』に記された日雇い労働の実態と平井さんの生き様を紹介しよう。

労働組合と改称し、現在に至る。港湾労働法が制定される一九六五年までは、同法制定による労働条件の明確化、すなわち雇用の安定を求める運動に取り組んでいた。

**平井正治さんの略歴**

筆者がこの原稿を準備している最中の、二〇一一（平成二三）年二月八日に、惜しくも他界された。

4●平井正治『無縁声声――日本資本主義残酷史』藤原書店、一九九七年、新版・二〇一〇年

まず前提として、高度成長期の大阪における港湾《こうわん》労働に関する概要《がいよう》を述べておこう。一九六〇年代後半まで、港湾は建設と並ぶ日雇い労働者の就労《しゅうろう》先の二本柱であった。だからといって、常に安定した働き口であったわけではない。寄港《きこう》する船舶《せんぱく》数と貨物数は、季節や景気によって大きく変動する。したがって、荷物の積《つ》み卸《おろ》しを請《う》け負う運輸会社は、正規の常雇《じょうやと》い労働者の雇用人数を必要最小限にとどめ、日雇い労働者の雇用人数を適宜《てきぎ》調整することで需要《じゅよう》に対応しようとする。つまり、港湾労働者には常雇いの港湾労働者と日雇いの港湾労働者という二つの階層があり、後者は働き手の足りない時に多く雇われて不要になったら切り捨てられる、雇用者にとって誠に「便利な」臨時《りんじ》労働力なのである。釜ヶ崎の日雇い労働者が後者に属していることは言うまでもない。

平井さんが釜ヶ崎にたどり着いて間もない頃、港湾労働の近代化をうたった港湾労働法が制定された。これは、日雇い労働者の登録《とうろく》常用化と所得保障を実現することによって、港湾の労働条件を改善しようとするものであるが、全国一斉に明文化された改善が実施されたわけではなく、六大港（東京、横浜、名古屋、大阪、神戸、門司《もじ》）を中心に各地でトラブルが発生していた。これに対して全港湾は、日雇い港湾労働者の組織化や諸手当の獲得、団体交渉権確立などを目指して、六大港を中心に運動を繰り広げていた。以上が、平井さんが働いていた頃の港湾

**港湾労働法**
一九六五（昭和四〇）年に、港湾運送に必要な労働力確保と、港湾労働者の雇用安定、福祉増進を目的として制定された。一九八八（昭和六三）年に全面的に法改定された。

左の❶の図は、一九六六年二～三月に釜ヶ崎や大阪港などで撒かれたビラ。日雇労働者の登録制度実施、アブレ（失業）手当の支給、福利施設の利用など、港湾労働法制定による就労条件の変更を告知しているが、文面通り実施されたわけではなかった。（出典：平井正治『無縁声声』前掲書、一七四頁）

## 港湾の仕事に働く皆さんへ!!

1961年
2〜3月頃
釜ヶ崎、大阪港
分室、大淀、野田
でまいたもの

4月から新たに登録制度になります。

◎ 皆さん公共職業安定所に登録しましよう!

新しく**港湾労働法**という法律により、これからは、公共職業安定所に**登録**した人でなければ、**港湾荷役**(船内、沿岸、いかだ、はしけ等の作業)の**日雇仕事**に就労することはできなくなります。

◎ 港湾の仕事には 公共職業安定所の紹介 で働きましよう!

公共職業安定所以外の人が、港湾の仕事に日雇労働者を紹介することは固く禁止されます。もし、違反すれば処罰されます。

港湾業者の方も、安定所に登録した日雇港湾労働者を、安定所の紹介によつて雇い入れなければならないことになります。

◎ 公共職業安定所に登録し **登録手帳の交付** を受けた人は

- その人に適した港湾の仕事を **優先して紹介** を受けることができます!
- **賃金、就労時間、仕事の内容** 等、条件のはつきりした職場に就労することができます!
- 登録した人が、安定所に出頭しても紹介されず **仕事にアブレたとき** は1日**最高800円**程度 の手当が支給されます。
- 病気か怪我のときは**健康保険・労災保険**で治療がうけられ、港の仕事をやめるときには **退職金** がもらえる制度も考えられています!
- 安い料金で **食事、入浴** 等、港で働く人達だけの **福祉施設** が利用できます!

このように、港の仕事に安心して働いていただくために、港湾労働法が生れたのです。

港で働く人は **1人残らず安定所に登録しましよう。**

登録にはむつかしい手続きはいりません。

**〃登録手帳をもつて安定所の紹介で安心して働きましよう〃**

**大阪府労働部**
**大阪港労働公共職業安定所**

労働の概要《がいよう》である。

ところで、一口に港湾労働といっても、様々な職種から成り立っているが、平井さんが従事していたのは、「仲仕《なかし》」◁と呼ばれる貨物積《つ》み卸《おろ》しのための荷役《にやく》である。それでは、何をどのように積み卸すのか。大阪港は工業港としての性格が強いから、石炭、スクラップ鋼材、鉱石、穀物など、主として原材料の輸入物資が運び込まれる。これらを、天井から底まで深さ一〇〜二〇メートルもある船倉《せんそう》から運び出し、埠頭《ふとう》の倉庫に運び込んで再度積み上げる。これが荷役の基本作業である。

重労働であることは想像に難くないが、日雇い労働者は特に不利な就労《しゅうろう》条件の下に置かれていた。例えば、スクラップのように汚れる貨物や有害薬品を扱う危険な作業は、常雇いではなく日雇い労働者に任される。当初は夕方五時ま

毎日新聞（夕刊）

港湾労働法もたもたスタート

雨でアブレ、騒ぐ

「賃金下がった」不満も

港湾労働者の福祉増進、雇用安定をめざす港湾労働法は一日から大阪、神戸など六大港でいっせいに実施された。

―大阪港―

大阪港では午前六時前から同港職安、同西成出張所に約千人の日雇労働者が職を求めてきたが、雨がたたって求人数が少なく、過半数があぶれるというくらいのスタート。労働者たちは「港労法はおれたちの味方じゃない」と口々にさけんで港職安内にはいり込むなど混乱した。

この朝、大阪港職安、同西成出張所には計九百二十人がつめかけた。港職安はこれまでの二倍の七百余人という混雑ぶり。これに対

わった。

ところが、港職安では紹介前から電光式求人表示板をくいいるように見ていた労働者たちが「賃金がのきなみ下がっている」といいだし、不穏な空気が流れた。輪番

❷

左の❷の図は、港湾労働法実施第一日目の大阪港の様子を報じる新聞記事。当日は雨天のために求人数が大幅に減少し、あぶれたり賃金水準が下がったことに不満を持つ日雇い労働者たち

でという定時の条件で作業に就《つ》くが、定刻になると、いろいろな理由をつけて夜《や》勤《きん》やオールナイトを強制される等々[1-5]。また、転落などの労災《ろうさい》事故も多発しており、一九六〇年代後半の大阪港では一年間に日雇い労働者の死者が二四、五人出たという。それでは、過酷な現場の具体例を平井さんに語っていただこう。

船からパレットに乗ったやつをね、クレーンで陸へ上げる。船の中は作業員は四人×四組とクレーンマンです。あとは倉庫で仕分けをして、積み上げていく。そういう寒いところは、マイナス二十五度ぐらい、…（中略）…そのマイナス二十五度の中で、ゴム引きの手袋だけで、防寒ジャンパーと。長靴は、防寒靴を貸してくれるけど。一時間やって一時間休憩。真夏にマイナス二十五度から、休憩で外へ出たとき、外の気温が三十五度、温度差が六十度。そうすると、吐く。大阪では、高血圧で倒れた労働者を、労災で何人か認定させた。はじめは酒飲み過ぎやという、そういう温度差の健康診断せんと。

これは、肉・魚などの冷凍食品の荷役《にやく》に関する語りを引用したものである。私たちの口に入る食材がこのような労働を経て運ばれているということを、どれほ

が、公共職業安定所の窓口に殺到し、大騒ぎとなった。（出典『毎日新聞』大阪市内版、一九六六年七月一日付夕刊、図版は記事の一部分）

**仲仕**
港湾労働法が制定された当時は、船舶が入港しても、接岸できる施設が少なかったため、大部分の船舶は沖に停泊し、貨物は艀（はしけ：停泊中の本船と陸との間を行き来する小舟。次頁の❸の**写真**を参照）に積み替えて岸壁まで運ばれた。このように、本船や艀の中で貨物の運搬に従事する者を沖仲仕と呼び、艀によって岸壁まで運ばれた貨物を、港の倉庫まで運び込む者を浜仲仕と呼ぶ。⇩191頁も参照。

どの人が知っていたであろうか。食料品の荷役の場合、作業現場の船倉《せんそう》と外気との間に著しい温度差が生じるため、労働者の健康は確実にむしばまれる。ところが、たとえ現場で倒れようとも、単なる「酒の飲み過ぎ」で片づけてしまうのが、雇用者や現場監督者の対応であった。そして、重要なことは、平井さんはこのような誤解・偏見を見過ごさずに、証拠をあげて労災《ろうさい》を労災として認定させ、人が嫌がる仕事には相応の手当を支給させるべく、たたかっていたという点である。

　平井さんが取り組んだたたかいは、労災認定や条件改善要求だけではない。日雇い労働者を侮蔑《ぶべつ》する発言に対しては、相手が誰であろうと猛《もう》抗議をしかけた。例えば、「日雇いさんがバナナの仕事やって、バナナ食うて下痢でもされたら、だれの責任やいうことになるから」バナナ荷役をさせないと明言しておきながら、常雇い労働者の手が足りなくなった途端に態度を変え、荷役の話を持ちかけてきた運輸会社の社長と市場の役職者に対して、平井さんは虫のいい打診を一蹴《いっしゅう》し、次のように詰め寄った。

　日雇いがバナナ食うて下痢するとか何とか、そんなこと言われて、この体質が僕はね。あんたどない思うんや。バナナ以外に青果埠頭《ふとう》、魚、全部もうほとんどが日雇い現場ですよ。みなイヤな仕事や、冷凍の魚とか、野菜、

（上畑恵宣撮影、大阪市立大学都市研究プラザ所蔵）

5● 原口剛「一九五〇－六〇年代の港湾運送業における寄せ場・釜ヶ崎の機能」『都市文化研究』七号、二〇〇六年

玉ネギのハッチなんて、それはふた開けたらどんなに臭いか。ニンニク、生姜《しょうが》、これが台湾から来る。全部日雇いにやらしよる。常傭《じょうやとい》労働者は上でクレーン巻く仕事だけですがな。こういう現場に、港湾の近代化いうて登録されたのに、こんな目に会うてんのや。これに対して、あんたらどない思うのか。

この引用に続く箇所で、平井さんは「僕らは仕事がイヤなんと違う。人間として扱え」と、このときの思いを語っている。この言葉が象徴しているように、平井さんが妥協せずにたたかいぬくことができたのは、「日雇労働者を人間として扱え」という、確固たる信念があったからであることを見落としてはならない。

ところで、この信念との関連で、平井さんの釜ヶ崎での取り組みについてふれねばならないことがある。それは、労災《ろうさい》で死んだ仲間の身元探しである。日雇い労働者が労災事故で死んだ場合は、補償金《ほしょうきん》が出ても受取人がいない。そんな場合、せめて親や兄弟に補償金を渡そうと、平井さんは八方《はっぽう》手を尽くして身元探しをす

右の❹の**写真**は、船内荷役作業中の沖仲仕。取り扱っているのは冷凍魚の貨物。このときの現場の温度はマイナス25度、外気の温度は31度であったという。（出典：平井正治『無縁声声』前掲書、二〇〇頁）

❺

❻

❼

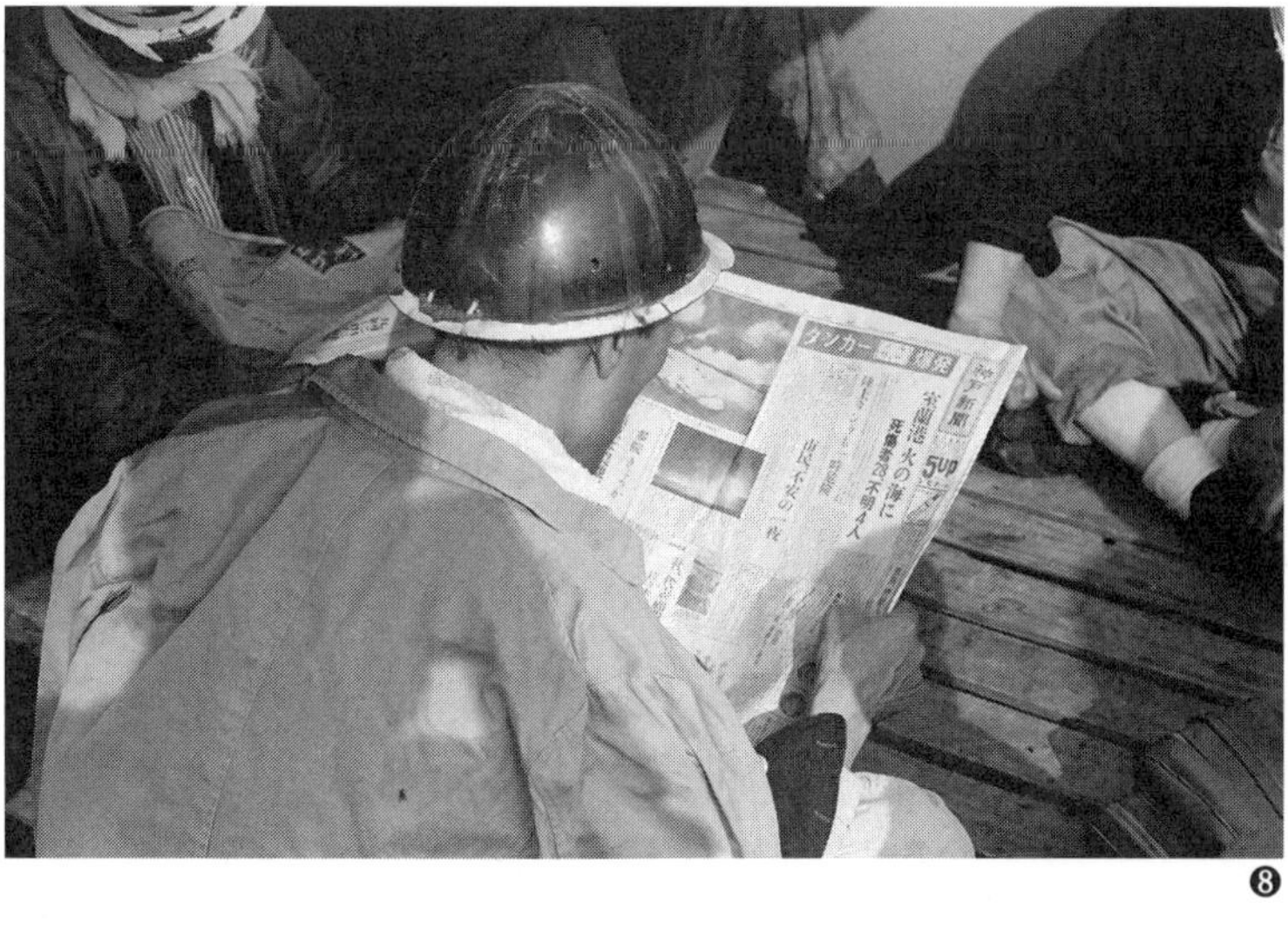


❽

る。やっと連絡がついても「関係ありません」という冷淡な返事しか返ってこない場合が多いという。では、なぜそこまでして身元を探すのか。この点に関して、平井さんは次のように語る。

でも結局やっぱり僕がずっとこれを続けてるのは、やっぱり無縁仏《むえんぼとけ》にならずにすむということがあるからね。

平井さん自身も、何十年と親兄弟と別れて暮らす天涯《てんがい》孤独の身である。平井さんは、日雇い労働者が孤独であることを、そして孤独であるが故《ゆえ》の苦しさを熟知《じゅくち》していたのであろう。そうであるからこそ、平井さんは労働組合運動を通じて、孤独な日雇い労働者の間に人間としての尊厳《そんげん》と絆《きずな》を築き直そうとしていたのではなかろうか。そのような思いがあるからこそ、仲間が死んだときには、せめて無縁仏にするまいと、身元探しに奔走《ほんそう》することができたのではなかろうか。そのように考えると、平井さんにとって日雇い労働者として働くということは、過酷《かこく》な労働の現場に人間性を回復するということであったように思えてならない。

前の頁の❺〜❽の**写真**は、一九六五年の神戸港における港湾労働の様子。（上畑恵宣撮影、大阪市立大学都市研究プラザ所蔵）

## 「仕事さえあればいい」「仕事がないのが一番かなわん」——Aさん、Bさんの場合

ここまで紹介してきた平井さんのように、日雇い労働者の尊厳《そんげん》と絆《きずな》を築き直そうとすることは大切なことである。しかし、それを実現するのは容易なことではない。理由はいろいろあるが、本章で述べるテーマとの関連で重要なことは、すべての日雇い労働者が平井さんと同じ思いで働いているわけではないからである。その日の食事とねぐらを確保するのに精一杯で、仲間と団結してたたかう気持ちになれないという、その意味で「生きるのに必死」な人びとが釜ヶ崎にはたくさんいる。そこで今度は、筆者に自分史を語ってくれた二人の日雇い労働者に登場していただこう。

まず、Aさん（一九三二（昭和七）年生まれ）を紹介しよう。Aさんは幼少期を神戸市内で過ごしていたが、敗戦直後の混乱期を戦災孤児《せんさいこじ》、次いで神戸港の仲仕《なかし》として過ごした。一九五〇年代後半からダム建設工事の現場で働くようになり、ダム建設の仕事がないときだけ釜ヶ崎で暮らして働くという、ダム建設現場と釜ヶ崎との往復生活を十年近く続け、ダム建設のラッシュが終わった一九七〇年前後から釜ヶ崎に定住し、大阪市内のビルや地下鉄の建設現場で働いた。

Aさんの自分史をうかがっていると、日雇い労働者としての思い出の中にダム建設工事の経験が大きな比重を占めていることがわかる。最初の現場は佐久間《さくま》ダ◁ムで、それ以降全国各地のダム建設現場を渡り歩き、ダンプカーが運んできた石や重さ四、五〇キロもあるセメント袋を担いで運んだほか、トンネル工事に携わったこともあるという。筆者がドキッとさせられたのは、「僕の身体《からだ》もう四回死んでんねん」という言葉である。つまり、命に関わる労災《ろうさい》事故を何度も経験しているのである。最初はダムのトンネル工事現場の落盤《らくばん》事故。トンネルの入口が埋まり、真っ暗になって酸素も乏しくなった現場に一週間近く閉じ込められた。次は、大阪市内のビル建築現場での転落事故。三度目は建築現場での交通事故。最後は地下鉄工事現場での土砂崩《くず》れ。驚くべきことに、これだけ凄《すさ》まじい体験をしていながら、Aさんはトラウマになることもなければ、ずさんな安全管理に怒りや不満を感じることもなかったという。Aさんは、筆者の質問に対して、次のように淡々《たんたん》と答えた。

**筆者**　労災というか、下手をすれば死んでしまうような事故にあって、トラウマになったりしないですか。こんな仕事こりごりやとか、高いところ上るのはいややとか、地下工事で働くのいややとか。

**佐久間ダム**

静岡県浜松市天竜区と愛知県北設楽郡豊根村にまたがって立地し、天竜川の中流部に位置する、水力発電を主目的とするダム（左の❾の**写真**）。一九五三（昭和二八）年着工、一九五六（昭和三一）年竣工。当時は安全管理の意識が低かったこともあり、洪水や落石・転落事故により九六人もの労災死者を出した。ダムは、堤高一五五メートル。堤頂長二九三メートル。アメリカから導入されたダンプカー、パワーショベル、ケーブルクレーン、ジャンボ掘削機など、日本で未経験の土木機械が、このダムを建設するために導入された。（写真は筆者撮影）

**Aさん**　飯食《めし》うていかんなんやから、何でもせなあかんやん。その執念や。これやらな、今日は日当《にっとう》くれへんわと思うたら、あきらめてやらなしょうないやん。

〔二〇一〇年五月一七日、Aさんの自宅〕

また、Aさんは飯場《はんば》の人間関係についても否定的である。ダム建設現場でAさんが携わった労働は共同作業であり、飯場での生活は集団生活である。しかし、仲間意識や絆《きずな》が生まれることはないと、Aさんは断言する。何より飯場は半《はん》分タコ部屋で、親方の監視《かんし》が厳しく、反抗的な態度をとれば、リンチにあって半殺しにされるという。そんな飯場で共に暮らし共に働く者どうしの関係について、Aさんは軍隊や戦争にたとえて「どん底の人間ばっかり集まって、一個の目的いうのかな、あるだけ。ほか、人情も何もあれへん」と語る。そして、次の引用ではっきりと語っているように、Aさんは仲間意識や絆《きずな》の構築に背を向ける姿勢を、釜ヶ崎でも一貫《いっかん》させていた。

**筆者**　釜ヶ崎暴動が組織だってない、そんなんを見て、やっぱりここで運動を起さなくっちゃとか、組合を組織しなくっちゃとか、そういう気にはならんかったんですか。

**タコ部屋**
外部との連絡を絶ち、暴力で労働を強制する、賃金はピンはねで殆ど労働者に渡らない、強制収容所のような飯場。タコ部屋同然という意味で「半タコ」という言葉が使われることもある。

⑨

**Aさん**　なれへんね。

**筆者**　それはなんでなんでしょう。

**Aさん**　要するに、働人は仕事がありゃあな、ええわけよ。ほんなら一日飯《めし》食えるやん。せやから、あの時分は働け、働けやな、そんなんで焼野原《やけのはら》の中から今まで、こんだけ大阪が発展したわけや。せやから、釜《カマ》の人間がある程度大阪を下働きをして、こんだけ大きくなったわけや。

〔二〇〇九年八月一三日、Aさんの自宅〕

日雇い労働者はその日の飯代をいかに確保するかということが最重要課題なのだから、何より仕事に就《つ》くことさえできればいいのであって、労働組合運動に関わろうとは思わなかったという。だからといって、Aさんが何をされても怒りを感じなかったわけではない。右の引用で見落としてはならないことが二つある。一つは、この引用は第一次釜ヶ崎暴動の体験談であるが、このときAさんは「搾取《さくしゅ》されてたまるかい」と思い、手《て》

⑩

配師《はいし》の事務所や警察に投石《とうせき》していたということである。手配師によるピンハネという、稼《かせ》いだ賃金を不当に搾取されることに対して、さらに警察の日雇い労働者の扱い方に対して、明らかにAさんは不満と怒りを表明していた。もう一つは、引用の末尾にあるように、そんな日雇い労働者の働きが大阪の発展を、さらに日本の発展を支えているという実感、すなわち日雇い労働者としての誇りをAさんは持っていることである。ダムをはじめビルや地下鉄の建設現場で働いてきたAさんにとって、これは偽《いつわ》らざる心境であろう。特に、ダムに対するAさんの思い入れは強い。Aさんは、ダムは青春のすべてを捧《ささ》げて作った「子ども」であると筆者に語り、さらにダム建設に携わったことへの誇りを次のように語った。

**Aさん**　せやから新幹線が通る電力も、僕らが作った電力でね、今動いているわけ。せやから、一つでいうたら、誇りもっているわけや。ここまで日本がようなったいうことは、われわれ世代が努力したからいうように誇りを持っとる。新幹線まだ乗ったことないけど、見るたんびに「ああ、あの電力で動いてんねんな」思って。

〔二〇〇九年九月八日、Aさんの自宅〕

右の⑩の**写真**は、佐久間ダムの慰霊碑。慰霊碑の裏面に労災事故で亡くなった九六名の氏名が刻まれている。（筆者撮影）

**働人**

「はたらきど」と読む。「働きど」または「働き人」と表記することもある。日雇い労働者は「労務者」と呼ばれるのを嫌って、「アンコ」「働きど」「日雇い」と自称した（水野阿修羅『その日ぐらしはパラダイス』ビレッジプレス、一九九七年）。ちなみに、「アンコ」は、魚のアンコウに生活様式が似ているという意味で使われた呼称（⇩191頁も参照）。いつも口を開けて獲物（仕事）を待つ、すなわちどんな汚い仕事でも離さず喰いつく、というところ次に紹介するのはBさん（一九一九（大正八）年生まれ）である。Bさんが釜ヶ崎で暮らすようになったのは、敗戦から一〇年ほど経った頃で、それ以来五〇年近く釜ヶ崎に住み続けている。Bさんが語ってくれた自分史から、いくつか事例を紹介しよう。

**Bさん**　それは、今でいうあいりんセンター◁ってありますやろ、あの近所で、昔な、遠いところやったら車で来よってな、それから〔仕事をする〕場所を書きよらへんじゃがい。だいたい、みんな、遠いところいうたら、みんないやがったんじゃがい。せやさかいな、北陸やいうたら、車に誰も乗らへんがな。車でな。それで、土方◁やいうから、土方って看板に書いとるさかいな、ちょっとわしらも若いときやったからな、万博《ばんぱく》◁みたいな、あんなん出来たときは、仕事がなんぼでもあったけどな、それまではちらほらしか仕事がなかったわけや。それで行ったんじゃがい。行ったら、北陸やがな。

〔二〇一〇年八月一六日、大阪市立大学西成プラザ〕（〔　〕内筆者）

あいりん総合センターができる前というから、一九五〇～一九六〇年代後半の

からきたという。（全日本港湾労働組合編『港湾労働法闘争史』全日本港湾労働組合、一九八八年）。

**あいりん総合センター**　⇩209頁以下、および54頁脚註も参照

**土方**　⇩191頁、および66頁

**万博**（万国博覧会・大阪）⇩26頁、および217頁以下

ことと思われる。その頃、現在の新今宮駅《しんいまみや》◁周辺は青空《あおぞら》労働市場◁であった。そこでBさんは、ほとんど騙《だま》されたも同然のかたちで、北陸地方へ連れて行かれ、温泉街の屋根の雪下《ゆきお》ろしをさせられた。雪下ろしが重労働であることは言うまでもないが、当時は命綱《いのちづな》などの滑落《かつらく》防止の工夫もなされていなかった。このような現場に、一ヶ所につき二、三日かけて一ヶ月近くまわった。

また、Bさんは大阪の大手企業であるK鉄工のベルトコンベアの清掃《せいそう》作業に従事したこともある。あいりんセンターの紹介で得た仕事というから、一九七〇年以降の体験であろう。勤務時間は日曜日以外の毎日、工員が退社した後の夕方五時から翌朝五時まで。三年続けたという。三年も続いたのは、夜業に就《つ》くことによって宿代《やどだい》を浮かすことができたからで、この仕事に就いている期間の日中は釜ヶ崎の映画館で寝て過ごしていた。途中で会社から市バスの乗車券を支給され、センターを経由《けいゆ》せずに会社に直行していた。ところが、ある日ズボンを機械に巻き込まれて、足の肉を一部削《けず》り取られるほどの大けがを負い、それがきっかけでこの仕事を辞めた。

以上、Bさんの自分史の中から、港湾・建設とは異なる労働の体験を紹介した。これらの事例から、釜ヶ崎の日雇い労働者の労働は地方の生活や大企業の生産活動も支えていたこと、そして、これらの現場も就労《しゅうろう》条件の説明や安全管理が不十

**新今宮駅** ⇩ 11頁の**地図**

**青空労働市場**
あいりん総合センターが開設（一九七〇年）される前は、旧東四條町（現在の南海新今宮駅の南西、大阪市西成区花園北）と霞町交差点（現在のJR新今宮駅の南東、大阪市西成区太子）の二ヶ所に寄せ場があった。次頁の⓫⓬の**写真**を参照（上畑恵宣撮影、大阪市立大学都市研究プラザ所蔵）。また、212〜213頁の**写真**も参照。

⓫ 西から南海高架方面をみた 1968 年の早朝の風景。南海電車が見え、1966 年にできた新今宮駅が見える。

⓬ 1965 年頃の阪堺線の南霞町駅舎である。新和歌浦などの南海沿線広告が目立つ。駅舎の上部には「あかるい西成 暴力追放」の看板が見える。

分であったことがわかる。このほか、Bさんは、飯場《はんば》の過酷《かこく》さに耐えかねて夜中に逃亡したこともあるという。

ところが、これだけの体験をしながら、Bさんは労働組合運動に参加しなかった。組合費を払うことや、集会のために時間をとられるのが嫌《いや》だったからであるという。この点に関して筆者の印象に残ったのは、働くことへの思いを尋ねたときの、「わしらにしてみたら、やっぱり、仕事が途切れるのが一番かなわんからな」という返答である。Bさんの口調からは、Aさんのように労働条件の悪さを割り切って受け容れている様子は感じられない。しかし、Bさんにとって一番困るのは、労働条件の悪さではなく、仕事そのものがないということなのである。この点は、Aさんの「仕事さえあればいい」という発言に通じるものがある。さらに、Bさんに言わせれば、暴動は仕事がないことに対する日雇い労働者の怒りであるという。暴動に関する体験談をうかがったとき、なぜ暴動が起きたのかという点について、Bさんは何度も次のように断言して譲《ゆず》らなかった。

**Bさん**　いやあ、あれや、第一もうな、そのときは仕事があれへんのじゃがい。仕事がないから暴れよったんじゃがい。原因は。ああ。そら先生、仕事がなかったら、飯食《めし》われへんし、寝るところもあれへん

**Bさんの暴動体験**
Bさんは、暴動そのものに参加したことはないが、人びとが暴れる様子を遠巻きに見ていたという。

がな、せやろ。せやから、みんな暴れよんねや。原因はそれやがな、何も他にあれへん。

〔二〇一〇年一〇月一七日、釜ヶ崎エッグズ〕

# 他人事の話なのか？

釜ヶ崎で暮らす日雇い労働者はどのような労働に携《たずさ》わっているのか。この点について、読者に伝えたかったことをまとめておこう。

まず、労働の実態について。日雇い労働者が携わる労働は、これまで見てきたように、私たちの生活を最底辺から支えるものばかりである。そして、その現場は、労災《ろうさい》事故という命に関わる危険と、確実に健康をむしばむ過酷《かこく》さと、常に隣り合わせになっている。加えて、日雇い労働者は、景気のいいときには多く雇われて、不景気のときには切り捨てられる、使い捨て可能な臨時《りんじ》労働力としての扱いを受けている。もちろん、日雇い労働者だけが世の中の何から何まで支えているわけではないが、私たちの生活を根底から支えているのは誰のどんな労働なのかということについて、私たちはあまりにも無頓着《むとんちゃく》でいなかったかどうか、今一度自己点検してほしい。

次に、日雇い労働者の働くことへの思いと生き様《ざま》について。本章では、労働組合運動を通じてたたかいぬいた平井さんと、運動には背を向けて日々の食事とねぐらの確保のために生きたAさん・Bさんを紹介した。労働組合運動を軸にしたとき、平井さんとAさん・Bさんの立ち位置は対照的である。しかし、どちらが正しいということではなく、どちらにも位相《いそう》の異なる人間らしさを筆者は感じる。

仲間が侮蔑《ぶべつ》されることに怒りを覚え、日雇い労働者の尊厳《そんげん》と絆《きずな》を構築するために、妥協せずにたたかいぬいた平井さんの生き様は、現状肯定意識に流されがちな私たちが失いつつある人間らしさに、気づかせてくれるのではないか。一方、日々の食事とねぐらを確保するということは、人間にとって最低限の生存である。AさんとBさんは労働組合運動には背を向けていたが、その最低限の生存がピンはねや失業によって妨害されることには、率直に怒りと不満を表明していた。明確に言葉で表現されているわけではないが、そこにも「人間として扱え」という声を感じ取ることはできないだろうか。

日本がひたすら経済成長を邁進《まいしん》する時代が終わり、厳しい不況の時代◁が到来したのに伴って、高学歴ワーキングプア◁やネットカフェ難民の増加、任期付《にんきつ》き雇用《こよう》や派遣《はけん》労働の拡大という、まるで釜ヶ崎が全国化しているのではないかと思われる現在において、平井さんとAさん・Bさんが直面した問題は、日雇い労働者

**厳しい不況の時代** ⇩226頁以下、および262頁以下参照

**ワーキングプア** ⇩209頁

**ネットカフェ難民**⇩336頁

次頁の**絵画**は、「釜ヶ崎のおっちゃんたちのしごと」と題する、「こどもの里」の子どもたちが一九九〇年一月二〇日に描いた画。画の中央上部に「原子力発電所」の文字も読める。

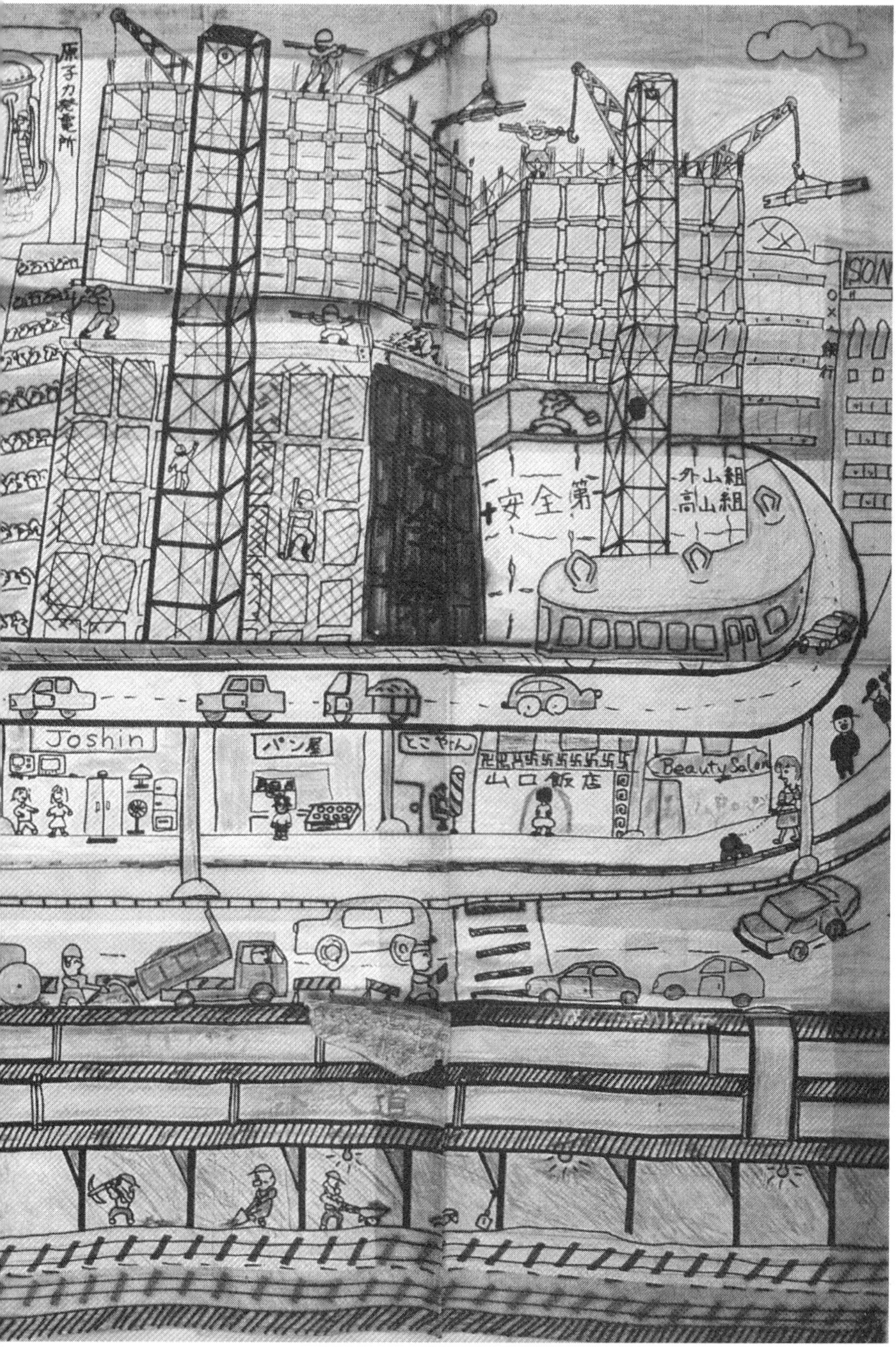

原子力発電所
安全第
外山組
高山組
SON
○×銀行
Joshin
パン屋
とこやさん
山口飯店
Beauty Salon

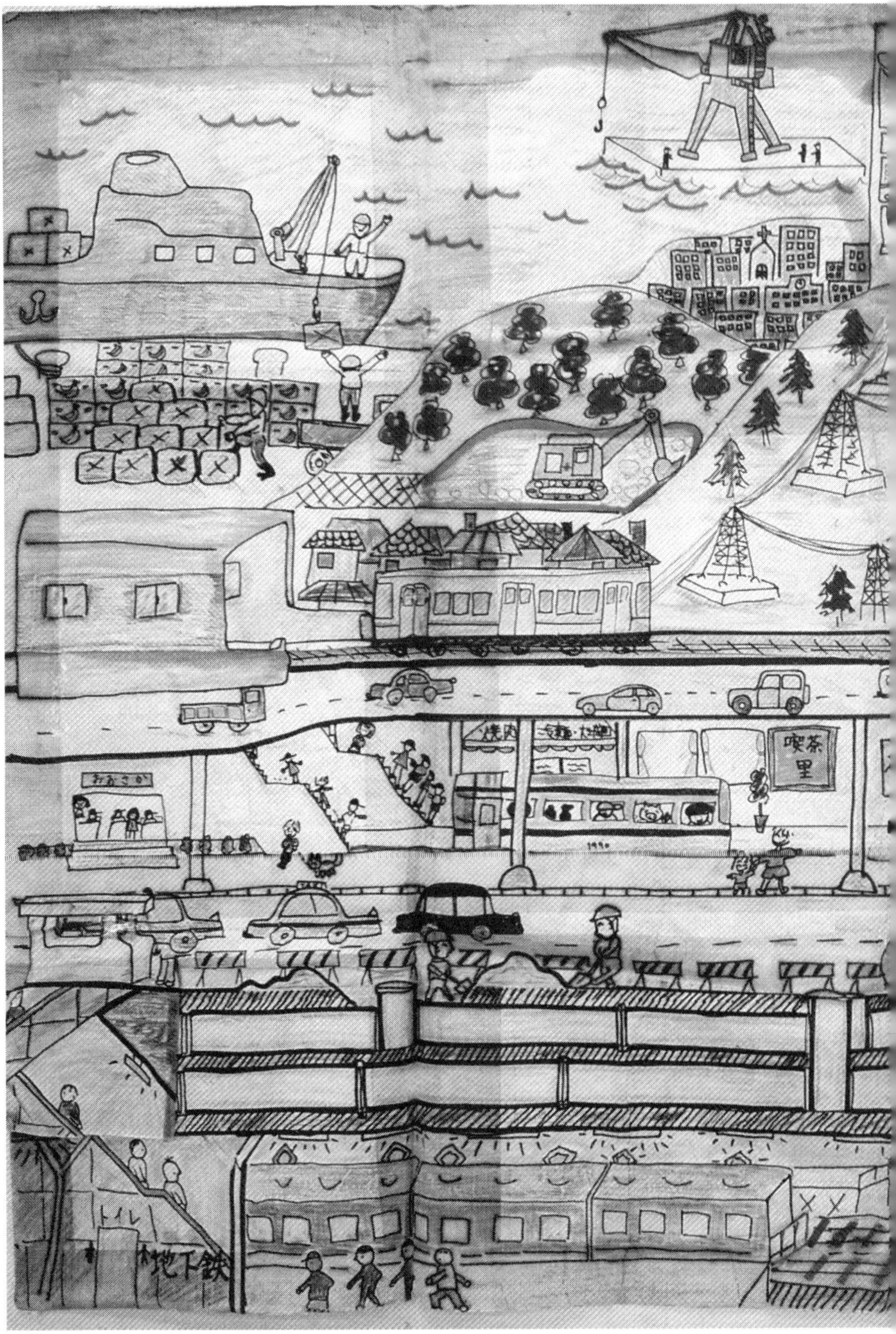
焼肉
喫茶
里
トイレ
地下鉄

ではない人びとにとって他人事ではないはずだ。そして、それぞれの生き様にも、大なり小なり共有される部分があるはずだ。そこに絆《きずな》を結び直す契機を見出そうとすることが必要であろう。私たちが人間らしさを見失わずによりよい社会をつくるには、そこからはじめるしかない。

左の**写真**は、一九六五年撮影の港湾労働者。神戸港にて（上畑恵宣撮影、大阪市立大学都市研究プラザ所蔵）

NO

# トタン

SHINGO★西成
（ミュージシャン）

トタン…トタン…トタン…トタン
トタン…トタン…と　屋根が泣く
オカン…オカンと　俺が泣く
ポタン…ポタンと　雨の音
家に帰ればオカンの背中…
ポタン…ポタンと　涙音
高速の下の長屋ぐらし
ノンキで陽気なその日ぐらし
こんなつもりじゃなかったと…ひとりむなし
どっからともなく列がズラリ

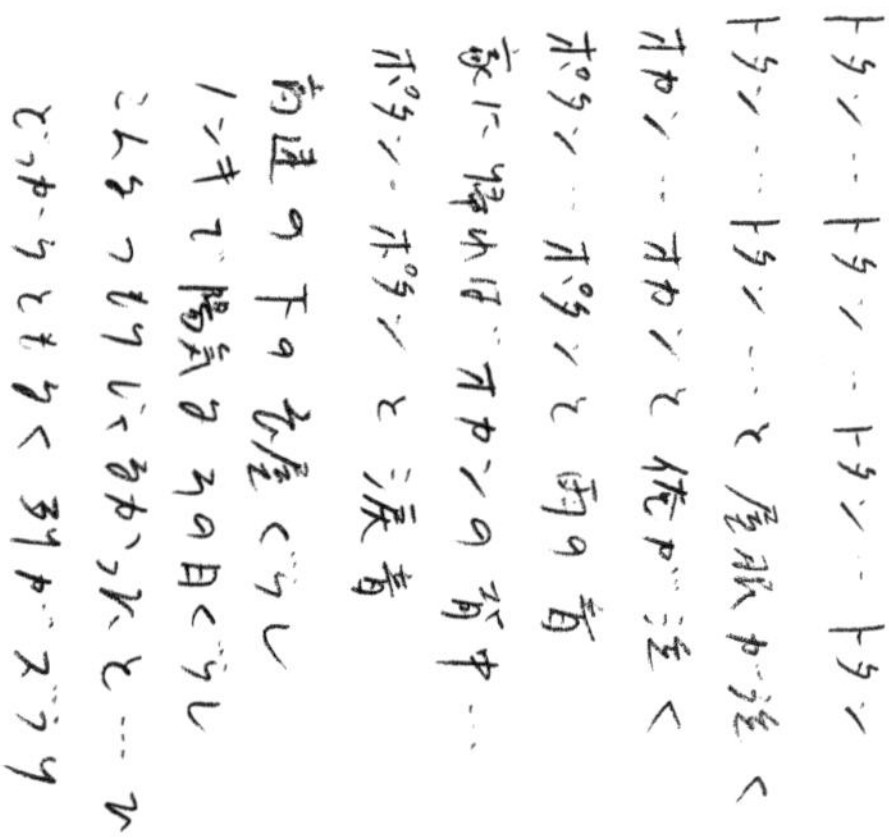
トタン…トタン…トタン…トタン
トタン…トタン…と屋根が泣く
オカン…オカンと俺が泣く
ポタン…ポタンと雨の音
家に帰ればオカンの背中…
ポタン…ポタンと涙音
高速の下の長屋ぐらし
ノンキで陽気なその日ぐらし
こんなつもりじゃなかったと…ひとりむなし
どっからともなくれつがズラリ

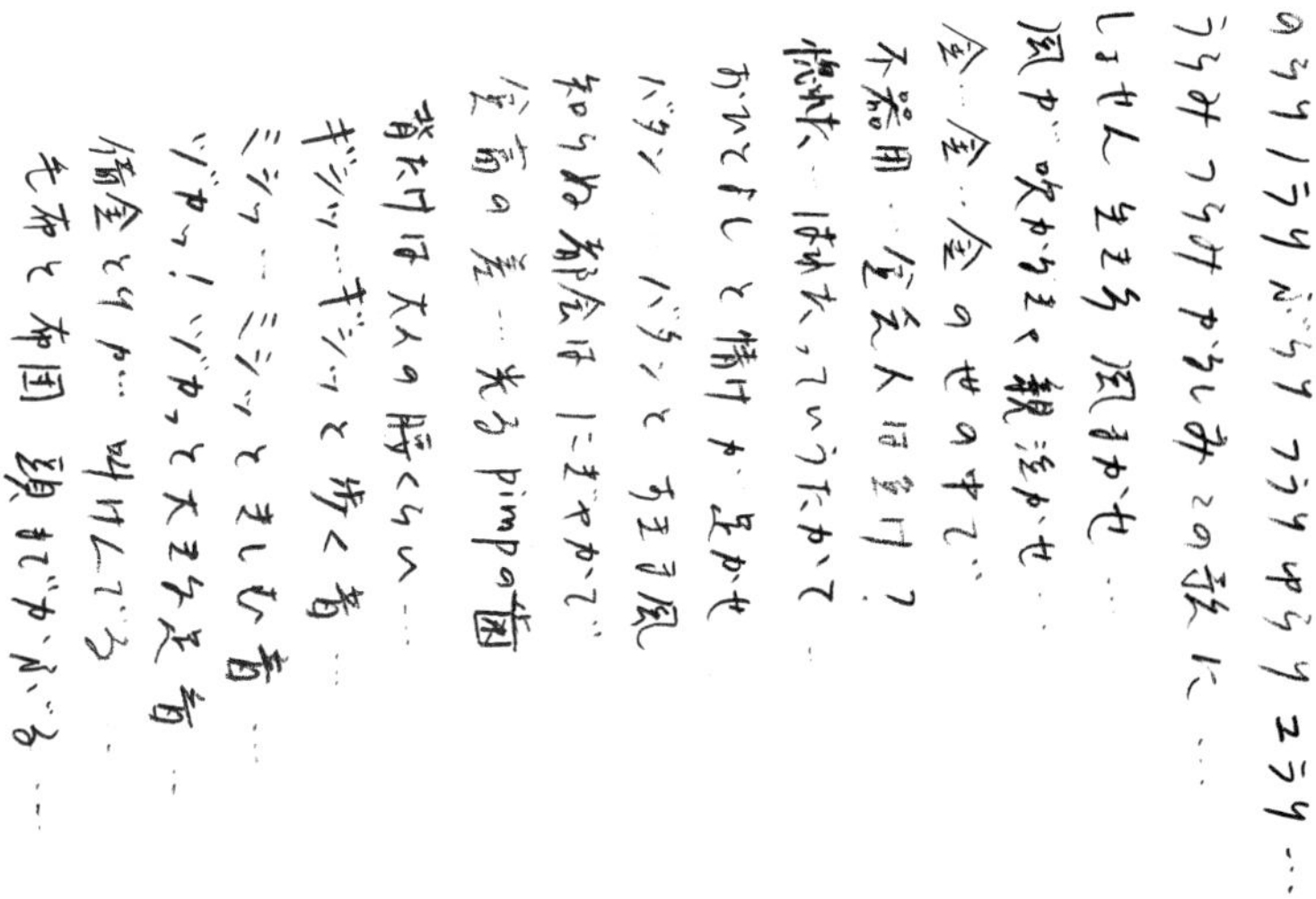
のらり ノラリ ぶらり フラリ ゆらり ユラリ…
うらみ つらみ かなしみ この歌に…
しょせん 生き方 風まかせ…
風が 吹かなきゃ 親泣かせ…
金…金…金の世の中で…
不器用…貧乏人は負け？
惚れた…はれたっていうたかて…
おひとよし と 情けが足かせ
バタン… バタンと すきま風
知らぬ都会は にぎやかで
貧富の差…光るpimpの歯
背たけは大人の腰くらい…
ギシッ…ギシッと歩く音…
ミシッ…ミシッと きしむ音…
ヅカッ！ヅカッと大きな足音…
借金取りが叫んでる…
毛布と布団 頭までかぶる…

のらり　ノラリ　ぶらり　フラリ　ゆらり　ユラリ…
うらみ　つらみ　かなしみ　この歌に
しょせん　生き方　風まかせ…
風が　吹かなきゃ　親泣かせ…
金…金…金の世の中で
不器用…貧乏人は負け？
惚れた…はれたっていうたかて…
おひとよし　と　情けが足かせ
バタン…バタンと　すきま風
知らぬ都会は　にぎやかで
貧富の差…光るpimpの歯
背たけは大人の腰くらい…
ギシッ…ギシッと　歩く音…
ミシッ…ミシッと　きしむ音…
ヅカッ！ヅカッと　大きな足音…
借金取りが叫んでる…
毛布と布団　頭までかぶる…

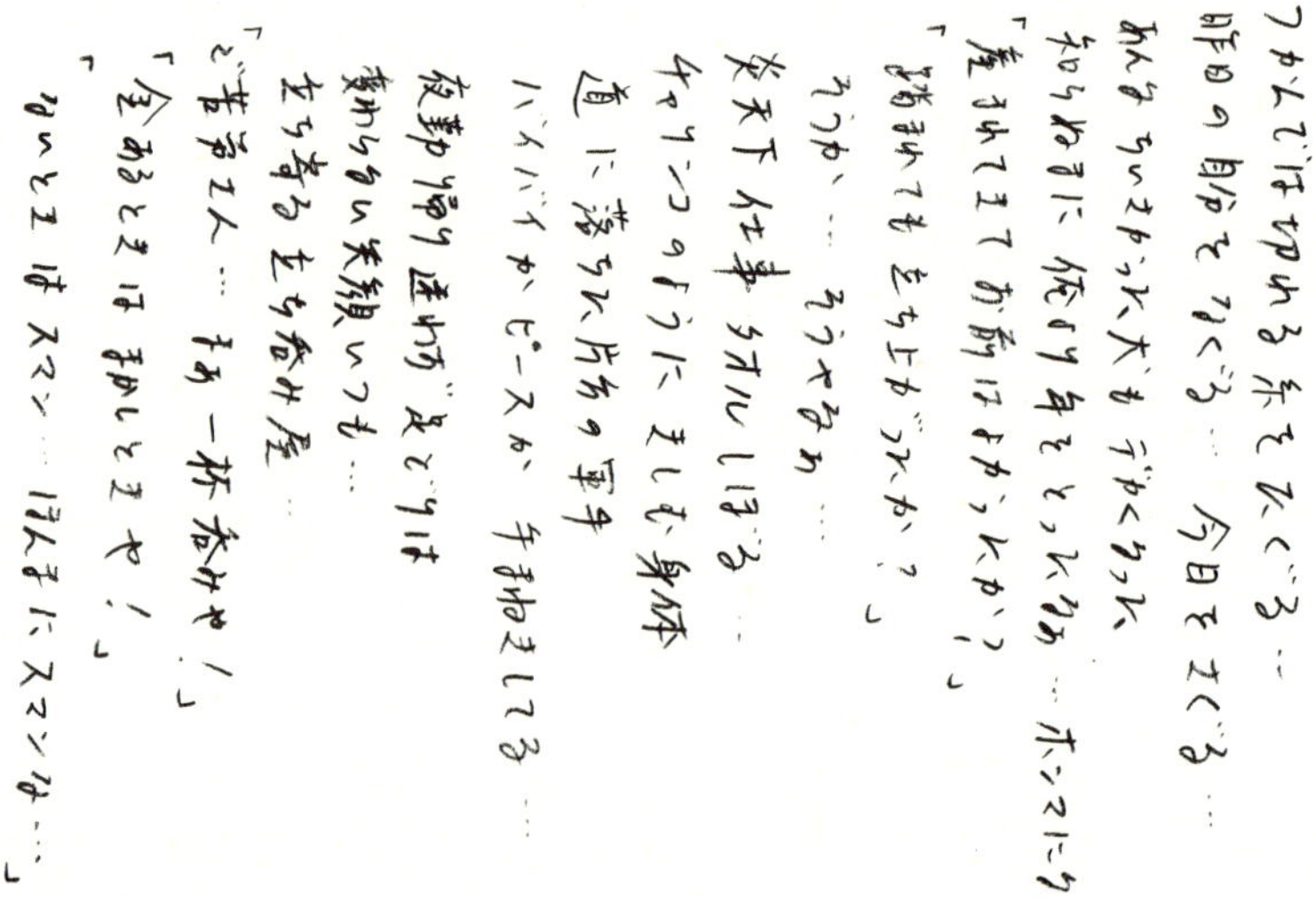


つかんでは切れる糸をたぐる…

昨日の自分をなぐる…きょうをさぐる…

あんな　ちいさかった犬もデカくなった
知らぬまに　俺より年をとったなぁ…ホンマになぁ…

「産まれてきてお前はよかったか?」

「踏まれても立ち上がったか?」

そうか…そうやなぁ…

炎天下　仕事　タオルしぼる…

チャリンコのように　きしむ身体
道に落ちた片方の軍手
バイバイかピースか　手まねきしてる…

夜勤帰り　迷わず足どりは
変わらない笑顔いつも…

立ち寄る立ち呑み屋…

「ご苦労さん…まぁ一杯呑みや!」

「金あるときはまかしときや!」

「ないときはスマン…ほんまにスマンな…」

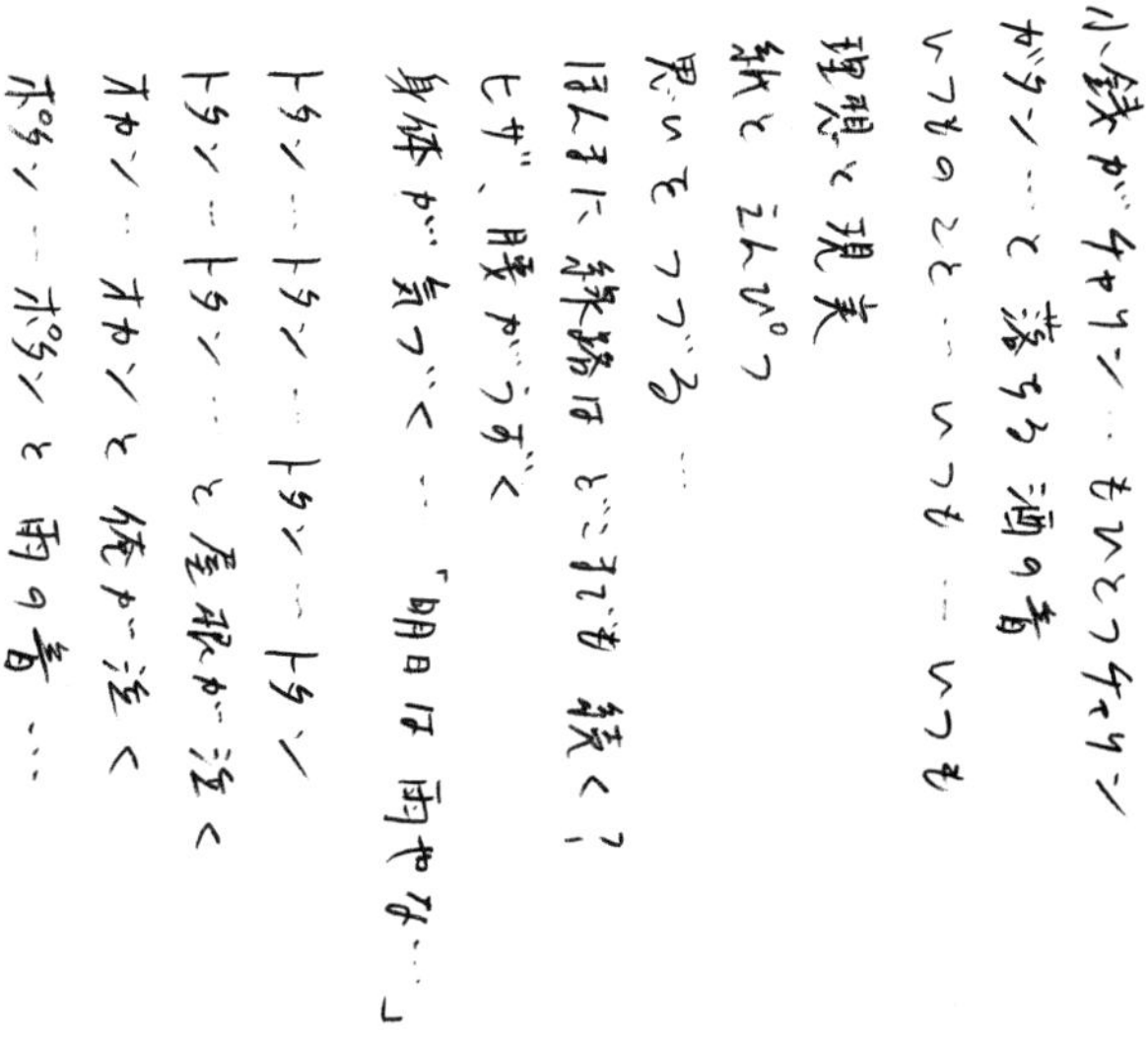
裸の言葉…ひとり歩き
たどりついた いつもの自販機.
小銭がチャリン…もひとつチャリン
ガタン…と 落ちる 酒の音
いつものこと…いつも…いつも
理想と現実
紙と えんぴつ
思いを つづる…
ほんまに 線路は どこまでも 続く？
ヒザ、腰がうずく
身体が 気づく…「明日は 雨やな…」
トタン…トタン…トタン…トタン
トタン…トタン…と 屋根が 泣く
オカン…オカンと 俺が 泣く
ポタン…ポタンと 雨の音…

裸の言葉…ひとり歩き
たどりついた　いつもの自販機
小銭がチャリン…もひとつチャリン
ガタン…と　落ちる　酒の音
いつものこと…いつも…いつも
理想と現実
紙と　えんぴつ
思いを　つづる…
ほんまに　線路は　どこまでも　続く？
ヒザ、腰がうずく
身体が気づく…「明日は雨やな…」
トタン…トタン…トタン…トタン
トタン…トタン…と　屋根が泣く
オカン…オカンと　俺が泣く
ポタン…ポタンと　雨の音…

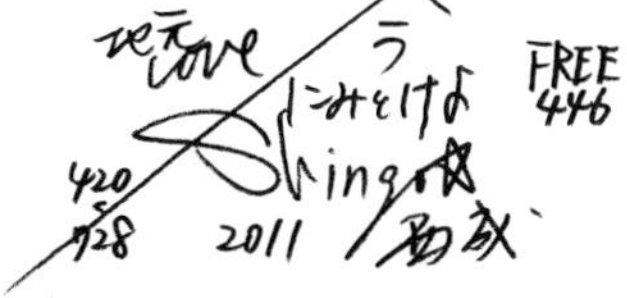

1965年の様子。建物は旧 - 市営今宮住宅。後方に見えるのが天王寺の近鉄百貨店など。（上畑恵宣撮影、大阪市立大学都市研究プラザ所蔵）

第3章

# 釜ヶ崎の住まい

平川隆啓

## まちと住まい

身近な住まいといえば、マンションや、戸建て住宅、公営住宅などの家であろう。家族三人…、二世《せ》帯《たい》…、あるいは一人暮らし…と、暮らしのスタイルは様々だが、それぞれの家は３ＬＤＫなどと表わされるように、家族や友人が集まるリビング、食事をするダイニング、家事をするキッチン、そしてトイレや風呂といった、部屋や設備がそろう。このように、多くの家には、暮らしに必要な空間

がごく当たり前に整っている。ただし、そんなワンパッケージの家だけが住まいではない。

釜ヶ崎には簡易宿泊所《かんいしゅくはくしょ》という宿《やど》が集まって建つ。このまちでは、この宿が住まいとなる。簡易宿泊所の一つひとつの部屋は、一畳、三畳、四畳半《はん》…と狭い。一室には、LDKもなければ、風呂、トイレもない。まさに「ねる」ことが基本の「宿」である。しかし、この狭小《きょうしょう》な空間を舞台に、朝起きて、身支度《みじたく》し、働きに出て、帰ると洗濯や片づけをし、風呂に入り、晩めしをいただき、ねるといった、日々の暮らしが営まれる。それは一時的に泊《と》まる宿ではなく、住まいとしての性格が強い。

また、この狭さゆえに、食事や風呂、収納は、「めし屋」、「銭湯《せんとう》」、「コインロッカー」といったかたちで、簡易宿泊所の周辺に集まる。「住まい」の機能が三畳ほどの空間、あるいは一つの建物で完結するのではなく、まち全体にあふれだしているのだ。

日雇い労働者をはじめとした釜ヶ崎に暮らす人たちの、

左手（東）が阿倍野、右手（西）が釜ヶ崎、中央下（北）は新世界である ⇨ 11頁**地図**

「ねどこ」となり、「居場所」となり、「住まい」となるのが、「簡易宿泊所」と釜ヶ崎の「まち」である。この章では、釜ヶ崎の住まいについて、その歴史や風景を中心に紹介していきたい。まずは、釜ヶ崎のある場所について、まちを俯瞰《ふかん》しながら見ていこう。

### 釜ヶ崎とその周辺

釜ヶ崎は、大阪市西成区《にしなりく》の北東部、新今宮駅《しんいまみやえき》の南側に位置する。ざっくりと五〇〇メートル四方《しほう》の範囲に数多くの簡易宿泊所が建つ。その周りには、JR関西本線の土手、南海《なんかい》本線の高架《こうか》、阪堺《はんかい》線の土手など、鉄道がすっぽりと囲むように走っている。また、それらに沿うように、堺筋《さかいすじ》と尼崎平野《あまがさきひらの》線（国道四三号線）の広い道も敷かれており、それとなく物理的に囲まれた状態となっている。この漠然《ばくぜん》としたエリアが釜ヶ崎である。

その周辺の天王寺《てんのうじ》・阿倍野《あべの》では再開発が進み、ショッピングモールや高層マンションが林立し、家族連れでに

❶ 通天閣からの屋上写真――モザイク状に拡がるまち（2011年撮影）

ぎわう。通天閣《つうてんかく》◁のある新世界《しんせかい》◁は観光客でごった返す。日本橋《にっぽんばし》◁にもほど近く、オタク街では若者が集《つど》う。

一方で、木造住宅密集地もあり、細い路地では近所のお年寄りがいこい、一帯をまたぐ商店街は人びとの行き来が絶えない。阿倍野の高層マンション群とはがらりと風景が変わり、安い家賃の木造アパートに、年金暮らしの高齢者や母子家庭などが比較的多く暮らす。

他にも、特徴的な要素として、上町台地《うえまちだいち》とその崖《がけ》、天王寺公園、飛田新地《とびたしんち》や、阿倍野墓地（大阪市設南霊園）など◁、様々な表情を持つ空間が入り混じる。実際、俯《ふ》瞰《かん》してみると、高層マンション群、木造アパート群、商業ビル群といったかたまりを、パッチワークしたようにまちは広がり、その一角に簡易宿泊所のビル群が顔をのぞかせている。（前頁の❶の写真）

## 簡易宿泊所の成り立ち

このように、大都市大阪の一角に、釜ヶ崎はあり、各地から集まった数多くの「日雇《ひやと》い労働者」が暮らす。その住まいとなる簡易宿泊所《かんいしゅくはくしょ》とは、そもそも何なの

**釜ヶ崎のエリア**
11頁の地図、および155頁の「**地図のススメ**⑥」も参照。

**天王寺／阿倍野／通天閣／新世界／日本橋**　⇩11頁

**上町台地…阿倍野墓地**
それぞれの地理は143頁以下の「**地図のススメ**」参照。

❷左の**写真**は、山王（さんのう）界隈の木造アパートと路地（二〇一一年撮影）

か。機能や、法律、呼び名、歴史などを切り口に、特徴や背景を掘り下げていく。

## 日払いの三畳一間

まずは、簡易宿泊所の代名詞と言えるのが「三畳一間《ひとま》」という客室の間取《まど》りである（次頁の❹の写真）。確かに、三畳一間のものは多いが、バリエーションがないわけではない。一畳のものや、四畳半《はん》、六畳などもある。安いもので、一泊《いっぱく》五〇〇円、だいたい一、〇〇〇円から一、五〇〇円が相場《そうば》である。

もう一つの特徴が「日払《ひばら》い」であることだ。いわゆるホテルなのだから当たり前ではないかと突っ込まれそうだが、この「日払い」のシステムは様々な場面で重要な役を果たしている。日雇い労働の場合、例えば半月や一ヶ月を飯場《はんば》◁に入って働き、釜ヶ崎に戻ると簡易宿泊所に泊《と》まり、仕事が見つかるとまた飯場に行く。つまり、仕事とともに生活の場を転々とすることが間々《まま》ある。このような働き方、暮らし方であるがゆえに、拠点《きょてん》となる釜ヶ崎で、使った分だけ支払う宿《やど》が重宝されるのはうなずける。

また、日雇い労働は基本的に、給料を毎日受け取る。一般的な月給《げっきゅう》制とは違い、その日に得た現金で、一日を生活する習慣が根をおろしており、日払いの簡易宿泊所もその一部となっている。

**飯場** ⇩60頁

❸左の**写真**は、簡易宿泊所の共用の炊事場の様子。

❹ 3 畳一間（2010 年）

さらに、同じ宿の、同じ部屋に、泊まり続けることも可能だ。実際、何十年も同じ部屋で暮らす人もちらほら見かける。ホテルといっても、その暮らしぶりはほぼ自宅のようなものであり、プライベートな空間を確保するための、重要なシステムとなっている。

## 簡易宿泊所と旅館業法

どことなく独特な印象を受けるかもしれないが、簡易宿泊所は「旅館業法」で規定された、れっきとした宿《やど》である。旅館業法とは、その名の通り宿泊施設に関する法律で、開業の際には許可が必要となる。その営業形態は細かく分類され、ホテル営業、旅館営業、下宿《げしゅく》営業、そして簡易宿所営業が定められている。ここでの簡易宿所とは、「宿泊する場所を多数人で共用する構造及《およ》び設備を主とする施設を設け、宿泊料を受けて、人を宿泊させる営業で、下宿営業以外のもの」[1]を行なう施設をさす。法律文章でややこしいが、共同部屋で宿泊する宿のことで、合宿所や、民宿《みんしゅく》、カプセルホテルなどが該当《がいとう》する。釜ヶ崎の簡易宿泊所も客室は個室であるが、共用の風呂やトイレなどの設備があることから、簡易宿所営業の許可を取っているものが多い。

❺右の**写真**二つは、簡易宿泊所の廊下の様子。

1● 旅館業法二条四項

## ホテル、旅館、簡宿、ドヤ

ここまでで何か違和感に気づいた人もいるかもしれない。実は、「簡易宿所」と「簡易宿泊所」の二つの呼び名が登場している。法律上では「簡易宿所」と総称するが、[2] さらに釜ヶ崎などの寄せ場《よば》にあるものを「簡易宿泊所」と呼ぶことが多いからだ。しかし、呼び名はそれだけではない。少し、僕の経験を踏まえて、様々な呼び名に触れていく。

初めてこのまちを歩いたのは、二〇〇七年の夏である。そのときは、ここで取り上げる「簡易宿泊所」の文字に出会うことはなかった。どこを見上げても、「ビジネスホテル」とか、「ホテル」といった看板ばかりである。あと、「アパート」、「マンション」といった看板も目にした。つまり、泊《と》まれるホテルと、借りられるアパートのあるまち、ということが分かる。そのとき目にしたホテルやビジネスホテルが、簡易宿泊所である。

さらに、このまちに関わる中で、場面によって様々な名前が飛び交《か》うことに気づいた。日雇い労働者の人たちは、もっぱら「ドヤ」と呼ぶ。経営者たちは、簡易宿泊所を略して「簡宿《かんしゅく》」とか、「ホテル」などと呼ぶことが多い。商店街で長く働く人の中には「旅館」とも言っていた。

**2**● 現在の簡易宿泊所は、法律上の名称として、「木賃宿」、「簡易宿」、「簡易宿所」と変遷してきた。

**寄せ場** ⇩80頁

**簡易宿泊所** ⇩323頁以下、および347頁以下も参照。

**ドヤ** ⇩158頁、186頁も参照例えば、この「ドヤ」という呼び名であるが、日雇い労働者や、このまちに移り住んできた人など、釜ヶ崎の住民は馴染《なじ》みの言葉として、そう呼ぶことがある。暮らしの一部として「ドヤ」は定着していると言えそうだ。

しかし、語源《ごげん》をたどると、その言葉の持つ複雑さが見えてくる。そもそもは、特定の仲間内だけで通じる、業界用語的な言葉である隠語《いんご》として広まった。「宿《やど》」をひっくり返した言葉で、江戸時代から、都市住民でもいわゆる貧困層の人びとが、日払《ひばら》いの宿に対して使っていた。そして、日雇い労働者が集まる簡易宿泊所街でも、「ドヤ」という言葉が浸透《しんとう》していく。

一方、新聞などにも「ドヤ」は登場する。例えば、一九六〇年代、七〇年代の釜ヶ崎の暴動▽とともに、マスメディアはこのまちの風景である「ドヤ」を切り取った。しかし、多くの伝え方は偏《かたよ》ったものであった。一部の劣悪《れつあく》な環境を描き、それがあたかも全体的であるかのごとく「ドヤ街」として前面に出し、「吹《ふ》き溜《だま》り」や「カスバ」として繰り返し報道された。部分的な状況だけを強調したことで、ドヤに対する負《マイナス》のイメージが広まることとなった。[3]

いずれにせよ、ドヤは雄弁《ゆうべん》である。たとえ、戦後復興期から高度経済成長期にはまだあった、臭いフトンにノミやシラミで眠れなかったドヤも、その後は建て替えでエアコンやテレビなどの設備が整ったドヤも、今は落ち着いて暮している

**釜ヶ崎の暴動** ⇩240頁以下

**3●**ドヤを使った言葉として、「ドヤ街」、「ドヤもん」などがある。「ドヤもん」は、ドヤでの生活者を軽蔑した言葉でもある。ドヤの言葉自体が、軽蔑や差別的な不快を与えるとして、昨今はマスメディアで使われることは少ない。なお、新聞、テレビ、ラジオ等の放送業界では、ドヤは差別用語・不快用語として、特別な理由なく使用しない方針をとっている。

馴染《なじ》みのドヤも、ひっくるめて、日雇い労働者ら住民は「ドヤ」と呼ぶ。一方、マスメディアが伝える偏《かたよ》ったわずかな情報が先入観となり、劣悪《れつあく》で危険な場所であると、差別的な目で大衆は「ドヤ」を見た。時代や使い手によって言葉の意味やイメージを変えてきたのが「ドヤ」であり、このような歴史や文化もひっくるめて釜ヶ崎の「ドヤ」なのである（左の❻❼の写真）。

## 戦後からの簡易宿泊所街

まずはここまで、簡易宿泊所の多様な側面を見てきた。それらは歴史の中で培《つちか》われたものでもある。現在の簡易宿泊所街は、戦後から高度経済成長◁していく過程で、基本的な姿がつくられた。特に釜ヶ崎は、戦災で焼けた状態からの復興《ふっこう》で、爆発的に簡易宿泊所が建ち、まちがつくられた。ここからは、戦後以降の歴史をたどりながら、簡易宿泊所の今に迫っていく。

### 一九四〇年代

戦前の釜ヶ崎は、迷路《めいろ》であった。「その後　スラム釜ヶ崎」と報じた新聞記事[4]

**高度経済成長** ⇩25頁

**4**●『朝日新聞・大阪市内版』、一九四七年九月二二日。

❻ 看板（1968 年）

❼ 看板（2010 年）

では、「細民《さいみん》街◁の代名詞として全国的に知られていた西成区《にしなりく》東・西入船《いりふね》町一帯のスラム街「釜ヶ崎」、何しろ戦前はくず拾《ひろ》いやルンペン相手の一泊《いっぱく》一五、六銭の木賃宿《きちんやど》や家賃月四、五円という長屋《ながや》が低い軒《のき》をならべ、カビ臭い迷路でつながっていた」と、その様子を描写している。釜ヶ崎は、バラックや、木賃宿[5]、裏長屋[6]などがごみごみと集まるまちであった。

一九四五年、釜ヶ崎は爆撃を受ける。「ここも戦火にかかり、市営住宅と四恩《しおん》学園《がくえん》を残すほかすっかり焼けてしまい」とあるように、まちは大火により焼失してしまう。木賃宿街として、国鉄関西本線◁沿い（現JR関西本線）にわずか七軒という状況だった。

そのような中、「いま、土建業者の手で新しい住宅、商店街が計画されている。ぼつぼつ建ち出した一戸四万三千円の住宅や、店舗付分譲《ぶんじょう》住宅は、どんどん建てられてゆき、やがて「スラム釜ヶ崎」の名残《なご》りも見られなくなるだろう」とする復興《ふっこう》の兆《きざ》しを、マスメディアをはじめ、周囲は感じていたようだ。

## 一九五〇年代

この記事が出た一九四〇年代後半は、まだ釜ヶ崎の大半は焼け野原といった状況であった。一九四九年に入ると、釜ヶ崎の大半をしめる萩之茶屋《はぎのちゃや》地区を対象

**細民** ⇩170頁以下、189頁

**5**● 木造のバラックのような簡易な建物。一室に数人が住む雑居型、個々に部屋が分かれている長屋型などがある。玄関を入ると帳場があり、宿代を支払うようになっている。布団は宿代に含まれており、生活に必要な鍋、釜、食器などは、借りることができた。⇩158頁、186頁も参照。

**6**● 日払いの長屋。釜、手桶、蚊帳、布団などが用意された一室を借りられた。

**関西本線** ⇩153頁の「**地図のススメ⑤**」を参照。

**尼崎平野線**（**国道四三号線**）⇩153頁の「**地図のススメ⑤**」を参照。また、12頁の**地図**、212頁の**写真**も参照。

**7**● 『朝日新聞・大阪市内版』一九六〇年二月一三日。

に、戦災《せんさい》復興土地計画整理事業が始まる。これを契機《けいき》に、まちの骨格となる街区《がいく》と道路が新たに計画された。戦前の街区は、どちらかというと自然発生的な入り組んだ形をしていた。復興により、東西の尼崎平野《あまがさきひらの》線（国道四三号線）◁と、南北の旧紀州《きしゅう》街道を軸《じく》に、比較的広い街区と道路でもって整然としたつくりとなる。まだ未舗装《みほそう》の広げられた道沿いには、「〜荘《そう》」とか「〜園《えん》」、あるいは「ホテル」などを名に付けた看板が並んだ。

しかし、その街区《がいく》の内部は、すこし様子が違ったようだ。「勝手気ままに建ったドヤ、日払いアパート。くねくね曲がってはくっつく路地《ろじ》に群《むら》がるめし屋」[7]などが、こまごまと密集していた。このように、一九五〇年代には、新しい街区をベースとしながらも、木造の簡易宿泊所（❽の写真）をはじめ、日払《ひばら》いアパート[8]、バラック[9]、路地、めし屋など、釜ケ崎のまちが急速に形成される。

まちでは、「ゴミ箱を横にしてベッタンをやる子、チャンバラでかけまわる子」[10]の風景や、「まるで人間の

❽ 木造２階の簡易宿泊所（1964 年）

セリ市[11]」と言わせた早朝の日雇《ひやと》い労働者が集まる様子などが見られた。日雇い労働者が集まる「寄《よ》せ場《ば》」は再興《さいこう》し、多くの人が集まりだした釜ヶ崎には、家族の姿も、子どもの姿も日常であった。◁ このように、戦後は、簡易宿泊所を核としながらも、様々なタイプの住まいが釜ヶ崎の空間に凝縮《ぎょうしゅく》されていくことから始まっていく。

## 一九六〇年代

戦後の釜ヶ崎は日雇い労働者を中心に、その多くが家庭生活を送っていた。夫婦子ども、母子、父子など様々であるが、簡易宿泊所、バラック、日払いアパートが住まいとなった（左下の❾の写真）。

バラックの多くは「三畳一間《ひとま》が一世帯[12]」の狭小な居住空間であった。おさまりきらない「水道、便所は共同使用[13]」であり、「ラジオをもったり、花で家を飾ったり[14]」しながら、日々を送っていた。簡易宿泊所には、「床《とこ》の間《ま》のある部屋[15]」もあった。どれも、その多くが三畳ほどと狭いながらも、バリエーションがあった。

しかし、経済的な不安定や、居住環境の衛生面の悪化、子どもの不就学《ふしゅうがく》など、地域の課題が徐々に目立ち始めていた。そして、一九六一年に釜ヶ崎で「第一次暴動◁」が起こる。これらを契機《けいき》に、行政が大きく動き出した。その一つが、釜ヶ

**8**● 一九四八年に施行された旅館業法により認可を受けた簡易宿泊所のほか、そうでない、いわゆるもぐりの簡易宿泊所として、日払いアパートが存在した。

**9**● 戦後、南海本線沿いに、バラック地区が形成された。一帯は、地面に直接柱を打ち付けた仮小屋のような建物が密集しており、家賃は一畳につき月一、〇〇〇円ほどであった。

**10**●『朝日新聞・大阪市内版』一九六〇年二月一四日。

**11**●『朝日新聞・大阪市内版』一九六〇年二月一〇日。

**子どもの姿も日常であった**
⇩287頁、288頁の**写真**も参照。

**12**●『釜ヶ崎――スラムの生態』、一〇一頁

**13**● 同書、九九頁

**14**● 同書、一〇〇頁

**15**● 二〇一〇年、簡易宿泊

崎に暮らす家族のいる世帯《せたい》を対象にした、地域外への移住対策だ。愛隣寮《あいりんりょう》や今池生活館《いまいけせいかつかん》といった施設で一年半の入居期間を経て、地域外の公営《こうえい》住宅を斡旋《あっせん》する事業であった。その結果、家庭生活を送っていた人たちの多くは釜ヶ崎から去り、散りぢりとなった。

一九六〇年代から次第に、子どもや女性は姿を消していき、単身《たんしん》男性の日雇い労働者が極端に集まるまちへと変貌《へんぼう》していく。

## 一九七〇年代

戦後、釜ヶ崎で形成されたのは、簡易宿泊所街、バラック街、日払いアパート街と、複数の構造を持つまちであった。しかし、一九六〇年代後半には、簡易宿泊所が急増し、その様子が変わり始める（次頁の⑩の写真）。

ちょうど、日本は高度経済成長を迎え、一

❾ 簡易宿泊所の軒下で遊ぶ子どもら（1964年）

九七〇年の万国博覧会《ばんこくはくらん》◁を控《ひか》えていた。建設業に対する労働力の需要《じゅよう》が増し、まちには労働者があふれていた。「万国博で建設ブームになったころ「たたみ一畳でもいいから、どんどん部屋をつくってほしい」とたきつけた［大阪］市《し》のおえらがたもいた」[16]。そう言われたのは、簡易宿泊所の経営者らである。建て替えや改修でもって、一畳の個室が大量につくられていく。

それまで簡易宿泊所といえば、木造二階建てで一室三畳や四畳半などの「個室式［小間式］」のものが大半であった。他は、一〇畳や二〇畳に幾人も寝る「大部屋《おおべや》式」や、大部屋を上下二段に仕切った棚《たな》状の床に幾列にも並んで寝る「かいこ棚式」などがあった。それら既存《きそん》の三畳や大部屋を仕切ることで一畳個室化《こしつか》が進められた。

また、三階から五階ほどのビル型のものも建ち始め、一軒《いっけん》当たり三〇〇室以上の「マンモスドヤ」と呼ばれた簡易宿泊所も登場する。簡易宿泊所が次々と単身の日雇い労働者向けに形を変えていく中、家庭生活も送れたバラックや日払い

⑩ **建ち始めたビル型の簡易宿泊所**（1968 年）

所調査より
**第一次暴動** ⇩240頁
**万国博覧会** ⇩26頁

アパートは追い出されるように撤去《てっきょ》されていった（⓫の写真）。釜ヶ崎の居住空間は一畳個室へと分割され、特に子育て世帯が暮らせる空間を著《いちじる》しく失うこととなる。

## 一九八〇年代

「窓を見たら、建《た》てた年代がわかる」との言葉通り、今、建ち並ぶ簡易宿泊所の窓はどれも特徴的である。例えば、「窓に網《あみ》があるのは七〇年代前半までにつくられたビル」である。その当時は高層化に伴う飛び降り防止や、「あいりん騒動防止のために窓には網《あみ》が必要」[17]といった認識から付けられた（次頁の⓬の写真）。しかし、一九七〇年代の高密度《こうみつど》居住による弊害《へいがい》ともとれる火災が多発していた。一九七五年には千《せん》成《なり》ホテル火災事故が発生し、焼死者、重軽傷者を多数だす惨《さん》事《じ》となった。一九七〇年代後半からは、窓の網は逃げ遅れる原因となることから新たな設置は控《ひか》えられ、また他にも、防火構造の部屋や、消火設備、避難経路の確保など、防火対策が打たれるようになる。

⓫ 木造とビルの簡易宿泊所が混在する風景（1979年）

16●『毎日新聞・大阪市内版』一九八〇年一一月一五日。
17●『大阪府簡易宿所環境衛生同業者組合20年誌』一九八一年、四九頁。

さらに、一九八〇年代に入ると、様々な設備を整えた簡易宿泊所が出てくる。一畳であったそれまでの個室も三畳となり、エレベータのついた六階から九階ほどの高層の簡易宿泊所が建つ。テレビはもちろん、クーラーなどの空調を備えたものも出てきた。

一九八〇年代後半になると、日本はバブルに沸《わ》いていた。大阪では、関西国際空港建設や、関西学研《がっけん》都市建設などの巨大プロジェクトもあいまって、釜ヶ崎の労働市場はにぎわう。簡易宿泊所もこの好景気に乗《じょう》じて、建て替えを加速させた。

「ドヤ（簡易宿泊所）は見違えるほどモダンなホテルに変身」[18]し、二〇〇軒近い簡易宿泊所の約七割が木造から軽量鉄骨等のビルに建て替わる（左下の⓭の写真）。「このところ外国人旅行者の間で人気になっている」[19]といった、新しい動きも出てきており、「イメージを一新しつつある」[20]と、その変貌《へんぼう》ぶりを周囲は期待した。

しかし、明るい話ばかりでもない。「労働者たちは年を重ね、一層孤独感を深めているようだ」[21]と、釜ヶ崎に高齢化《こうれいか》の兆《きざ》しが見え始めていた。その直後に、暴動が起き、バブルは崩壊する。

⓬ 小窓と網（2010年）

## 一九九〇年代

一九九〇年以降、バブルの崩壊と、長引く不況で、簡易宿泊所の建て替えは停滞《ていたい》した。二〇一〇年に至るまで、新たに建て替えられた簡易宿泊所は数えるほどしかない。「一九九一年くらいから、おかしぃなってきたね。部屋がババッと空《あ》きだしてきたね」[22]と、簡易宿泊所の経営者は、見えない展望をもらす。仕事が減り、簡易宿泊所に泊まれず、野宿《のじゅく》生活へと至る人たちが増え、また常態化《じょうたいか》しだした時期である。

一方、新たな住まいの模索《もさく》も始まる。釜ヶ崎の地域活動に、野宿生活者支援が急成長する。夜《よ》回《まわ》り◁や、炊《た》き出《だ》し◁、生活保護申請《しんせい》の支援、就労《しゅうろう》に関するものなど、様々な団体が立ち上がり、九九年には特定非営利活動法人釜ヶ崎支援機構◁といった就労と福祉をともに実践するNPOも生まれた。

⑬ 簡易宿泊所のビル化（2010年）

それら地域活動もあって、野宿生活者の「ねどこ」確保のための、あいりん総合センターの夜間開放（一九九八年）、シェルターの前身である大テントの設置（一九九八年）、シェルターと通称される臨時《りんじ》夜間緊急避難所の設置（二〇〇〇年）が急展開する。また、三徳生活《さんとくせいかつ》ケアセンター（一九九八年）や、自立支援センター（二〇〇〇年）の設置など、「ねどこ」を中心とした支援つきの施設がつくられる。そのような中、一九九九年に、大阪府簡易宿所環境衛生同業者組合が、簡易宿泊所の空き部屋を野宿者の自立支援のために活用するよう求める陳情書《ちんじょうしょ》（以下、二〇〇〇室プラン）を市に提出するなど、野宿生活者の住まい確保の動きが前面に出てくる。

## 二〇〇〇年代

「二〇〇〇年のころ、稼働率《かどうりつ》もすごく下がって、返済《へんさい》もありぃの、毎日の経費も掛《か》かかりぃの」[23]と、このころの状況を経営者が明かすように、簡易宿泊所はさらに利用者が減り、野宿《のじゅく》生活者などの問題が広がっていた。結局、組合の二〇〇〇室プランは実現しなかったが、二〇〇〇年以降、簡易宿泊所を共同住宅に転用《てんよう》するという、新たな動きが生み出される。「福祉アパート」や「福祉マンション」などと呼ばれる、「簡易宿泊所転用アパート」の登場である。野宿生活者が住まいを確保できる脱《だつ》野宿の大きな糸口となる。

**関西国際空港の建設**
泉州沖の人工島に建設された国際空港で、一九九四年九月に開港された。この空港の建設は、一九八〇年代以降に繰り広げられた都市再開発の起爆剤として位置づけられていた。⇩10頁の**地図**を参照。

**関西学研都市の建設**
文化・学術・研究の新しい「拠点」づくりを目的として京阪奈丘陵に計画された広域都市。バブル崩壊以降は開発計画が見直され、区域における一般企業の進出やベッドタウン化が進んでいる。⇩10頁の**地図**を参照

**18**●『日本経済新聞・大阪市内版夕刊』一九九〇年五月二四日。

**19**●『朝日新聞・大阪市内版夕刊』一九九〇年六月二日。

簡易宿泊所転用アパートへの変化を促《うなが》したもう一つの要因に、大阪市の生活保護制度の運用の仕方がある。生活保護を簡易宿泊所で受給《じゅきゅう》できるか否《いな》か、その判断は各自治体で違うのだが、大阪市は簡易宿泊所での受給は認めていない。例えば東京の山谷《さんや》、横浜の寿《ことぶき》町では簡易宿泊所での受給が認められており、簡易宿泊所のまま経営を続けるケースが多い。このような差が、建物の更新《こうしん》にも影響しており、山谷《さんや》や寿《ことぶき》町と釜ヶ崎とでは、同じ簡易宿泊所街でも、まちの構造は異質なものとなっている。

また、一九八〇年代後半にささやかれていた外国人旅行客向けの簡易宿泊所も、ここにきてバックパッカータウンとしての広がりを見せるまでに急成長している。太子《たいし》地区を中心に、「hotel」の文字やローマ字表記の看板が目立つようになった。

この二〇〇〇年代で、まちの住まい手である日雇《ひやと》い労働者は減少し、変わって生活保護受給者や年金生活者が増え、旅行者などの滞在者《たいざいしゃ》の数もじわじわと伸びてきた。

このように、釜ヶ崎の簡易宿泊所は、時代によって姿を変えてきた。現在は、宿と住まいの性格をあわせ持つ日雇い労働者が多く利用する簡易宿泊所、宿としての性格をより強くし旅行や出張、就活などでも多く利用されるもの、さらに

**20**●『日本経済新聞・大阪市内版夕刊』一九八七年五月二八日。

**21**●『日本経済新聞・大阪市内版夕刊』一九九〇年五月二四日。

**22**●二〇一〇年、簡易宿泊所調査より

**夜回り**（**夜まわり**）⇩75頁
**炊き出し**⇩237頁、260頁
**釜ヶ崎支援機構**⇩278頁
**あいりん総合センター**⇩54頁、および209頁以下
**大テントの設置**⇩276頁
**シェルターの設置**⇩278頁

**23**●二〇一〇年、簡易宿泊所調査より

**二〇〇〇室プラン**⇩329頁
**東京の山谷**⇩356頁
**横浜の寿町**⇩271頁
**外国人旅行客向けの簡易宿泊所**⇩第11章
**バックパッカー**⇩346頁

宿の看板も下ろして住まいに特化した転用《てんよう》アパートや、最近では簡易宿泊所と共同住宅が混合した併用《へいよう》タイプなども出てきている（⓮のグラフ）。また、最近では、子育て世帯も暮らせる簡易宿泊所の新たな模索《もさく》も始まっている。「やど住まい」を軸としながらも、時代や社会のニーズによって変化させてきたのが簡易宿泊所である。

## 簡易宿泊所
# のある風景

釜ヶ崎は、多くの、そして様々な人を受け入れてきた。最後に、簡易宿泊所が建つまちの風景、そして、実際の三畳空間や、特徴的な地域資源を眺《なが》めていこう。

### まちの風景

冒頭でも述べたとおり、僕が初めて釜ヶ崎のまちを歩いたとき目にしたのは、大量の看板であった。そして、六階から九階ほどのビル群《ぐん》と、間からのぞく壁面《へきめん》に並ぶ無数の小さな窓である。

もう少し詳しく見てみよう。新今宮駅《しんいまみやえき》の南側、尼崎平野《あまがさきひらの》線（国道四三号線）から

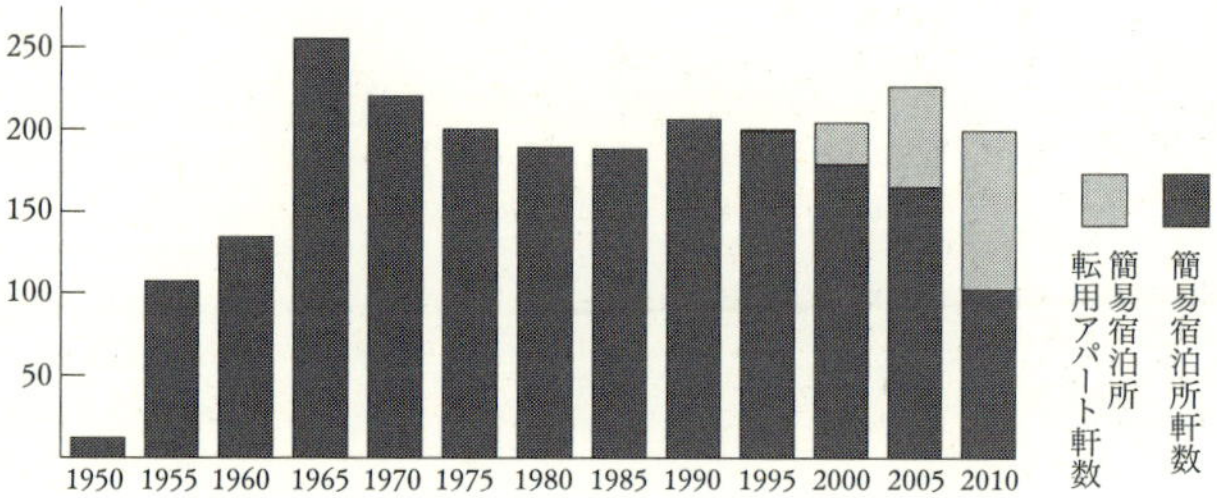


⓮ 簡易宿泊所の軒数の推移

一歩南に入ると、様々なタイプの建物が目に飛び込んでくる。クリーム色や赤褐色《あかかっしょく》などに塗《ぬ》られた壁、タイルやレンガ風の壁、トタンのものなど、ごちゃっとしたビル群が、道の両脇に並ぶ。その間には、小さな木造長屋《ながや》のような建物も見られる。それだけでは、どの都市にもありそうな普通のまちの風景だが、実際に歩くと、大小さまざまな違いに気づく。

例えば建物をよく見ると、小さな窓が妙に狭い間隔《かんかく》で並ぶビルの多さに気づく（⓯の写真）。一瞬、それが何の建物か、判別しがたいものがあるが、開《あ》け放たれた窓からのぞくくたびれたTシャツの洗濯物や、サッシの桟《さん》にひっかけられた植木鉢など、しみついた生活臭を感じ取ることができる。

また、道幅は割と広いのだが、妙な圧迫感がある。路上にはびっしりと自転車が並んでおり、どれだけの人がこのまちにいるのか、想像もつかな

⓯ 小さな窓と自転車（2010年）

いほどだ。さらに歩くと、旅館、ホテル、アパート、マンションなどと書かれた看板が次々に現われてくる。

このように、まちの大半は、簡易宿泊所か、それをベースにしたアパートなどのビル群である。現在は高層の簡易宿泊所が多く建ち並ぶほか、木造の古びた旅館のような簡易宿泊所や、「〜荘《そう》」という名がいかにも似合う低廉《ていれん》な木造アパートも点在する。

さらに丁寧に歩くと、立地によって微妙な違いが読み取れる。新今宮《しんいまみや》駅前である萩之茶屋《はぎのちゃや》一丁目界隈《かいわい》は、広い街区、広い道、高いビル群に囲まれている。堺筋《さかいすじ》をはさんで東側の太子《たいし》界隈は、駅の近くでは高層の簡易宿泊所が連ねているが、少し離れると木造住宅密集地で、細い路地なども残る。駅から南、三角公園◁の周辺はコンクリートのビルと木造の建物が混在している、などといった具合だ。

## 簡易宿泊所の居住空間

### 帳場

簡易宿泊所を一歩中へ入ると、まず現われるのは「帳場《ちょうば》」と呼ばれる宿のフロントである。といっても、長いカウンターがあって、ロビーがでんと広がっていて、という感じではない。外からの光も届く、ちょっ

**新今宮駅** ⇩11頁の**地図**

**三角公園**（萩之茶屋南公園）⇩12頁の**地図**、および238〜239頁を参照。

⑯左の写真は、ビルの屋上に干された洗濯物。

と広くて、ちょっと明るいこぢんまりとした玄関といった雰囲気である。あえて例えるなら、銭湯《せんとう》の番台《ばんだい》のようなイメージである。そこには大抵、スタッフが一人ほど座っており、宿泊代を払うことになる。このスタッフ、帳場さんには、元《もと》日雇い労働者もいれば、若い女性もいる。経営者が夫婦で入ることもある。帳場は生活者の暮らしを見守る、簡易宿泊所の顔である（⑰の写真）。

帳場の先は、土間《どま》から一段あがっており、ここで靴を脱ぐ。上では椅子や机を広げて数人が談笑《だんしょう》している光景をよく見かける。僕みたいな常連《じょうれん》でない客でも、数泊もすれば帳場や彼らから「おかえり」と声が響いてくる。

## 廊下

帳場をくぐると、奥には「廊下《ろうか》」が続く。廊下の様子も、簡易宿泊所ごとに、もっと言うなら各階ごとに、まちまちである。ただ、共通

⑰ 木造の簡易宿泊所の帳場（2010 年）

しているのが、そこは数畳の個室には収まりきらないあふれだした空間である。風呂上《あが》りの気持ちよさげな格好でくつろぐ姿はマンションの廊下では見られまい。このように、共用《きょうよう》の空間でありながら、ベランダやリビングのような使われ方がされているのだ。帳場にしろ、廊下にしろ、本来とは違う利用目的だが、最近では「談話室《だんわしつ》」という形で、みんなのリビングを積極的に設けるところも出てきた（⑱の写真）。どちらにせよ、あふれだすリビングは簡易宿泊所の特徴である。

## 三畳個室

つまり、個室ごとではなく、簡易宿泊所の帳場から、すでに自宅の一部なのである。もちろん個室は大切なプライベートな空間だ。その中に入ると、まずは帳場前で脱いだ靴を、入り口脇《わき》にあるネコの額《ひたい》ほどの土間《どま》か下駄箱に置く。その奥には、三枚の畳に布団、壁には小さな窓、そしてテレビや、ちょっと宿泊代を奮発《ふんぱつ》す

⑱ **簡易宿泊所転用アパートの談話室**（2010年）

ると冷蔵庫が置かれている。あとは、長押《なげし》［柱と柱をつなぐ横木］のフックに服を掛けて、残りの荷物は隅《すみ》に寄せ、ひとまずくつろぐことができる（⑲の写真）。

## 共用設備

くりかえすが、この部屋には風呂もトイレも台所もない。共用のものが、廊下を介して設置されている。しかし、この共用設備は、意外と役に立っている。例えば、共用風呂が暮らしている者同士のつながりを生む場となる。単身生活者は、丸一日だれとも会わないといった生活に陥《おちい》りやすい。しかし、この風呂や、トイレ、食事のたびに、みんなが利用する場に出てくることで、孤立を自然と防いでいる。

## 店

一方、簡易宿泊所の周辺には、めし屋も多く、朝早くから暖簾《のれん》がかかっている。また、あちこちに弁当屋や自動販売機があるが、人の多さを考え

**⑲ 3畳での生活**（2010年）

るとニーズにあった量なのかもしれない。コインロッカーや手荷物預《あず》かり所も数多く点在し、格安《かくやす》で利用することができる（⑳の写真）。作業服や工具を売る店も多い。最近ではコンビニもあるが、軍手《ぐんて》が一〇数種類も置いてある。簡易宿泊所街として、独自に進化した店が並ぶ。

## 居場所

日中、道沿いの縁石《えんせき》や、階段、花壇などの段差に腰掛け談笑する姿を、必ずといっていいほど見かける。高架《こうか》下の日陰では犬と戯《たわむ》れ、線路脇《わき》の空き地では花や野菜が育てられている（左下の㉑の写真）。まちの至るところに、居場所があふれだす。

　このような状況は、外部空間だけでなく、あいりん総合センターのだだっ広い空間にも及ぶ。将棋盤を囲む人の輪《わ》や、何やら話をする人たち、静かにタバコをふかす人もいれば、寝ている人もいる。横になって本

⑳ **コインロッカー**（2011年）

を読む人、ラジオを聴く人、手荷物を整理する人など、隣り合わせで様々な行為が営まれている。見た目はそっけない巨大空間であるが、多くの人たちが思いおもいに立ち寄る縁側《えんがわ》のような場所となっている。

他にも、まちづくり活動の中から生まれた居場所がある。例えば西成《にしなり》市民館でのレクリエーションの取り組みだ。このまちの単身《たんしん》生活者が、普段の楽しみにカラオケを歌ったり、卓球に汗を流したりする。おっちゃんの歌声はなかなか聴き応えがある。

子どもたちの居場所もある。こどもの里《さと》、今池《いまいけ》こどもの家、山王《さんのう》こどもセンターでは、放課後に子どもたちが遊ぶ。時々、そこへおっちゃんも混じって、世代を越えたつながりが垣間見られる。他にも、ココルームや、紙芝居劇むすびなどには、学生やアーティストなど、地域外からいろんな人が訪れ、おっちゃんたちと交流する。

このように、居場所を外に求める傾向は、まちに独

**㉑ 空き地の花畑と、立ち小便防止の鳥居**（2011年）

特な雰囲気を生み出す。また居場所は、言い換えると、人が集まる状況でもあり、一人ひとりの暮らしを微妙な距離感でつないでいる。単《たん》身《しん》生活者が多く、孤独ではあるが、孤立はしていない。このまちで僕は活きいきしている人に数多く出会ってきた。これが簡易宿泊所を飛び出し釜ヶ崎に無数と散らばる居場所の力なのだと思う。

このまちに暮らす日雇い労働者が「ここに来てからいろんなドヤを見た」[24]と語った。様々な空間や機能の存在が簡易宿泊所の顔でもある。また、経営者は簡易宿泊所を「ふるさとはホテルやねん、家のようにな」[25]と言い表わす。単身だろうと家族のように暮らせる住まいがそこにある。

ある時は「ねぐら」と表現され[26]、またある時は「宿所」「居所」「住所」「会所《かいしょ》」「屯所《とんしょ》」をあわせ持つものとして捉えられてきた[27]。

狭いながらも地域にあふれだすことでの多機能ぶりは、簡易宿泊所街の特徴であろう。多くの人の居場所となり、その一方で社会の課題をのぞかせながらも、現在に続いているのが、このわずか三畳ほどからなる「住まい」なのである。

**24**● 二〇一〇年、筆者聞き取り調査より
**25**● 二〇一〇年、簡易宿泊所調査より
**26**● 『日本のすまいII』私家版、五五頁
**27**● 『釜ヶ崎——スラムの生態』、九二頁

**参考文献**
◉釜ヶ崎資料センター編『釜ヶ崎——歴史と現在』三一書房、一九九三年
◉磯村英一、木村武夫、孝橋正一編『釜ヶ崎——スラムの生態』ミネルヴァ書房、一九六一年
◉青木秀男編著『ホームレス・スタディーズ——排除と包摂のリアリティ』ミネルヴァ書房、二〇一〇年
◉西山夘三『日本のすまいII』私家版、一九七三年（勁草書房版、一九七五年）

❻❽❾❿⓫の写真は、上畑恵宣撮影、大阪市立大学都市研究プラザ所蔵の写真である。その他の写真は、筆者による撮影である。

釜ヶ崎

# 地図のススメ

水内俊雄

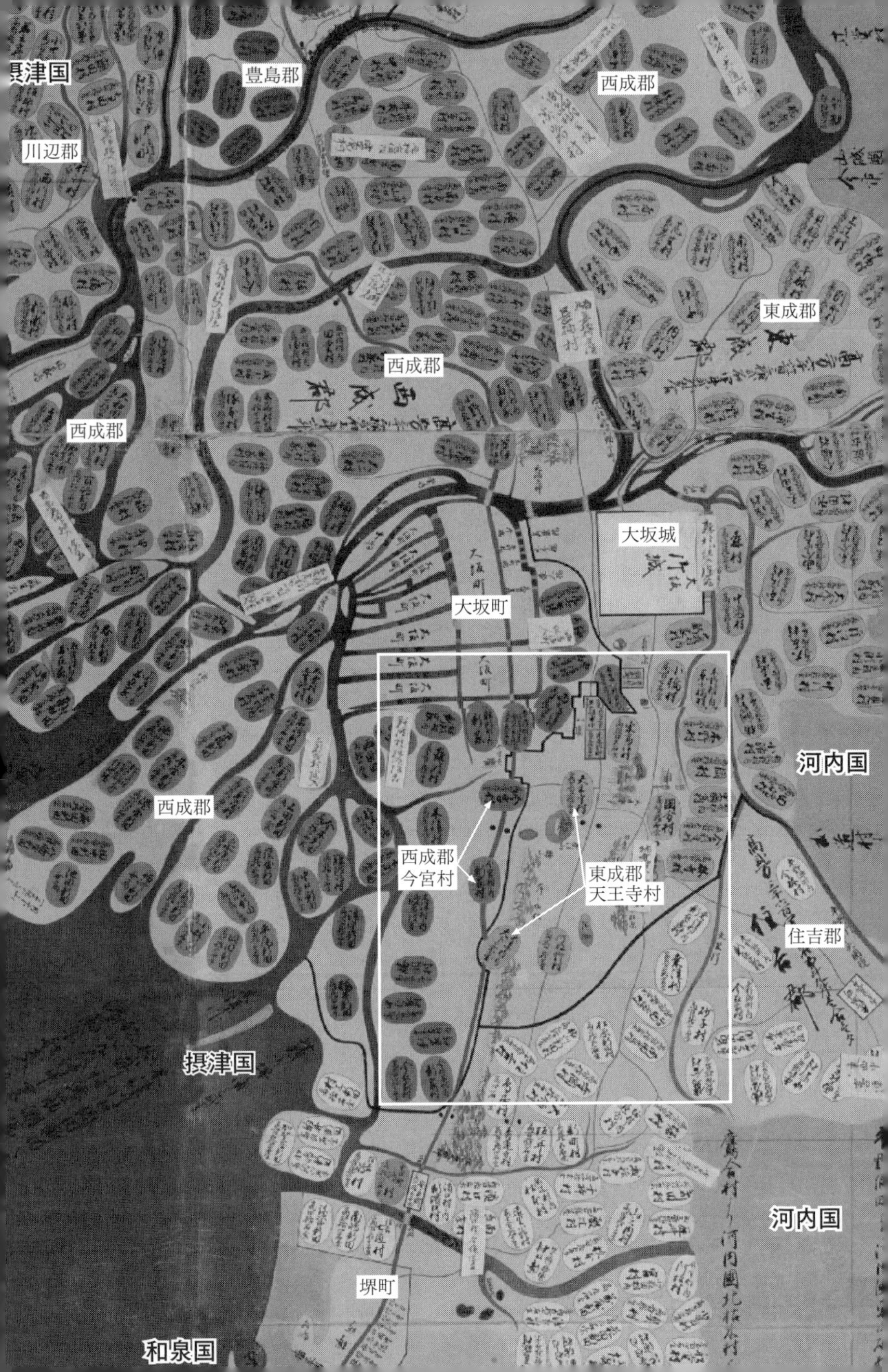
摂津国
豊島郡
西成郡
川辺郡
東成郡
西成郡
西成郡
大坂城
大坂町
河内国
西成郡
西成郡
今宮村
東成郡
天王寺村
住吉郡
摂津国
河内国
堺町
和泉国

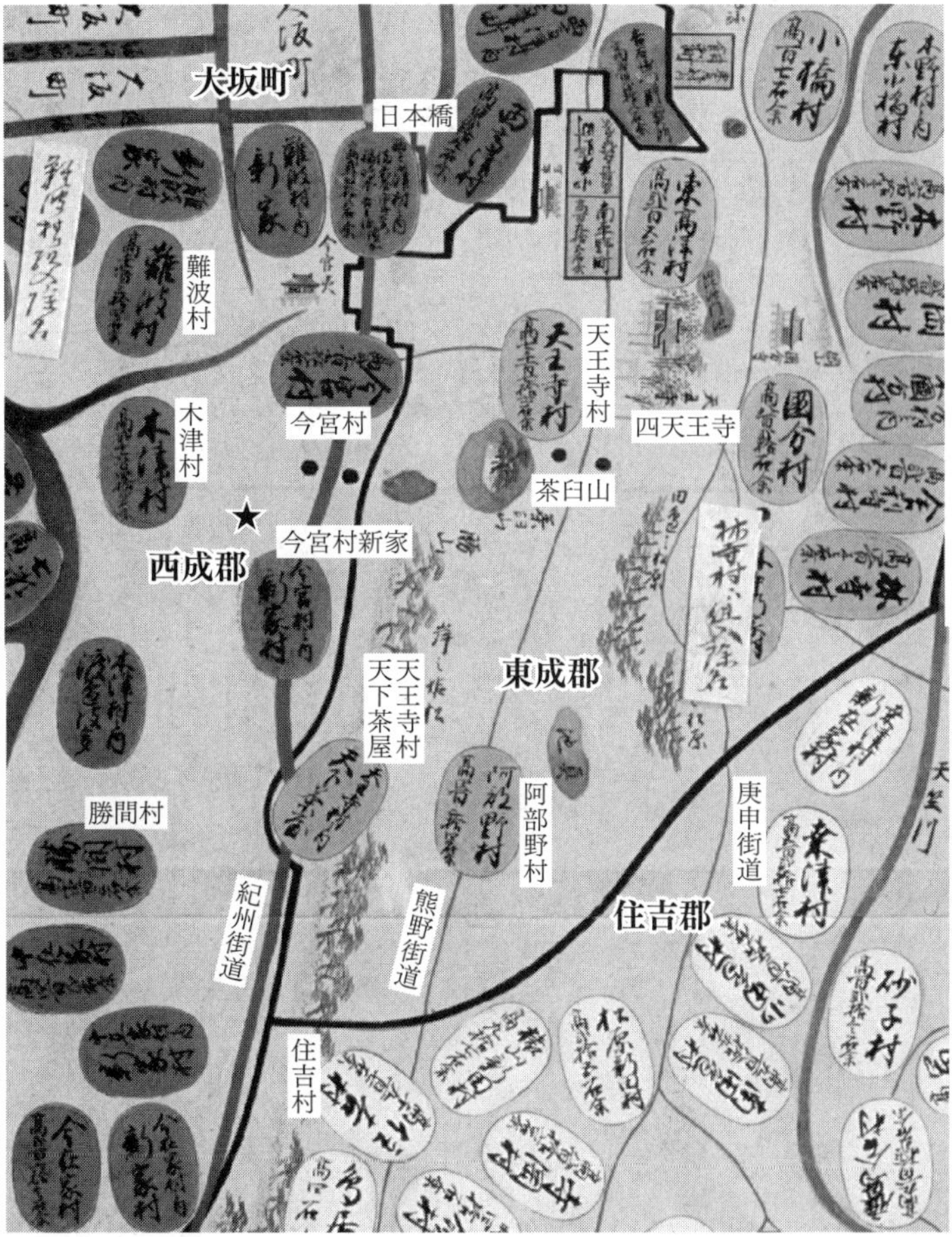


## 地図のススメ①

**19世紀前半、天保国絵図に描かれた大坂とその周辺**　大坂の城下町とそれを取り巻く、北から西成郡、東成郡、住吉郡や、南に堺町などの摂津国の村々の様子が実によくわかる地図となっている。いわゆる藩政村と呼ばれる、江戸時代の地域の最小の治政の地理的ユニットの村で、その村名は大字として継承され、今の地名としてなじみの深いものである。釜ヶ崎の地名は小字なので、このレベルでは描かれていない。西成郡は、大坂の城下町の北側、西側、南側を広く取り巻き、今の新淀川以北の3区、福島区、此花区、港区、一部西区、一部北区、大正区、そして、西成区、住之江区と広範なエリアをカバーしていた。**上の拡大図**では、西成郡今宮村や、隣接する東成郡天王寺村、まわりの難波村、木津村、勝間村や、いくつかの街道、郡境界などを確認することができる。**上図**の★が大体の釜ヶ崎の位置である。出典：国立公文書館デジタルアーカイブ http://www.digital.archives.go.jp/gallery/view/category/categoryArchives/0200000000/0202000000　（水内俊雄）

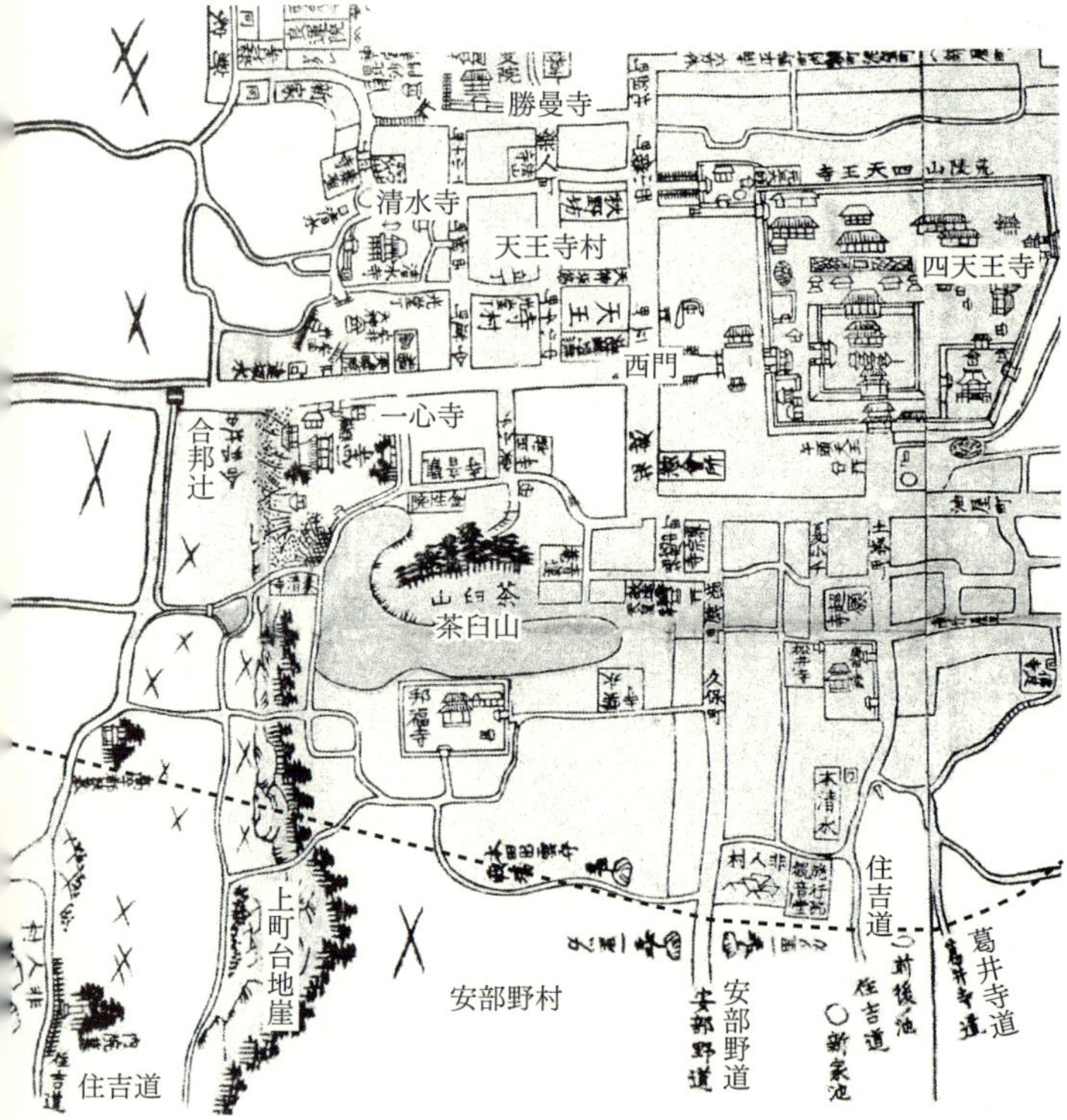


## 地図のススメ②

**19世紀初頭の絵図に描かれた今宮村釜ヶ崎の近隣**

大阪人権博物館「絵図に描かれた被差別民 図録」(二〇〇一年)所載の大坂の都市絵図において、もっとも「最大・詳密」であるといわれる一八〇六(文化三)年の「増修改正摂州大阪地図全」は、絵図に描かれた被差別表現を一切抹消せずにそのまま掲載している。たとえば**右図**の下方にある「非人村」の表記は、東側は悲田院(天王寺垣外)、西側は鳶田の「長史」を示している。明治期以降、これらは存立の機能を失い、地理的にも消滅する。

この絵図を利用して、今宮、釜ヶ崎やその付近にかかわるエリアを拡大してみたものである。わかりやすいように関西鉄道(現-関西本線と一部-大阪環状線)と南海鉄道(現-南海電鉄本線・高野線)、街道や寺社、村名などを加筆した。

釜ヶ崎は、関西鉄道と南海鉄道のまじわる現-新今宮駅から東南

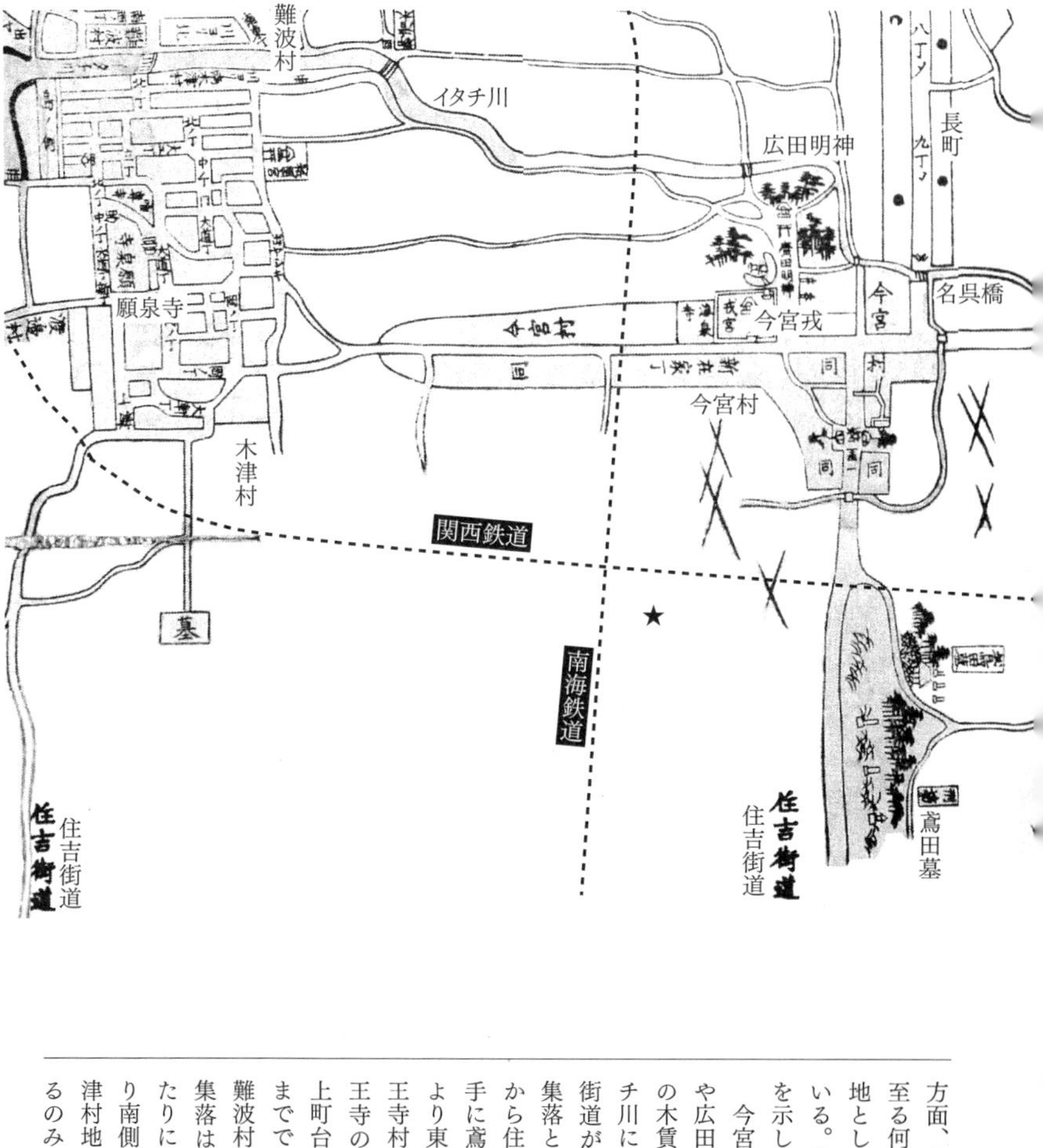


方面、住吉街道を挟み、鳶田墓に至る何も描かれていない農業生産地として、白地のままに残されている。地図では★で釜ヶ崎の位置を示している。

今宮村の中心部は、今宮戎神社や広田明神のあるところで、長町の木賃宿街を一本道で南下しイタチ川にかかる名呉橋を過ぎる紀州街道が少々西に折れたあたりが、集落となっている。今宮村の集落から住吉街道を少々南下すると左手に鳶田墓が見えてくる。鳶田墓より東のほうの住吉道あたりは天王寺村となり、その村域は、四天王寺の南および西側あたりから、上町台地崖をはさんで長町の手前までであった。南海鉄道より西は難波村、木津村であり、木津村の集落は願泉寺付近、現・大国町あたりに位置していた。関西鉄道より南側の現在の西成区北部は、木津村地の平坦な農地の広がりがあるのみであった。

（水内俊雄）

# 地図のススメ③

## 明治中期から後期への都市化の胎動と釜ヶ崎の木賃宿街の成立

帝国陸軍陸地測量部の最初の地形図が、一八八六年測図の**右図**であり、**左図**は一九〇八－九年測図となっている。小さな文字は、原図にはない小字名である。ただし、真ん中でななめ右下方向に描かれている関西鉄道より北側は、大阪市に一八九七年に編入された後の新町名を記した。この二〇年の間に釜ヶ崎の地に、農地以外の土地利用への変化が起きたことがわかる。一八八六年の地図は、江戸時代の絵図に描かれていたのとほとんど変化は見られない。目新しいものとして、北から、今宮商業倶楽部（162・163頁の写真❻❼）、二本の鉄道、そして上町台地崖上に建設された避病院くらいであろうか。矢印➡を二ヶ所記しておいたが、これらは19頁、162・163頁の写真の撮影方向をさしている。当時ののどかな農地と新しい建築物、今宮商業倶楽部や鉄道が撮影されている。ところが**左図**では、いろいろな市街地化が、特に鉄道以北に見られる。

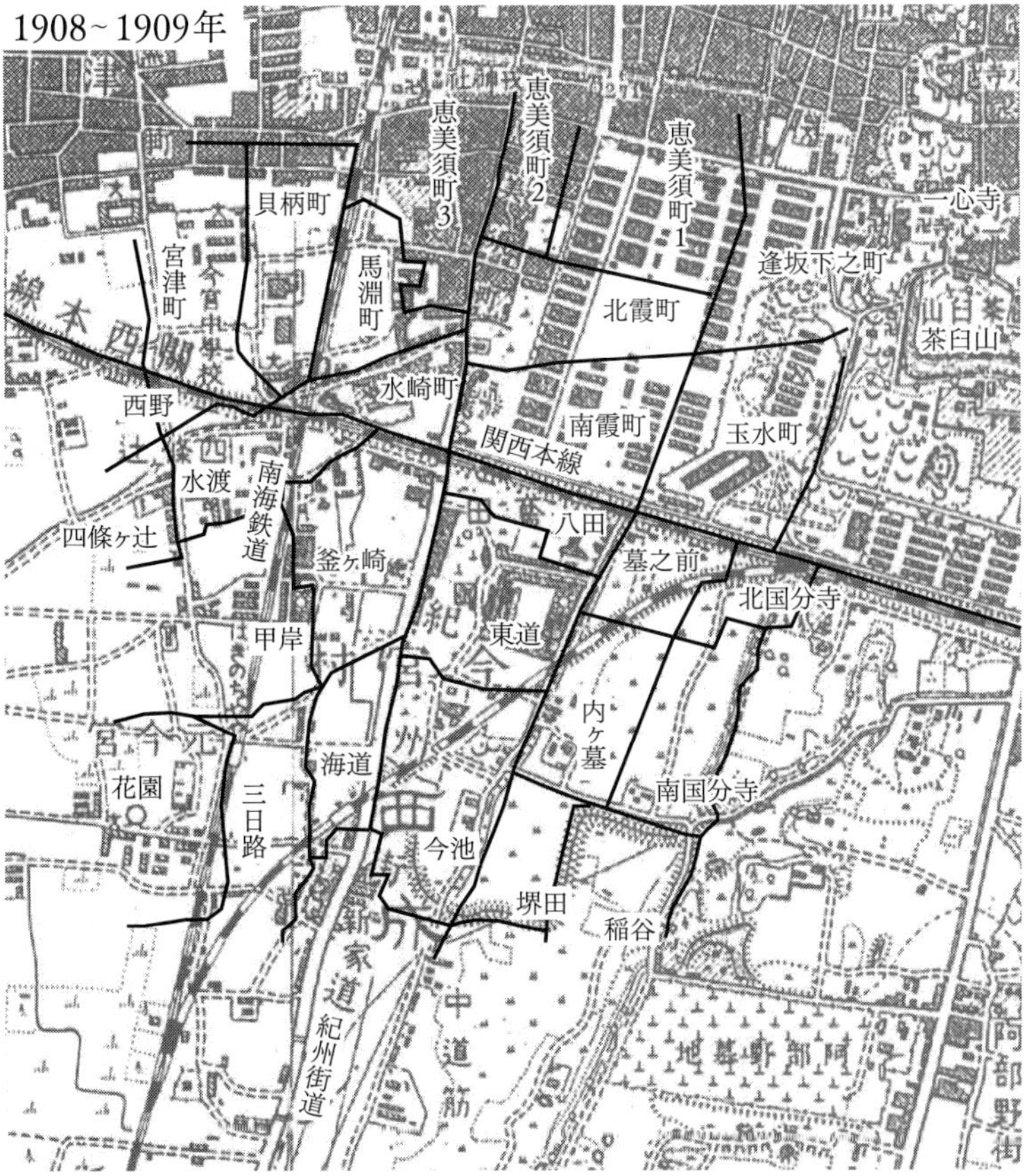


その中でも、南北の霞町に見られる描写物は、日露戦後の病院、兵舎や捕虜収容所として使われた建物群である。この地は一九〇三年に第五回内国勧業博覧会場であった。175頁の写真⑭⑮や173頁の地図⑬で、当時の会場内の光景を想起してほしい。鉄道より南側は、刑場の機能を失った鳶田墓の横に、マッチ工場の大阪電光舎の工場と社宅が出現したことが最も大きな変化である（地図では「東道」という小字名のあたり）。また、本書のメインエリアである小字釜ヶ崎の地、住吉街道と鉄道南の地に、建築物が描かれている。これが日本橋筋、長町方面から移転してきた木賃宿街である。南海鉄道側には、たばこ工場の出現も見られる。

出典：**右図**——2万分の1地形図「天王寺村」一八八六年測図、一八九八年鉄道補入。**左図**——2万分の1地形図「大阪西南部」一九〇九年測図、「大阪東南部」一九〇八年測図。

（水内俊雄）

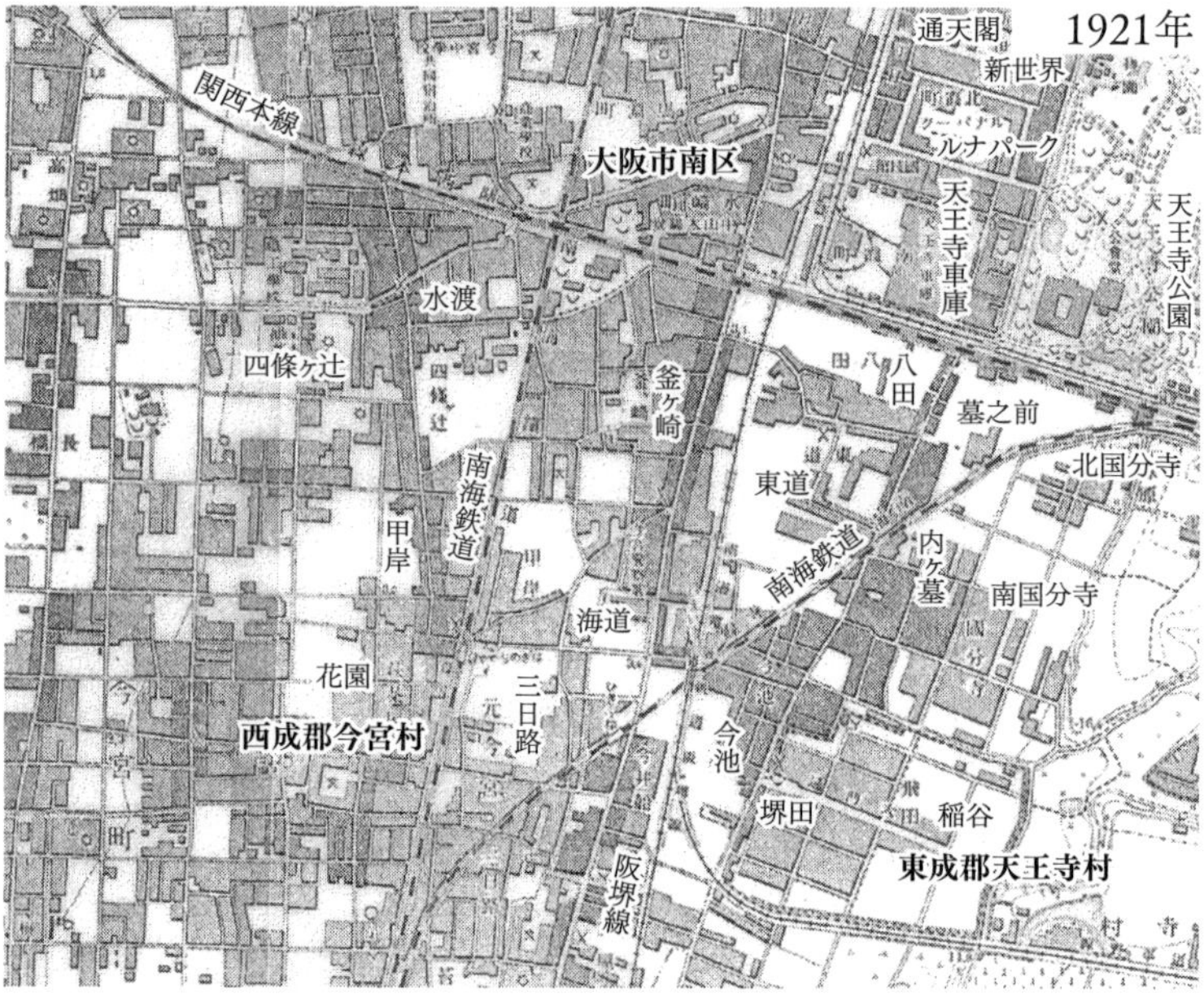
1921年
通天閣
新世界
ルナパーク
大阪市南区
関西本線
天王寺車庫
天王寺公園
水渡
四條ヶ辻
釜ヶ崎
八田
墓之前
北国分寺
東道
南海鉄道
内ヶ墓
南国分寺
甲岸
海道
花園
三日路
今池
西成郡今宮村
堺田
稲谷
阪堺線
東成郡天王寺村

1929年
新世界
関西本線
大阪市南区
霞町1
大阪市
天王寺区
天王寺車庫
天王寺公園
東四條
西入船町
東入船町
現・国道26号線
南海鉄道
釜ヶ崎
八田
大阪市西成区
山王1
東田町
甲岸町
山王2
西四條
南海鉄道
海道町
西萩町
今池町
山王3
東萩町
阪堺線
山王4
(飛田)
曳舟町
大阪市住吉区

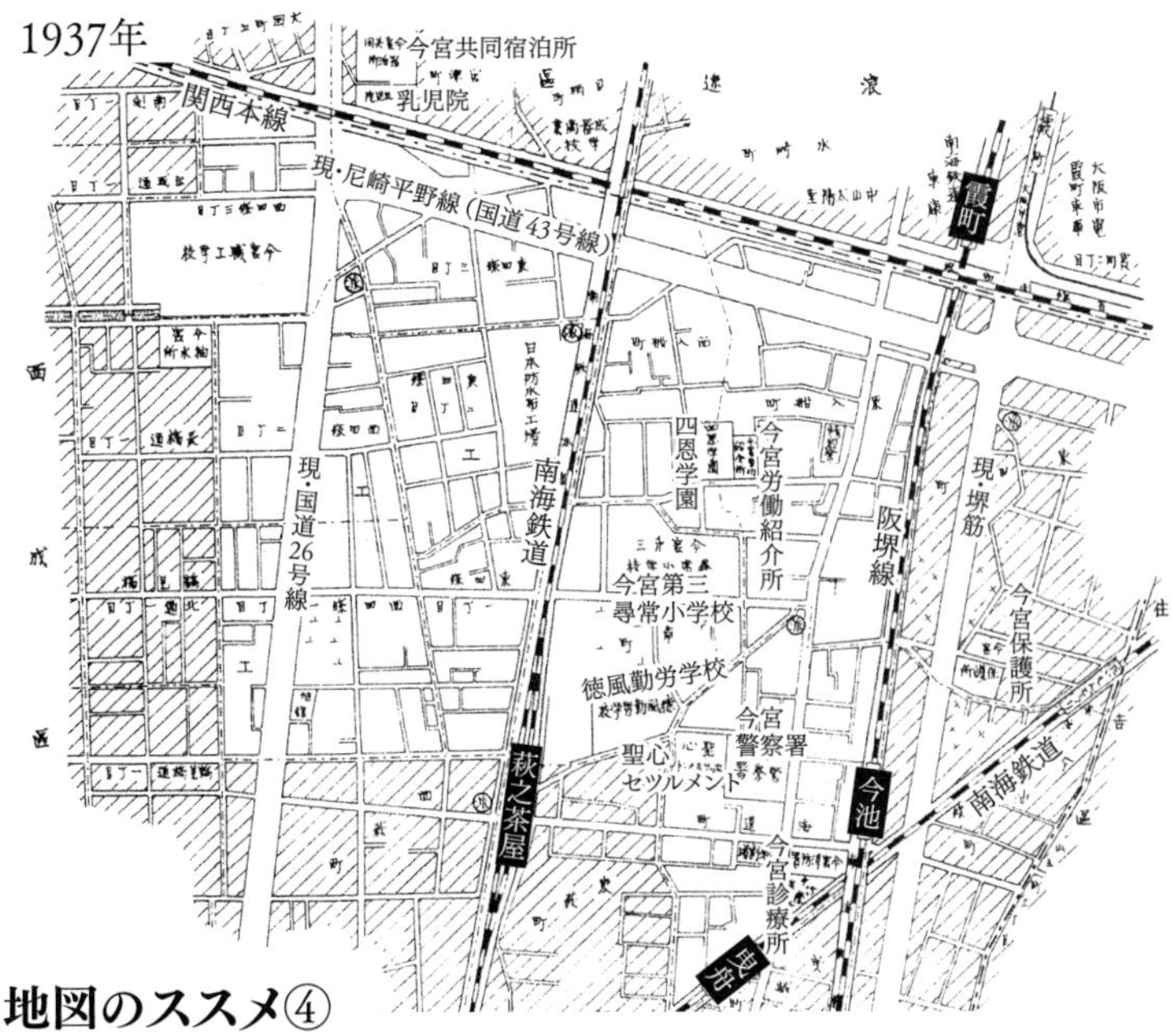


## 地図のススメ④

**1920年代から30年代、大正後期から昭和初期の釜ヶ崎およびその周辺**

戦前期には2回にわけて、都市部を中心に1万分の1の地形図が発行された。大阪市域においては、1921年と1929年の測図年の版（「大阪南部」）が利用できる。**右図**には小字名を西成郡今宮町部分に加筆しているが、地図自体にも、釜ヶ崎という地名をはじめとする小字名が記入されている。新世界、通天閣、ルナパーク、天王寺公園、市電の車庫など、大阪市域側の市街地化も顕著であるとともに、まだ西成郡である今宮村も劇的に市街地化したことがわかる。西成郡天王寺村と記したところに飛田の遊廓も登場し、釜ヶ崎を挟む地域において、耕地整理事業が進み、矩形の街区が登場し、どんどん宅地化していることが見てとれる。**右下図**になると、わずか9年後の地図であるが、さらに変化が見られる。1925年の大大阪成立の周辺町村合併によって、大阪市西成区となっている。すでに今宮町時代に新町名を導入し、地図には新町名を加筆したが、釜ヶ崎は、大部分が東入船町に、一部が西入船町と東田町になる。小字の甲岸や海道などはそのまま町名となるが、おもしろいことに、釜ヶ崎や一部の小字名はこの地形図にも残されている。現‐国道26号線も建設が始まっていることが、地図の左のほうで見ることができる。人口密度の極めて高い市街地形成の進んだことが、この地図から判明する。**左図**は、1937年に大阪市が行なった不良住宅地区調査で市内6地区から選ばれた、今宮第三尋常小学校区（現‐萩之茶屋小学校）の状況である（「本市に於ける不良住宅地図集」大阪社会部、1938年）。釜ヶ崎という地名は描かれていないが、今宮労働紹介所、四恩学園、徳風勤労学校、聖心セツルメント、今宮診療所、今宮保護所、今宮共同宿泊所、今宮乳児院など、当時の社会事業や隣保事業の関連施設が、集中して立地している。　（水内俊雄）

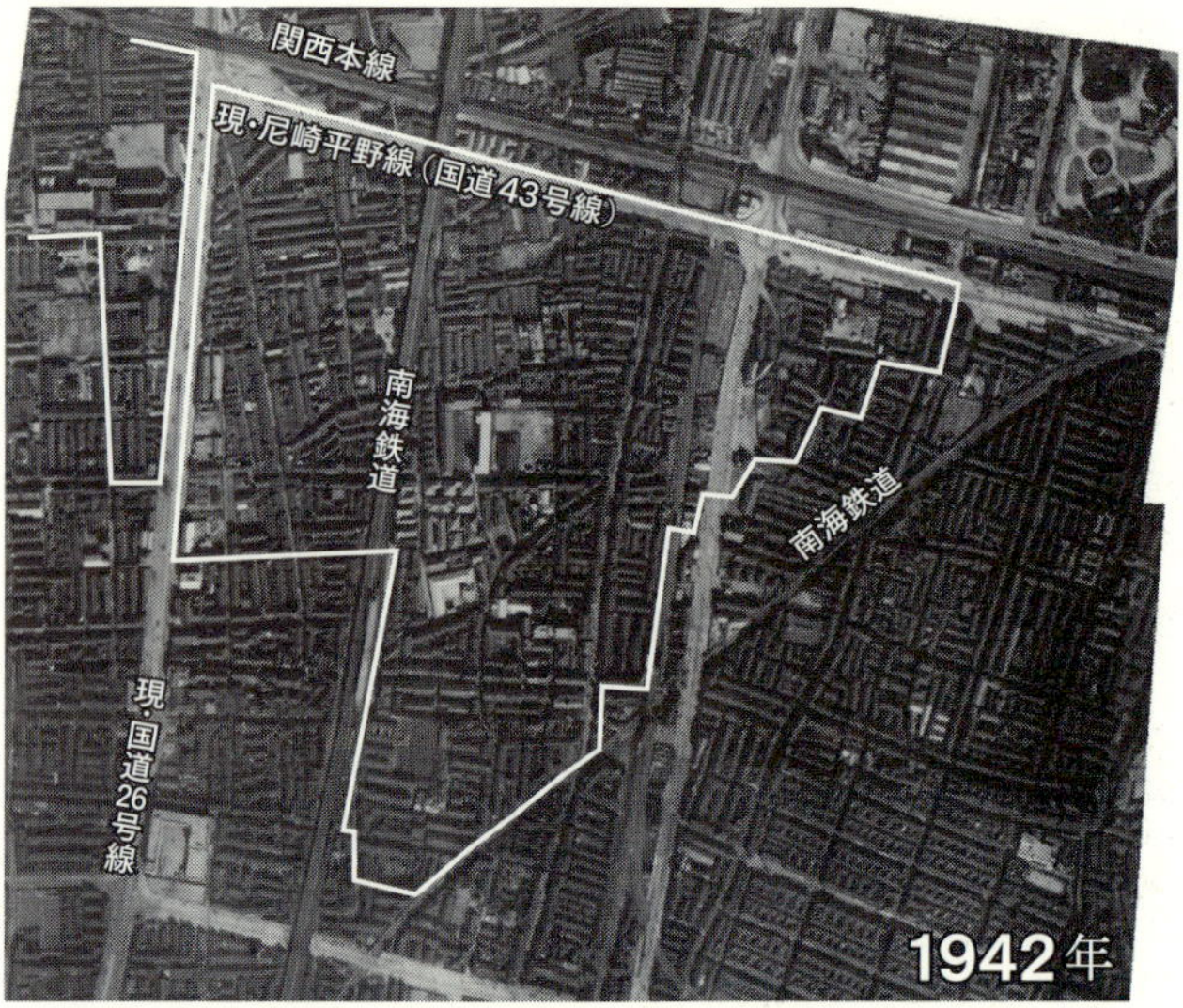
関西本線
現・尼崎平野線（国道43号線）
南海鉄道
南海鉄道
現・国道26号線
1942年

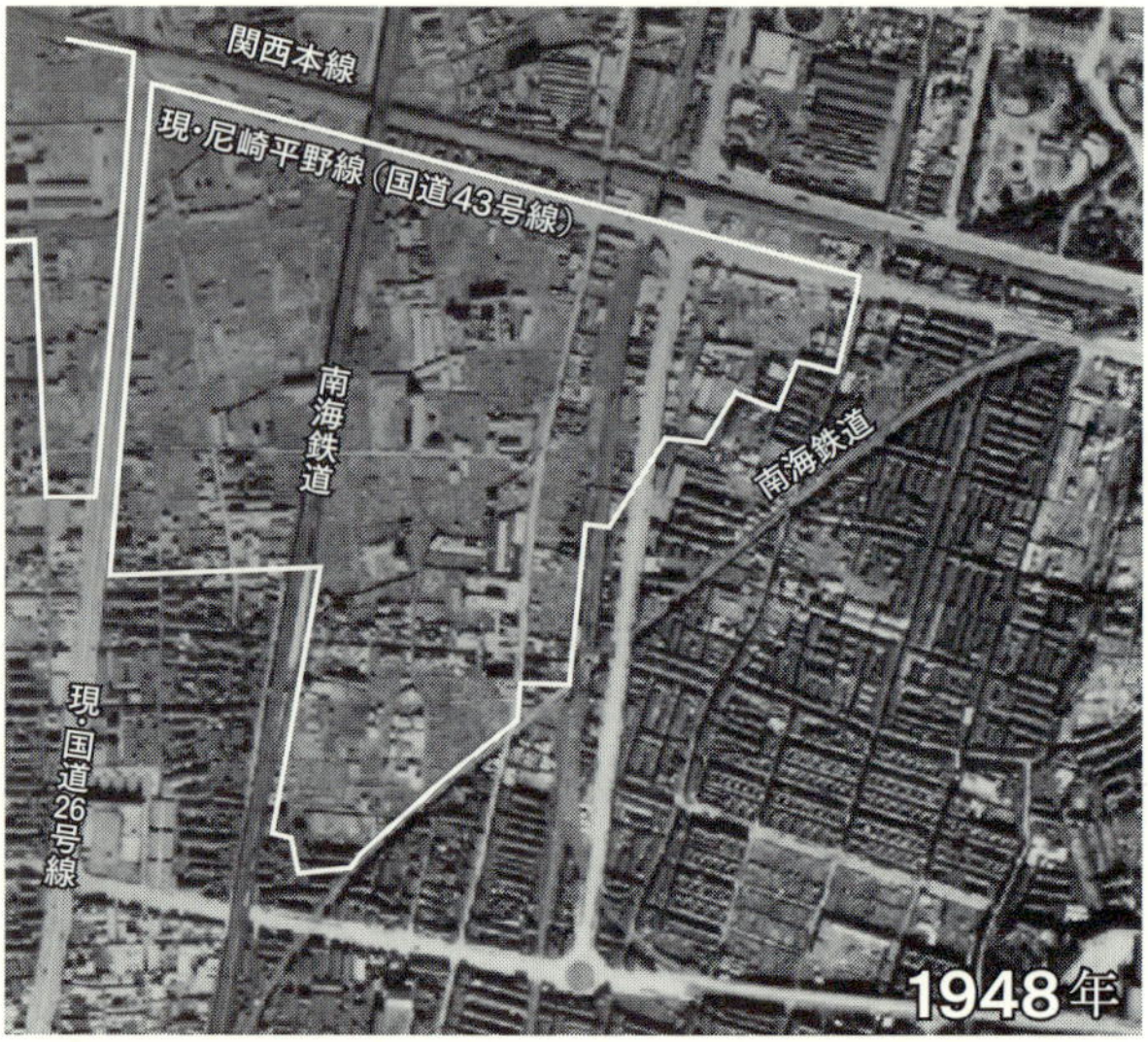
関西本線
現・尼崎平野線（国道43号線）
南海鉄道
南海鉄道
現・国道26号線
1948年

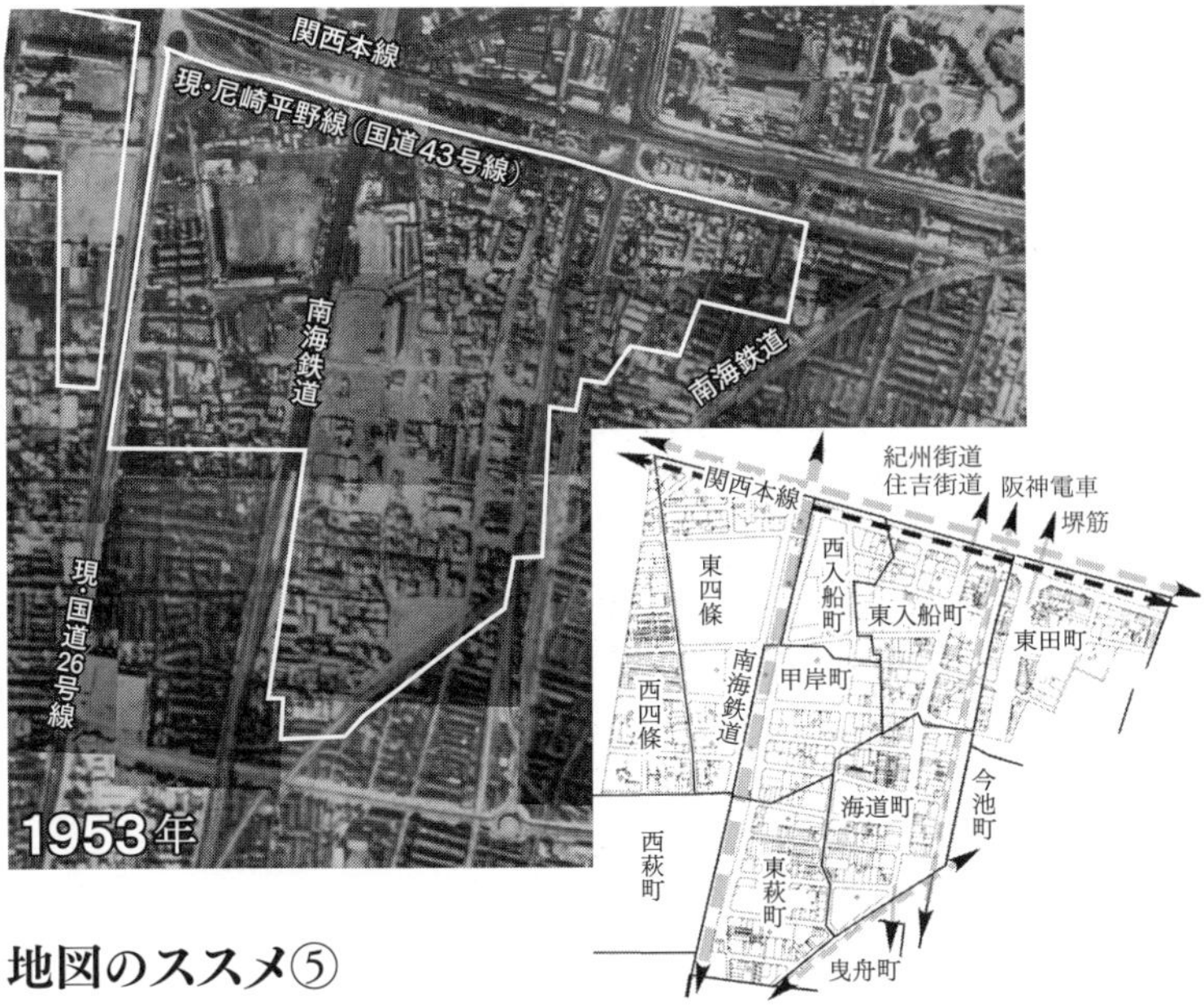


# 地図のススメ⑤

**終戦前後と戦後復興期の釜ヶ崎とその周辺**

比較的短い間隔で、空中写真を並べているが、1942年（大阪市撮影、都市研究プラザ管理）、1948年（米軍撮影空中写真 R500-70）、そして1953年（『航空写真地図大鑑』国際新聞社）の間に、それぞれ大きな変化がおこったことがわかる。白い太線は、戦後の戦災復興事業の事業地区を描いている。**右上**の1942年の**写真**では、長屋の密集状況が見事に見てとれる。現在の尼崎平野線（国道43号線）にあたる道路は、地下鉄の難波から天王寺への1938年の延長により新たに新設されたものである。現‐国道26号線も花園町から南にのび、この道路下にも地下鉄が建設されている。また堺筋も関西本線より南に伸びている。南海鉄道も1939年に複々線で高架化されて、釜ヶ崎の西側に巨大な「城壁」が登場したのである。**右下の写真**では空襲による焼失地が、白い太線内ではっきり見てとれる。白い太線内で残っている建物は、鉄筋の建物だけであり、今宮住宅や、萩之茶屋小学校、徳風勤労学校や、西成警察署が焼野原の中に残っていた。**左下図**のように、戦災復興事業による換地と街路の引き直しにより、より区画の大きい街区や幅員のある街路、また都市計画公園も計画的に配した新たな市街地が登場する（『甦えるわが街――戦災復興土地区画整理事業（西成地区）』大阪市建設局、1990年）。**左上図**は、復興が進む1953年の状況であるが、急速に復興する街区とそうでない街区との差が激しく見られ、一部で、狭小な敷地で換地せざるを得ないエリアも登場している。南海鉄道の高架の横に狭小な住宅群も見られるが、いわゆる戦後のバラック地帯であり、次頁の「**地図のススメ⑥**」の1960年代の地図でも描かれている。（水内俊雄）

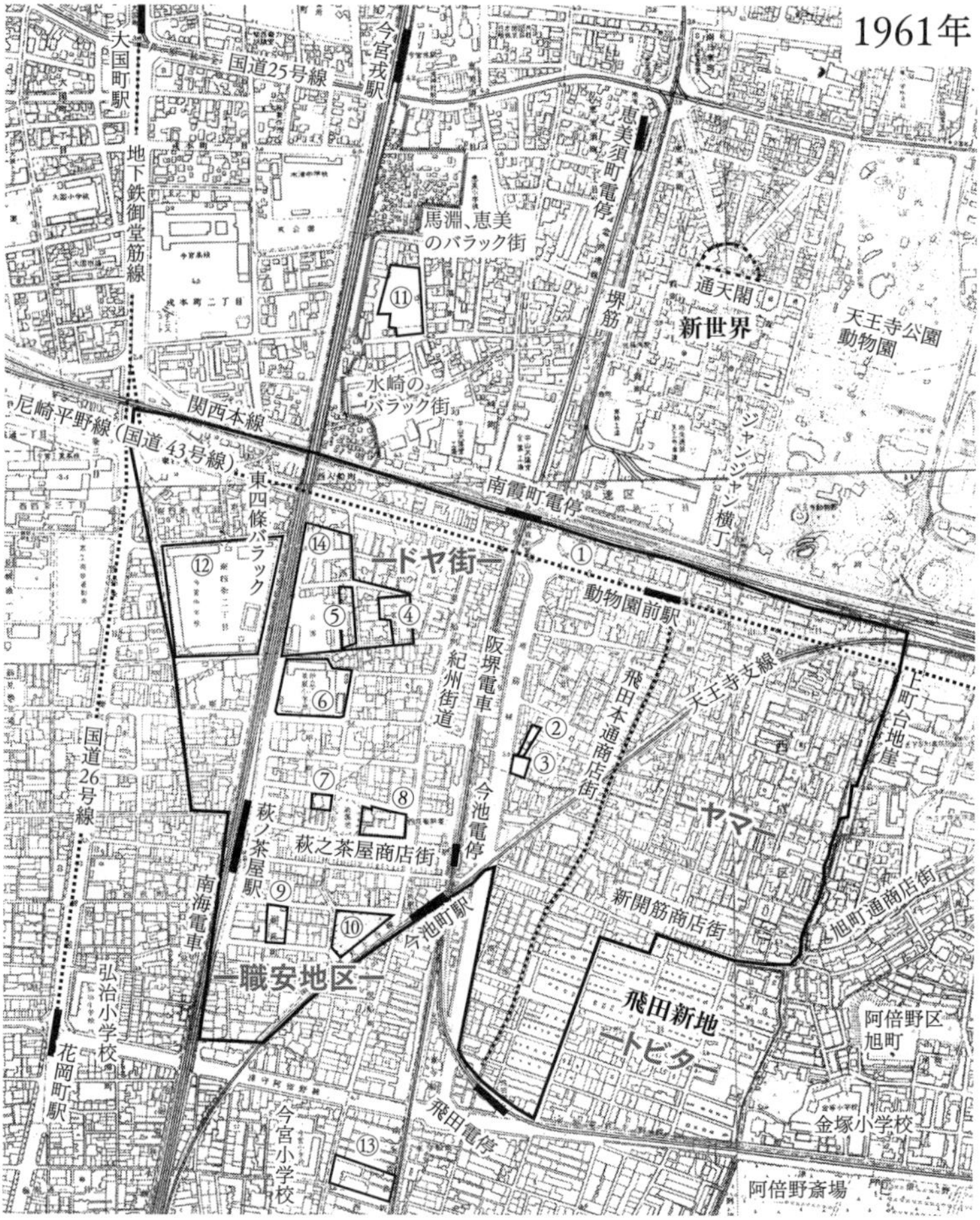


➡物園前駅、阪堺線の南霞町駅は、それぞれ近接しながら異なる駅名であるところが興味深い。1973年に住居表示の制度が導入され、駅名で存在していた萩之茶屋が、釜ヶ崎の新しいネイミングとなる。他に太子という地名も登場する。なお、町内会関連で付言すると、その区画として小学校区に対応する。最も古い小学校は、地図の左下に見える、今宮第一尋常小学校あらため、弘治小学校であり、他の小学校区がその後に分割され、萩之茶屋小学校区、今宮小学校区にわかれてゆく。阿倍野区の金塚小学校区は、飛田本通商店街より東側が、旧‐天王寺村の村域であったため、西成区でありながら阿倍野区の小学校区となっている。出典：**右図**——『大阪府航空写真地図集』大阪府知事室企画課、1962年より。**左図**——1万分の1地形図「大正」「天王寺」1985年。　（水内俊雄）

# 地図のススメ⑥

### 1960年代と1980年代の釜ヶ崎とその周辺

**右図**には番号を付しているが、それぞれ次の通りである。多くの施設が集中的に立地している状況がわかる。①市立愛隣寮、②市立西成市民館 付設保育所、③市立愛隣会館 あいりん学園(小中学校)、④市営今宮改良住宅、⑤旧四恩会館 乳児院→初代西成労働福祉センター、⑥萩之茶屋小学校、⑦旧済生会今宮診療所→西成市民館、⑧西成警察署、⑨西成職業安定所、⑩東萩公園（三角公園)、⑪馬渕生活館、⑫今宮中学校、⑬大阪自彊館、⑭後のあいりん総合センター敷地（愛隣住宅改良地区指定)。1万分の1の地形図で、家屋も細かく描かれており、バラック地帯の状況などがよくわかる。なお、カタカナや—△○—で表記した部分は、大阪社会学研究会「特集 釜ヶ崎実態調査報告」[ソシオロジ 8-3、1961年、大橋薫担当章、10頁所収地図掲載情報] をもとに筆者が加筆したものであり、1961年8月の暴動当時の空間構成がよくわかる。また1966年から導入された特別の施策エリアとして、あいりん地区の境界線も描いている。**左図**は1980年代後半の1万分の1の地形図である。いくつかの代表的な地名や駅名を加筆しているが、1966年に開設された、大阪環状線と南海電鉄の乗換駅としての新今宮駅、地下鉄の動 ➚

上の写真は、1960 年代後半のまちの一角。下の写真は、1968 年の撮影で、尼崎平野線（国道 43 号線）とジャンジャン横丁（新世界の南東側）との交差点あたりの様子。向こうに見えるのが通天閣（上畑恵宣撮影、大阪市立大学都市研究プラザ所蔵）。

第4章

# 釜ケ崎の歴史はこうして始まった

加藤政洋

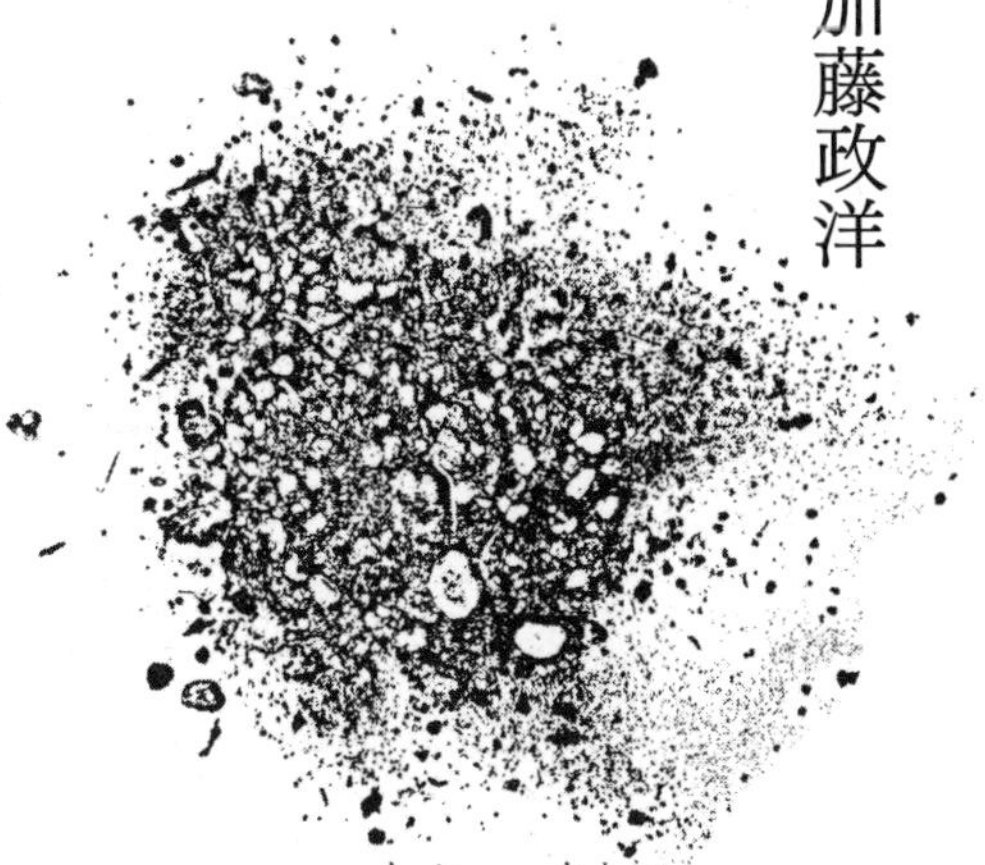

## 木賃宿——ドヤの祖型

この本は、釜ヶ崎という場所について書かれている。けれども、地名ではなく、〈釜ヶ崎〉なる場所の歴史をひも解くにあたっては、呼称《こしょう》にばかり目を奪われていると、大切なことを見落としてしまうことになりかねない。

というのも、〈釜ヶ崎〉と称される場所の歴史は、まったく別の呼び名——

だが実在する地名――のもとに始まったからであり、またその系譜《けいふ》をめぐっては、特定の宿泊施設、すなわち現在では「ドヤ」と略称される「簡易宿泊所《かんいしゅくはくしょ》」の祖型《プロトタイプ》とでもいうべき木賃宿《きちんやど》◁の立地をめぐる問題とも、深い関わりを持っているからだ。このあとに紹介する内容を少しばかり先取りして言うならば、もとは「鳶田《とびた》」と呼ばれていた場所に木賃宿が建ち並ぶところから、釜ヶ崎の歴史は始まるのだった。本章では、草創期《そうそうき》の釜ヶ崎に着目し、この街のはじまりの物語を描き出してみたいと思う。

「釜ヶ崎の歴史を探る」ためには、「木賃宿」について知っておくことが肝要である（下の❶の**写真**）。先ほど述べたように、木賃宿はドヤの祖型であるのだが、もちろん、当初からホテル形式の立体化した中層建築物であったわけではない。その由来は「日本の宿は木賃宿から発達した」と指摘されるほどにふるく、自炊《じすい》をする燃料費（＝木賃《きちん》）を支払うところから、この名称が定着したともいわれている。[1-1]

建物の構造も、少なくとも明治期までは簡便《かんべん》であったようで、ときには壁で仕切ることなく区分けされたスペースに、複数の人びとが雑魚寝《ざこね》にちかいかたちで寝起きすることもあったようだ。木賃宿というからには、利用者は宿泊客と呼ばれるべきであるが、基本的には一夜の宿泊を前提としつつ（つまり、料金は毎

**木賃宿** ⇩186頁も参照

**1●** 宮本常一『日本の宿』八坂書房、二〇〇九年

左の**写真**❶は「今宮の木賃宿」（『大阪朝日新聞』一九一〇年一〇月一五日号）

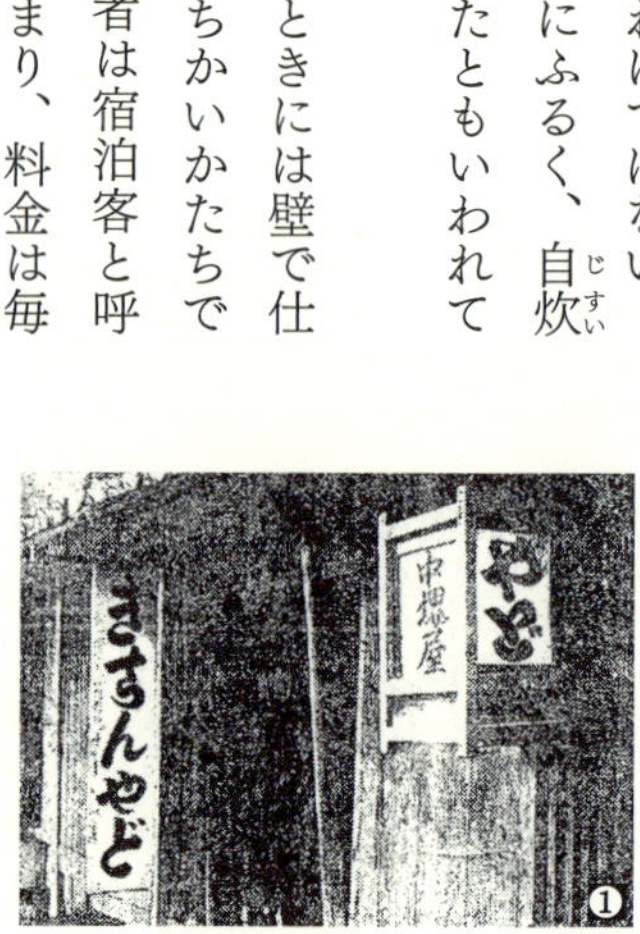

❶

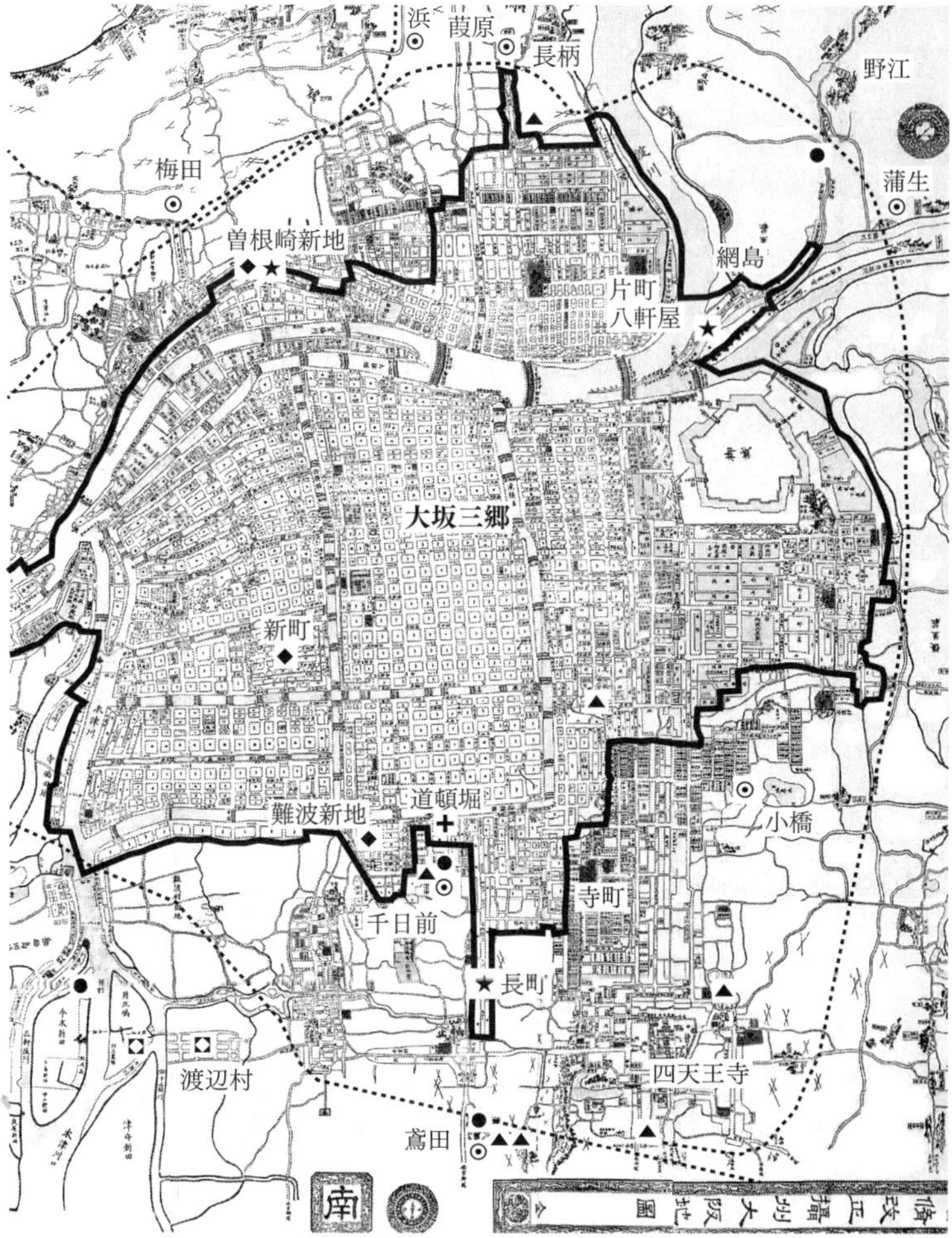


**❷ 江戸期の大坂城下町の周縁的施設の分布**

木賃宿街は★印で表わしているが、曾根崎、片町、長町とその立地の特徴をつかんでもらいたい。その他の6種類の記号は、墓所、刑場、穢多村、非人村（小屋）、遊里（新地）、芝居小屋をそれぞれ表わしているが、各記号の識別は行なっていない。太線は1897（明治30）年までの大阪市域を表わし、太破線は現在のJR線を表わしている。（出典：「増修改正摂州大阪地図全」1806［文化3］年）（水内俊雄 筆）

日支払う）、実際には数ヶ月、あるいは数年にわたり暮らす者も多かった。この点が現在のドヤにも通じる木賃宿の大きな特徴であり、宿泊者は客というよりも、むしろ裏長屋《うらながや》の店子《たなこ》に類する住人であった、同じく、宿泊料ではなく、日払《ひばら》いの家賃といったほうが、実状をより正確に反映しているといえるだろう。

注目されるのは、江戸から明治前期にかけて、大阪では木賃宿が特定の街区に集まっていたことである。それは、長《なが》町とも名護《なご》町とも称される、大阪の南端、紀州《きしゅう》街道（堺筋《さかいすじ》・日本橋筋《にっぽんばしすじ》）に沿って形成された、まるで都市空間の突起《とっき》のような街区であった（前頁の❷の地図）。木賃宿街としての釜ヶ崎の系譜《けいふ》をたどるべく、まずは長町の地理歴史をざっと見ていこう。

## 長町の特徴

江戸時代初期の旅籠《はたご》に端《たん》を発する長町《ながまち》は、明治期にはいっても、「旅人宿」（木賃宿）街としての性格を失うことはなかった。日本橋筋の表通りには、旅人宿を営む家主《やぬし》の家屋が東側に一七軒、西側に二三軒ずつ建ち並び、それぞれの（裏《うら》店《だな》）として、家主の経営にかかる裏長屋《ながや》が東側に五二軒、西側には五一軒、とこ

❸ 明治初期の長町とその周辺

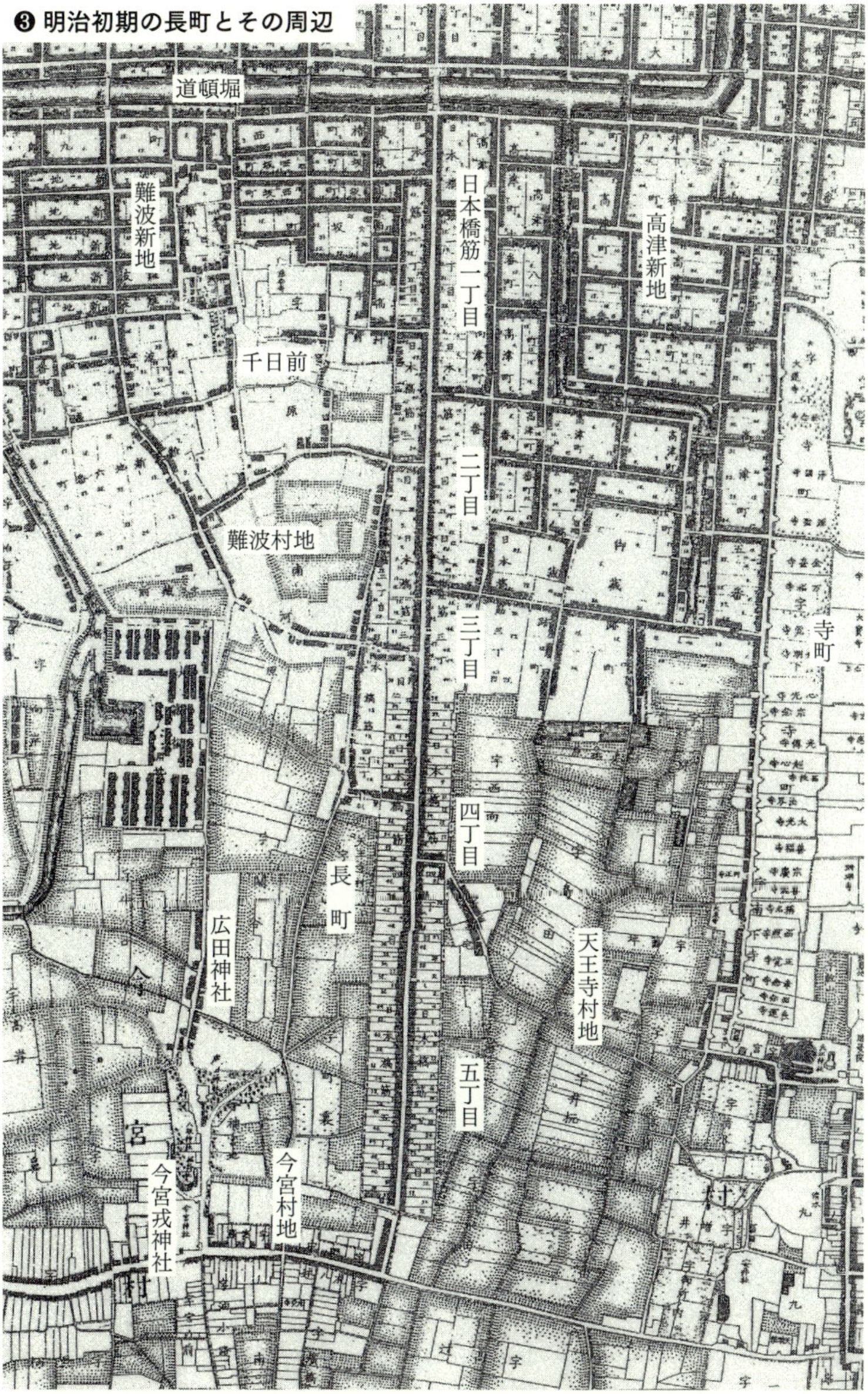

❹ 新清水寺

❺

❻ 今宮商業倶楽部

❼ 今宮商業倶楽部と眺望閣

**明治初期の長町の周辺**

161頁の❸の**地図**は、1881（明治14）年の内務省地理局作成の1万分の1の詳密地図である。木賃宿街としての長町の形状、またその周辺の天王寺村や今宮村に分布する農地の状況がよく見てとれる。日本橋筋方面から東を望むと、❹の**写真**のように上町台地上に新清水寺からはじまる寺院群が見え、❺の**写真**では、さらに南側に延びる台地上に、新清水寺から一心寺にいたる寺社群、ならびに合邦辻から逢坂までの坂道を確認することができる。❸の**地図**では、日本橋筋に「うなぎの寝床」たる屋敷区画が描き込まれており、街道に沿って長く延びる、周囲の田んぼとはあまりに対照的な街区の存在を見てとることができる。また、❼の写真のように、長町よりも少し南側（現在の動物園）には田んぼが広がり、そこから、今宮商業倶楽部の建物や、さらに遠くに難波の通称「五階」の眺望閣を望むことができた。「**地図のススメ③**」（148頁の地図）の右図にその撮影方向を、また今宮商業倶楽部（右の❻の**写真**）の建物もあわせて加筆して位置を示している。この倶楽部は、1889（明治22）年にサロンとパビリオンを併せたような集客施設として、この南部大阪に登場し、その後の博覧会場や新世界の登場につながる嚆矢となったが、わずか12年後の1901年に取り壊された。直後の1903年、第5回内国勧業博覧会場となったのが、今の恵美須町交差点の東南の地であった。（出典：上田貞治郎写真コレクション、大阪市立大学都市研究プラザ管理）（水内俊雄 筆）

ろ狭しと軒《のき》を連ねていた。[2] 裏長屋への出入りは、家主が設置した表通りの木戸を通り抜けなければならず、住人の多くはその際に「日極《ひぎめ》」の家賃を支払っていたという。[3]「日極」による賃借《ちんしゃく》は、その日暮らしの生活が営まれていたこと、つまり流動性の高い都市下層社会が形成されていたことを示している。

長町《ながまち》に暮らす住民の職業構成も特徴的である（左下❽の表）。全体の七〇％以上を「雑業」が占めており、そのなかには「傘《かさ》の骨を削るもの、櫛《くし》を磨《みが》くもの、燐寸《まっち》の箱を貼るもの、飲食物を小売するもの、屑《くず》拾ひ、煙《らお》仕替へ〔キセルの火皿と吸引口とをつなぐ竹の管を取り換える稼業〕、土方《どかた》、人力車夫、磨砂《みがきすな》売り〔食器を洗う砂を売る稼業〕」など、行商や内職のほかに、土方・車《しゃ》夫《ふ》といった肉体労働者も含まれた。その他の代表的な職種である「紙屑拾い」と「乞食《こじき》」とが全体の約四分の一を占めているものの、職種は多岐《たき》にわたっていたといえよう。

このように木賃《きちん》宿街としての歴史をもつ長町には、また別の側面もあった。すなわち、近世都市・大坂《おおさか》へのエントランスであると同時に、城下にあっては縁辺《えんぺん》に位置していることから、他国からさまざまな人びとが入り込んではそこに住み着くなかで、なかば差別的に「悪漢無頼《あっかんぶらい》ノ徒《と》ノ巣窟《そうくつ》」であるとか、「風紀ノ悪《あ》シキ下層労働者」の暮らす街として認識されるなど、成立の当初から、その評判はあまりかんばしいものではなかったらしいのである。木賃宿それ自体も「グレ

2● 『商業資料』明治二九年二月一〇日

3● 鈴木梅四郎「大阪名護町貧民窟視察記」（西田長寿編『都市下層社会』生活社、一九四九年、原著は一八九〇年）

宿」と呼ばれて、結局のところ、明治前期にいたるまで「悪漢ノ隠遁《いんとん》所」——すなわち、悪人の隠れ家——というイメージをぬぐうことはできなかった。

実際、長町を拠点に徒党《ととう》を組み、自ら「死決《シケ》隊」と称して、道頓堀《どうとんぼり》の劇場の芝《しば》居《い》を取り仕切ったり、付近の商店で難《なん》くせをつけるなどして商品を巻き上げるなど、「虎の如《ごと》く狼の如く人々が嫌忌《きらふ》て居《を》りし破落戸《ならずもの》」たちものさばっていたのである。

## 解体される長町

以上のように、江戸時代に起源をもち、都市下層民が集住する木賃宿《きちんやど》・長屋《ながや》の密集地帯であった長町《ながまち》は、明治一〇年代以降、さまざまな制度・権力を駆使《くし》して段階的に介入する大阪府や警察によって、その姿を大きく変えることになる。

その端緒《たんちょ》は、明治一〇年代前半に行なわれた、先述の「死決隊」と称される「ならず者」たちの取り締まりであった。ある出来事をきっかけとして、長町の「死決隊」は徹底的な取り締まりにあい、親分《おやぶん》格にあたる人物たちが相次いでとらえられて連行されたことから、組織は壊滅《かいめつ》に近い状態に追い込まれる。

土方 ⇩ 191頁

❽名護町住民の職業構成

| 業　種 | 15年以上 | 15年以下 | 計 |
|---|---|---|---|
| 「紙屑拾い」 | 735 | 867 | 1,602 |
| 「雑　　業」 | 4,629 | 2,528 | 7,157 |
| 「乞　　食」 | 487 | 341 | 828 |
| 「無　　職」 | 87 | 40 | 127 |
| 合　計 | **5,938** | **3,776** | **9,714** |

資料：『大阪朝日新聞』1890年5月16日

次いで明治一〇年代後半になると、感染力の高い流行病を機に、長町の解体論とでもいうべき政策が、さかんに議論されるようになる。明治一八（一八八五）年から同一九年にかけてのコレラ大流行に際しては、不衛生で粗末な家屋が建ち並んでいるという居住環境、そこに多数の人間が「雑居《ざっきょ》」しているという居住形態、さらには「日々市中《しちゅう》を徘徊《はいかい》する乞食らは大抵この処《ところ》〔＝長町〕より出ること」[4]をもって、コレラの伝染は長町住民に原因があるとされ、同所は「流行病／貧民の巣窟《そうくつ》」と見なされるようになった。そして、コレラ蔓延《まんえん》の根源を断つという名目のもと、別の場所に建設する共同住宅に長町住民を移転させて収容すると同時に、長町の家屋それ自体も全面的に建て替えるという、隔離《かくり》と再開発をセットにした大規模な計画が、数回にわたり打ち出されたのである。

それらの計画はいずれも頓挫《とんざ》するのだが、明治二四（一八九一）年、今度は実際に長町の居住環境を大規模に改変する計画が実行に移された。すなわち、三月から四月末日を期限とするわずか二ヶ月の間に、長町の「不潔家屋《かおく》」に暮らす「貧民」計九一二六人を立ち退かせ、そのうえで二四一〇戸分の家屋を取り壊し、間取りが広く、衛生的に不備のない住宅を建築するという再開発事業である。「不潔」とされる家屋群（＝スラム◁）を取り払った（＝クリアランス）この事業は、大阪初のスラムクリアランスと位置づけることのできる出来事であった。

4●『大阪朝日新聞』明治一八年一〇月二七日

**スラム** ⇩ 22頁

## 分散する長町

このスラムクリアランスによって、長町の「貧民」は、難波村《なんばむら》、天王寺村《てんのうじむら》、北《きた》平野村《ひらのむら》、木津村《きづむら》、今宮村《いまみやむら》、そして高津新地《こうづしんち》・御蔵跡《おくらあと》など、いずれも市街地周辺の「場末《ばすえ》」へと移転せざるを得なかった。そして数年後には、「大阪の長町」といえば以前は「貧民の巣窟」のようにみなされていたけれども、「近頃は追々進歩して新築の家屋建て列《つら》ね」て、「都会の一市街」として恥じるところがないほどになったと言われるほど、その環境もイメージも一新されたのである。[5]

明治三〇（一八九七）年に大阪を訪れた横山源之助も、「不潔家屋に退去を強制」したことによって、「今や長町は昔日《せきじつ》の名護町とは全然其《そ》の面目《めんもく》を改《あらた》」めるにいたったことを見てとっていた。だが、彼は「名護町的貧民が大阪の社会に消滅せりといふにあらずして、其《そ》の半ば場所を変じて今日は天王寺村、今宮村、難波村の各所に移りて第二の名護町を作りつつ」あることを、見逃しはしなかった。長町が消滅してなお、あるいは逆にそうであるがゆえに、貧しい人びとの暮らしは、かつての長町を想起させるものとして、各所に見いだされたのである。つまり、

5●『大阪朝日新聞』明治二九年二月一日

**横山源之助**（よこやまげんのすけ 一八七一－一九一五年）明治期に活躍したジャーナリスト。『日本之下層社会』など、労働問題や下層社会のルポルタージュで知られる。

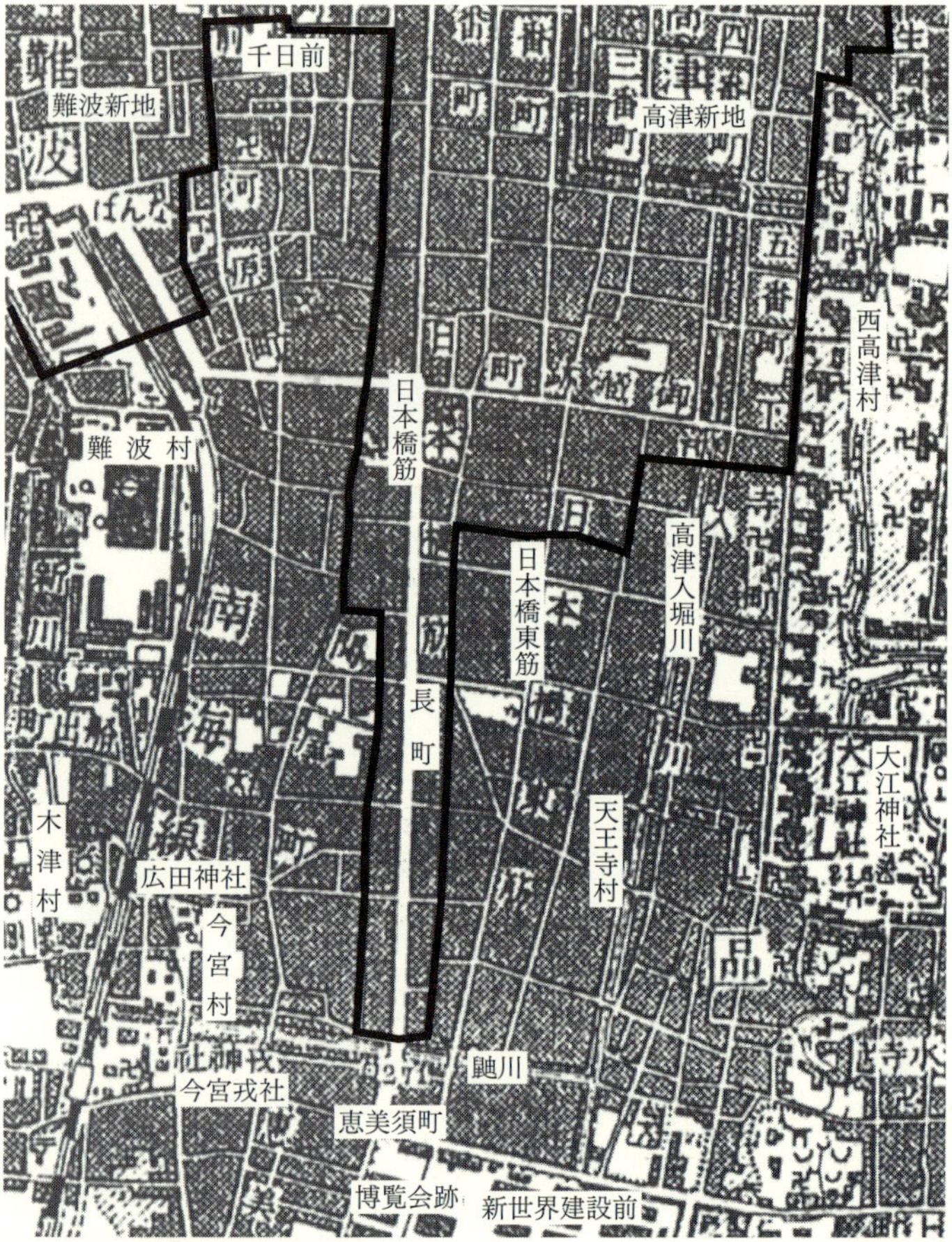


**❾ 明治末期の長町とその周辺**

1908（明治 41）年測図のこの地形図では、長町の東西のエリアが❸の**地図**（161頁）の農地から一気に市街地化したことがわかる。この市街地が、密度の高い「細民」の居住地となる。その状況を示すのが 1930 年前後に撮られた❿の**写真**であり、昭和初期の実験的な不良住宅改良事業によって、⓫の**写真**のような白亜のアパートに建て替えられた。いずれも上町台地を遠景にして、寺町の寺院群をその手前に見る角度で撮影されている。（出典：2 万分の 1 地形図「大阪東南部」1908 年。写真は大阪市社会部「不良住宅地区改良事業概要」1931 年）（水内俊雄 筆）

❿

⓫

明治二四年のスラムクリアランスは、周辺地区における不規則な長屋の建設、あるいは「第二の長町」と蔑称《べっしょう》される地区の形成をまねき、またこの時期を境として、「貧民の巣窟《そうくつ》」は旧長町の周辺地区に見いだされるようになっていくのだった（❾の地図、❿⓫の写真）。

この点と関わって、大正一〇（一九二一）年に行なわれた調査の報告書に、たいへん興味ぶかい記述があるので、少し長くなるが意訳《いやく》して引用しておこう。

明治二七、二八（一八九四～九五）年以来、日本橋筋《にっぽんばしすじ》周辺に各種の長屋《ながや》が建造されるとともに、明治三〇（一八九七）年には大阪市内で木賃宿《きちんやど》を営むことが全面的に禁止されたため、市内の木賃宿は表向きには廃絶した。けれども、木賃宿に類する日家賃制の長屋は、「細民《さいみん》」の生活にとって最も便利であることから、「細民」はなおこの地域に集住していた。

その後、大阪市の人口が増加するのに合わせて、市街地は都市の周辺部へと拡張した。くわえて、日本橋筋周辺の道路の改築、ならびにその他の事情で、この地域に居住していた「細民」は、市外の今宮《いまみや》町や豊崎《とよさき》町方面の木賃宿などに移動せざるを得なくなり、徐々に「細民」は減少し、いまなおその傾向が続いている。[6]

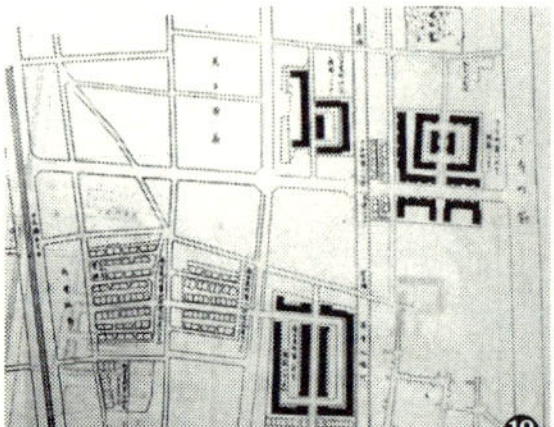
⓬

左の⓬の地図は一九三六年に行なわれた、不良住宅の改良事業の概要図である。

長町のスラムクリアランスが実施された後、明治二〇年代後半には、周辺部に長屋が建築されたことで、事実上、長町は分散したのだった。さらに注目すべきは、木賃宿が市外へと放逐《ほうちく》されたことであろう。また、もっと後には、都市の発展とそれに関連する空間管理にともない、「細民」がよりいっそう周辺部へと移動せざるを得ない状況が出来《しゅったい》していたことである。

この状況は、新聞報道を通じて、一般にも知られていた。

> 「木賃宿《きちんやど》」 大阪で木賃宿といえば、以前……は日本橋四・五丁目（＝長町）に数十軒もあったが、近頃は市の体面《たいめん》に関わるという理由で、およそ木賃宿と名のつくものは、ことごとく郡《ぐん》部（すなわち市外）へ移転させた。
>
> それによって木賃宿は市内に一軒もないことになったはずであるのだが、そこは便利なもので、表面は宿屋、事実上は木賃宿であるのが、まだたくさん存在している。
>
> 公然と木賃宿の免許を得ているのは、西成《にしなり》郡では豊崎村字《あざ》本庄、中津村字光立寺、今宮村字今宮、伝法《でんぽう》村、鷺洲《さぎす》村字海老江《えびえ》、東成《ひがしなり》郡では今福村、天王寺村の各所で、それらの木賃宿の総計は二百戸以上にもなろう……。[7]

6● 大阪市役所教育部「大阪市ニ於ケル細民密集地帯ノ廃学児童調査ト特殊学校ノ建設ニツキテ」

7●『大阪朝日新聞』明治三九年八月一八日〔意訳している〕

ここには、先ほどの資料と同様、木賃宿が市外への移転を余儀《よぎ》なくされた結果、表面的には市内から木賃宿が消滅したものの、宿屋や木賃宿式の長屋が存続していることが記されている。そして、「免許地」が列挙されているように、市域から排除された木賃宿が結果的に特定の地区へと集積する制度的な基盤が、すでに整えられていたことがうかがわれるのである。特に今宮が含まれていることは、釜ヶ崎の成立を考えるうえで重要となるだろう。

## 第五回内国勧業博覧会の開催と長町

さて、ここまで長々と長町について述べてきたのは、大阪の木賃宿街の系譜《けいふ》をたどれば必ず長町《ながまち》に行き着くからというだけではなく、釜ヶ崎の成立そのものを語るうえでも、長町はこれまでたいへん重要な位置を占めてきたからにほかならない。実のところ、釜ヶ崎の成立をめぐっては、不変の法則であるかのように語られている一説が存在するのだ。

8● 大阪府『大阪百年史』大阪府、一九六八年

……明治三六〔一九〇三〕年に内国勧《ないこくかん》業博覧会《ぎょうはくらんかい》をいまの天王寺《てんのうじ》公園・新《しん》世界《せかい》一帯を会場としてひらくことが決まると、会場へ至るいまの堺筋《さかいすじ》の拡張と見苦しいスラムを沿道からとりのぞく必要が生じた。こうして三四〔一九〇一〕年はじめから工事が進められ、長町の住民たちは会場からさきの住吉《すみよし》（紀州）街道に沿って、通称、釜ヶ崎、いま「あいりん地区」と呼ばれる地域に移住したのであった。[8]

明治三六年、市域南部の今宮《いまみや》（現在の天王寺公園と新世界）付近を会場として、第五回内国勧業博覧会（次の⑭⑮の写真）が開《かい》催《さい》された。産業振興《しんこう》を目的とした内国博は、

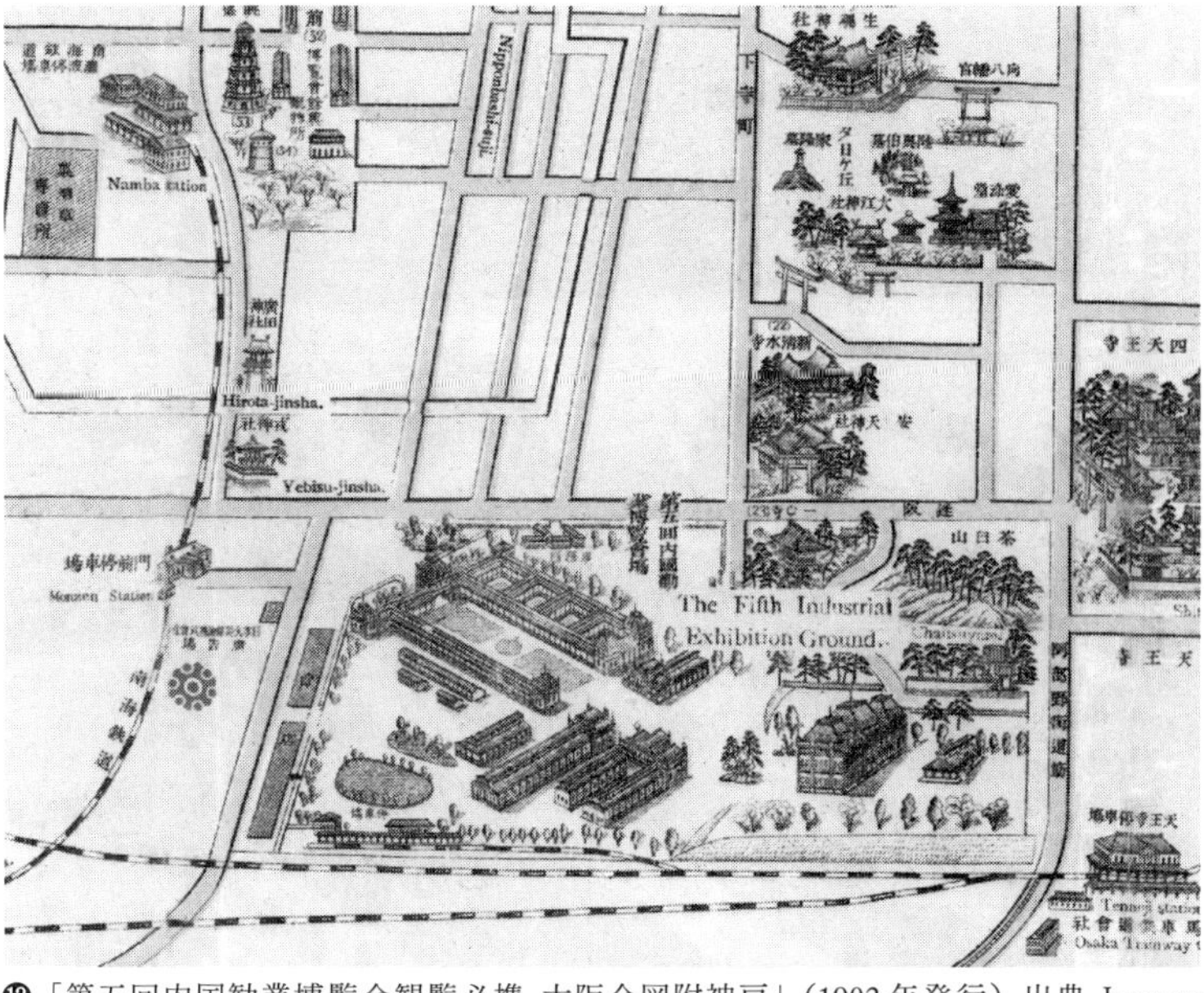


⑬「第五回内国勧業博覧会観覧必携 大阪全図附神戸」（1902 年発行）出典 Japanese Historical Maps, University of Califronia, Berkely（http://luna.davidrumsey.com:8380/luna/servlet）

第一回から第三回までは東京、第四回は京都で行なわれ、五回目にして初めて大阪が選ばれた。

大阪初の大イベントの開催決定を受けて計画されたのが、市街地全般の整備であった。なかでも、会場の決定とそれに続く設営工事の開始にあわせて議論の焦点を結んだのが、会場に通じる要路として位置づけられた日本橋《にっぽんばし》（堺）筋《すじ》をめぐる問題にほかならない。当時の日本橋筋は道幅が狭く、会期中、馬車・人力車などの交通量が増えれば、会場周辺が混雑することは必定であった。そのため、路幅の拡張や交差点の角切りなど、早い段階から道路整備が計画されていたのである。注目すべきことに、この整備計画には、日本橋筋と会場の周囲にある「貧民部落の処置」までもが含まれていた。

『大阪百年史』が主張するのは、まさにこの点である。第五回内国博の準備にともない、会場予定地付近のスラムがクリアランスされ、それによって追い払われた人びとの移り住んだ先が「釜ヶ崎」であった、というのである。この『大阪百年史』の記述には原典となった資料が明記されていないものの、その後の研究で同書を典拠《てんきょ》とする場合もあることなどから、長町住民の移住説がまことしやかに語り継がれ、定説となったらしい。

けれども、拙著で明らかにしたように、表通り裏通りを問わずにことごとく

⓮

⓯

**第 5 回内国勧業博覧会場**

いずれも内国勧業博覧会場の**写真**である。まったくの異空間が、163 頁の❼の**写真**の地に現われた。配置図は 173 頁の⓭の**地図**を参照。（出典：上田貞治郎写真コレクション、大阪市立大学都市研究プラザ管理）（⓭〜⓯は水内俊雄 筆）

家屋を「改築」するといった、大規模なスラムクリアランスが実施された形跡はない。工事は道路の拡幅《かくふく》を目的とした「表店」の「軒《のき》切り」にとどまり、「貧民」として名指された住民の暮らす裏長屋《うらながや》（「不潔家屋」）はそのまま残された可能性が高いのである。[9]

したがって、現段階では、内国博の準備に際して長町のスラムクリアランスが行なわれ、その住民たちが移住して釜ヶ崎が成立した、という説は否定されねばなるまい。

9● 加藤政洋『大阪のスラムと盛り場——近代都市と場所の系譜学』創元社、二〇〇二年

## 原風景
### ——鳶田の木賃宿街

さて、前述のとおり、江戸時代から木賃宿《きちんやど》街として存続してきた長町は、明治二〇年代に解体されていた。また、明治三〇年の段階で、木賃宿は大阪市内から排除されていたことについても、すでに述べたとおりである。市街地の南部にのみ注目していうならば、現在の環状線《かんじょうせん》あたりまでが当時の市域にあたるゆえ、制度上、木賃宿はそれよりも南側で営業するほかはなかったことになる。しかしながら、これによって大阪における木賃宿街の系譜《けいふ》が断たれたわけではない。

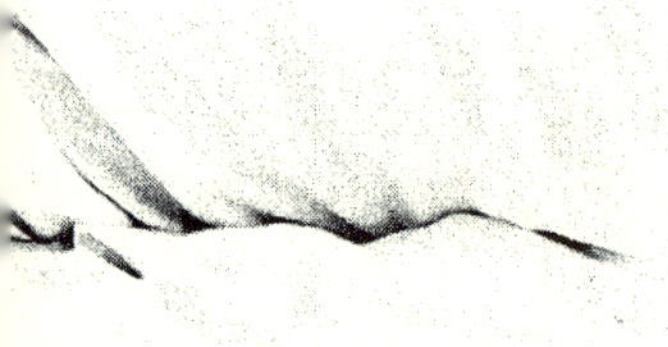

事実、明治四〇年代に入ると、特定の場所に木賃宿が集積しはじめたことで、再び世間の耳目《じもく》を集めるようになった。たとえば、「木賃宿の包囲」と題された記事を、少し長くなるが参照してみよう。

> 府令により大阪市内には木賃宿の営業を許されぬより市に接近せる郡《ぐん》部即《すなわ》ち鷺洲《さぎす》村、長柄《ながら》、今宮《いまみや》等には多数の木賃宿あり各種の労働者、法界師《ほっかいし》〔三味線や尺八、太鼓などを合奏しながら、盛り場を流して歌謡する芸能者〕、阿房陀羅経《あほだらきょう》〔滑稽な俗謡を謡い歩く稼業〕、羅宇《らお》仕替〔164頁の煙仕替へに同じ〕、按摩、六部《ろくぶ》〔仏像を納めた厨子などを背負って鉦（かね）などを鳴らし歩きながら、物乞いをする者〕、辻占売、下駄の歯入、紙屑拾ひ、易者、山伏、虚無僧《こむそう》其の他有《あ》らゆる浮浪生活をなせるものが一夜六銭乃至《ないし》八銭位の宿料にて泊り込めるもの毎夜二三千人に上れる由《よし》なるが彼等の内には前科者多く殊に今宮、天下茶屋の一部落には備前屋《びぜんや》、平野屋、堺屋、日吉屋、春来座、玉屋、尾張屋、三笠屋、京屋、泉屋、鶴屋、三河屋など称する間数其の他の設備割合に大きな木賃宿がズラリと軒《のき》を並べて別天地を画し……[10]

この記事によれば、木賃宿と称される宿泊施設には、労働者の他に、芸能と結びついた宗教者、職人など、多種多様な「浮浪《ふろう》生活」を営む者たちが低廉《ていれん》な料金

**10**●『大阪朝日新聞』明治四三年二月四日

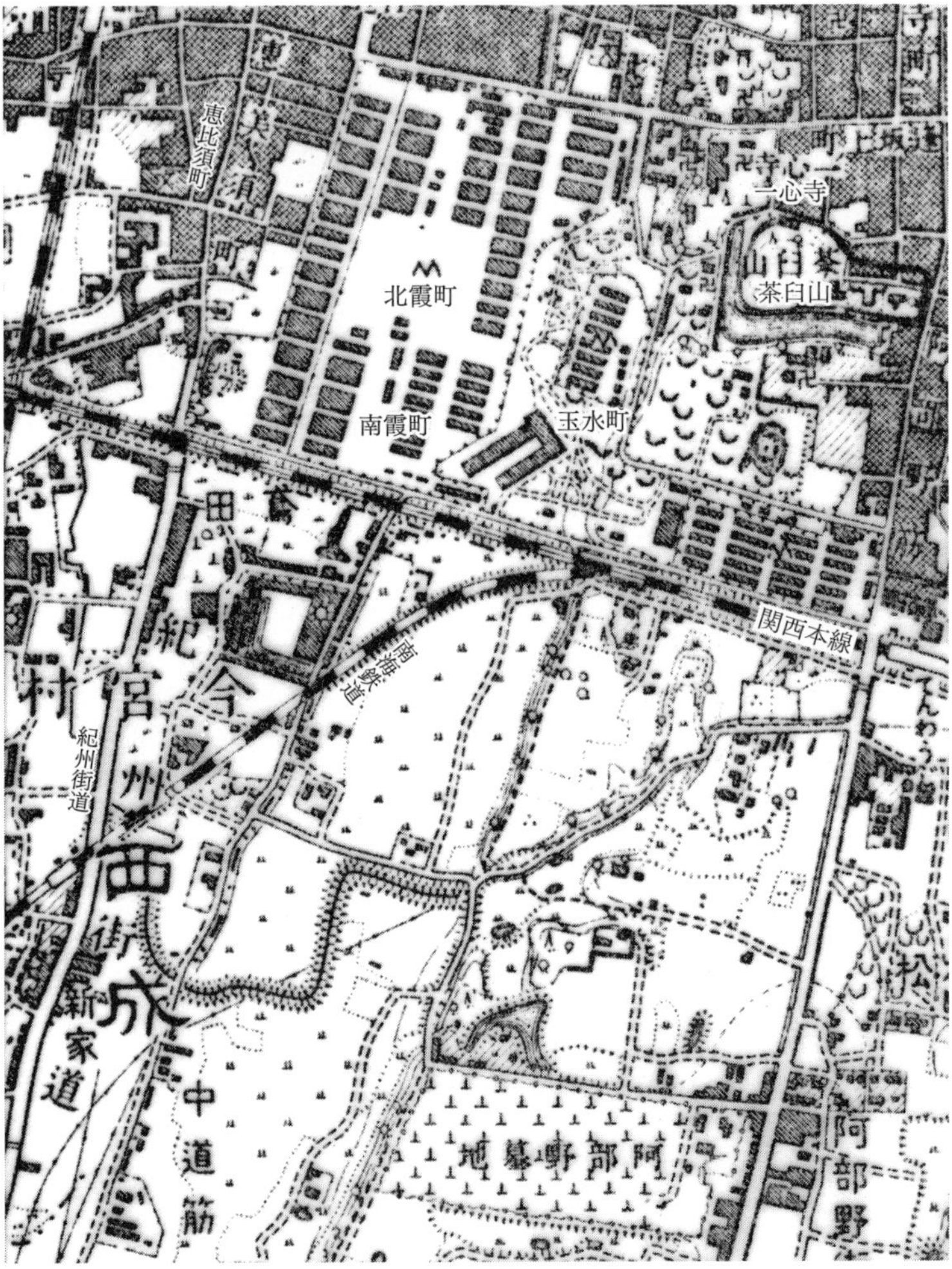


**⑯「地図のススメ③」**（149 頁）の 1908~1909 年の地図を部分拡大し、一部の地名を加筆している。（出典「一万分一地形図 大阪南部」大日本帝国陸地測量部、明治41年測図）

で泊まり込み、その数は数千にのぼる。記事中で、特に注目されるのは、「今宮、天下茶屋《てんがちゃや》の一部落」に「大きな木賃宿がズラリと軒《のき》をならべて別天地を画し」ていた、という指摘であろう。「今宮、天下茶屋の一部落」とは、いったいどこを指していたのだろうか？　この場所を比定することは、実のところ、そう難しいことではない。

たとえば「府下天下茶屋より今宮に亙れる昔の処刑場にて名高き飛田に二十余軒の木賃宿ありて毎夜大阪市内に入り込める下等労働者、物乞などの連中が宿泊し居る」[11]、あるいは「昔の刑場《けいじょう》で有名《なだか》い飛田、今は西成《にしなり》郡今宮村の住吉街道に面して木賃宿が何軒となく並び居れり」[12]と報じられていることから、先ほどの「今宮、天下茶屋《てんがちゃや》の一部落」とは、鳶田《とびた》（＝飛田）を指すものと考えてよいだろう。

そこで、鳶田の位置をまずは地形図のなかで確認してみよう（右の⑯の地図）。城東《じょうとう》線（現・JR環状線《かんじょうせん》）と紀州《きしゅう》（住吉《すみよし》）街道とが丁字形に交わるあたりの南西に、「鳶田」という文字がある（地図上の表記では右側から読む）。城東線を挟《はさ》んで北側の土地区画は、後に新世界◁が開発される場所だ。「鳶田」の「田」の字と「紀州街道」の「紀」の字との間に、墓地の地図記号（⊥）を読み取ることができるだろう[13]。

もともと鳶田は、近世の大坂にあって、「七大墓」と称される墓地のうちのひ

**11●**『大阪朝日新聞』明治四三年二月二五日

**12●**『大阪朝日新聞』明治四三年一〇月二四日

**新世界**
第五回内国勧業博覧会の跡地を再開発して、大正二年にオープンした遊園地。⇩11頁の**地図**、および366頁の**写真**も参照

**13●** 149頁の「**地図のススメ**③」も参照されたい。

とつであり、また先ほどの記事にもあったとおり、刑場《けいじょう》も併設されていたことから、そこに従事する非人の居住地である非人村も立地していた。[14] 墓地と刑場の機能は、明治期にも引き継がれ、明治一三（一八八〇）年まで、この場で実際に斬首《ざんしゅ》が行なわれていたほか、伝染性の疾病《しっぺい》（コレラ）が流行していた際には、罹患《りかん》して死亡した服役者の解剖がここに付設されていた「解剖所」で行なわれるなど、都市の周縁《しゅうえん》にあって特異な機能を担う空間であった。

　しかしながら、明治一三年に刑場と解剖所が、またおそらくそれ以前に墓地が移設されたことから、土地利用という点では（多少の墓石や埋葬《まいそう》された骨が地中に残存していたとはいえ）空地《くうち》に近い状態となっていた。けれども、墓所や刑場であったという場所イメージは、そう簡単に拭《ぬぐ》い去られるものでもあるまい。そのイメージは、まさに「鳶田」という地名とともに、集合的な記憶として残り、明治末年に木賃宿街が現われると、再び鳶田の名とともに元刑場であるということが注目されたのだった。

　ここで再び⓰の地図をみてみよう。複数の新聞記事のなかで報じられているように、たしかに紀州（住吉）街道に沿って東側に、背後に墓地をひかえて、建物が並んでいる様子を見て取ることができる。おそらく、これが木賃宿街だったのだろう。この木賃宿群が発端《ほったん》となり、後には立地が街道を挟んだ西側に展開する

14● 水内俊雄・加藤政洋・大城直樹『モダン都市の系譜――地図から読み解く社会と空間』ナカニシヤ出版、二〇〇八年

ことで、木賃宿街としての釜ヶ崎が形成されるのである。

## 木賃宿街〈釜ヶ崎〉の成立とその背景

拙著『大阪のスラムと盛り場』でも詳細に検討しているが、釜ヶ崎の成立は、大阪初のスラムクリアランスとして先述した、明治二四（一八九一）年の名護町解体にともなう「下層社会」の周辺化という文脈で捉え返されるべきであろう。つまり、前に引用した「大阪市ニ於《お》ケル細民《さいみん》密集地帯ノ廃学《はいがく》児童調査ト特殊学校ノ建設ニツキテ」に記されていたように、明治二四年の一連の事業によって名護町を追われた住民は、周辺部の木賃宿に類する長屋《ながや》にいったんは落ち着くものの、今度は「道路の改築」ならびにその他の「事情」によって、市外の木賃宿などに「移動」せざるを得なかったという事態、このことを釜ヶ崎成立の地理歴史的な背景として知っておく必要があると思われるのである。

明治末年以降、鳶田の木賃宿が街並みをなして視覚的に現われはじめたことで、この地区の成立事情もまた、さまざまに語られはじめる。たとえば、「電車と警察、とに追払《おいはら》はれた日本橋筋《にっぽんばしすじ》の最下級民と無頼《ぶらい》の徒とが落ち延びた先は旧関西線の鉄橋を潜《くぐ》った住吉《すみよし》街道の戸塚である」[15]という記事から明らかになるのは、「細民」が「移動」せざるを得なかった理由のうち、その他の「事情」が「電車と警察」であったということだ。

　ここに指摘された「電車」とは、第五回内国博における日本橋筋の工事につづいて行なわれた、市電第二期線の敷設《ふせつ》にともなう日本橋筋三〜五丁目のさらなる拡幅《かくふく》工事を、そして「警察」とは、難波《なんば》署が明治三九（一九〇六）年から同四〇年にかけて日本橋筋東西の裏長屋に対して数回にわたって徹底的に実施した「貧民窟《くつ》の掃蕩《そうとう》」あるいは「無頼漢狩《ぶらいかんがり》」を指している。とくに後者の場合、署長以下「警部巡査総出《そうで》で……大挙《たいきょ》して貧民窟中より罪悪の分子を除去すること」を目的とし、「悪人は他へ放逐《ほうちく》」[16]されたと報《ほう》じられている。「悪人」とされる人たちが、そのまま鳶田《とびた》に移り住んだなどと言いたいのではない。この時期に、市街地縁《えん》辺《ぺん》（場末《ばすえ》）の長屋地区に対し、特定の職種に従事したり、無職でいるような居住者たちを選別して、追い立てるような圧力がかかっていたことは疑い得ず、その他の居住者や居住環境にも、少なからず影響したであろうことを重視したいのである。

　さらに、「元の名護町、又は今宮の端々《はしばし》に巣を構へた悪貧民共は四五年前（一九

15● 『大阪朝日新聞』明治四四年一〇月一七日

16● 『大阪朝日新聞』明治三九年七月三日

〇六～一九〇七年〕に追払はれて、阿倍野《あべの》の南に新台湾といふ恐ろしい一部落をこしらへた」[17]、あるいは『大阪市住宅年報（昭和元年）』の「今宮 釜ヶ崎」の項目では、「……大阪市の発展に伴ひて下寺町広田町方面に巣食っていた細民は次第に追ひ出されて南下し郊外に安住の地を求め帰《ママ》せずして集団したるが現在の釜ヶ崎にして其処に稲荷《いなり》町という純長町細民部落を形成するに至った」と述べられている。これらの語りは、なかば強制的に排除された住民たちの落ち着き先が、「新台湾」と呼称される地区（所在地は不明）や釜ヶ崎の木賃宿街であったことを示している。

以上の資料では、「放逐《ほうちく》」され、「追払はれ」、「追ひ出され」た理由が、「警察と電車」もしくは不明であるものの、いずれも博覧会による道路の拡幅や「矮《わい》屋《おく》」のクリアランスをその理由としていないこと、そして理由はどうあれ「追払はれ」、「追ひ出され」た時期が明治三七（一九〇四）年から同四〇年（あるいはそれ以降）というところに共通点がある。

この点を踏まえて「釜ヶ崎」の成立時期を考える時、再び「大阪市ニ於《お》ケル細《さい》民《みん》密集地帯ノ廃学《はいがく》児童調査ト特殊学校ノ建設ニツキテ」の「今宮町の木賃宿《きちんやど》」という項目に書きとめられた一文は、興味ぶかいものとなるだろう。意訳《いやく》してみよう。

……最近の調査によれば、今宮町の木賃宿四八軒が有する室数は、総計で

17● 『大阪朝日新聞』明治四五年六月二五日

一六七八、そこに宿泊する人口は四一四七に達している。一夜泊りの客はきわめて少なく（毎日約一〇〇人程度）、ほかはすべて「定客」であり、長いものになると、明治三七〔一九〇四〕年にこの地区に木賃宿がつくられて以来、宿泊しているものもいる（約一〇〇人程度）。

大正一〇〔一九二一〕年の時点で約一〇〇人が、釜ヶ崎に木賃宿が「創立」された明治三七年以来、居住していたというのである。これは、ここまで検討してきた成立時期から大きくはずれるものでもなく、成立年を示す有力な資料といえる。

以上のように概観してくると、「電車と警察とに追払はれた日本橋筋の最下級民と無頼《ぶらい》の徒とが落ち延びた先は旧関西線の鉄橋を潜った住吉街道の戸塚である」と指摘する記事のなかの「戸塚」が、おそらくは鳶田《とびた》付近であること、したがって、木賃宿街の形成要因が、市電の敷設《ふせつ》と警察による「貧民」の取り締まりにあったと推測できるだろう。

このように、「釜ヶ崎」の端緒とでもいうべき鳶田の木賃宿街は、「貧民」とその宿泊所である「木賃宿」とを取り締まる都市政策が絡《から》み合うなかで創出された、すぐれて政治的な場所であったということになる。

第5章

# ドヤと日雇い労働者の生活

吉村智博

## ドヤ街と日雇い労働者

この本を手にしているあなたは、今、どんなところで生活しているのだろうか。アパートやマンションの一室か、あるいは一戸建ての住宅か、はたまた、ネットカフェか……。

さて、ここで考えようとする、釜ヶ崎で生活する日雇《ひやと》い労働者の多くは、今

「○☆ホテル」「▽◇館」などの看板が掲げられている簡易宿泊所《かんいしゅくはくしょ》◁で寝泊まりしている。そこは、宿《やど》の読みを逆さまにした「ドヤ」という愛称で親しまれ、暑さ寒さ、雨露をしのぐかけがえのない住処《すみか》でもある。

　歴史を振り返ると、簡易宿泊所の前身は「木賃宿《きちんやど》」◁と称していた。あまり耳慣れないこの言葉の語源は、部屋代を支払うのではなく、食事（自炊《じすい》）の煮炊《にたき》をする木（薪）の賃料（代金）を支払うところにあるといわれている。大阪では、木賃宿が江戸時代から、市内と周辺の村々とを結ぶ街道沿いに軒《のき》を連ねていた。いま、西日本一の家電量販店街として有名な日本橋筋《にっぽんばしすじ》がかつて「長《なが》町」（あるいは「名護《なご》町」）と呼ばれ◁、日本有数のスラム街《がい》として名をはせていた頃、そこには他の街道沿いと同じように、都市の玄関口として木賃宿が建ち並び、数多くの「止宿人《ししゅくにん》」（客のことをこう呼んだ）がそこを根城《ねじろ》に日々の仕事に精を出していた。堺《さかい》や和歌山方面から紀州《きしゅう》街道（高麗橋～和歌山市内）を経由して大阪市内にやってくる人びとの寝食の場として重要な役割を担っていたのである。

　ここでは、日雇い労働者にとってなくてはならない釜ヶ崎の簡易宿泊所（木賃宿）で、かつてどのような生活が営まれていたかをみてみたい。そのことから日《ひ》雇《やと》い労働者の日常生活が、ほんのわずかながら明らかになると思う。そこでまず、江戸時代からの歴史をもつ木賃宿が簡易宿《かんいやど》と名称を変更した一九二〇年代の歴史

**簡易宿泊所**／簡易宿所 ⇩120頁を参照

**木賃宿** ⇩158頁も参照

**長町**（名護町）⇩161頁、168頁の**地図**も参照

**1**●『大大阪記念博覧会誌』大阪毎日新聞社、一九二五年

**2**●一九二五年四月一日、周辺の町村を市域に編入し、人口二一一万四〇〇〇人あまり、面積約一八一・六平方キロとなり、東京を抜いて、全国一の規模となり、″大大阪″誕生と称せられた。

から掘り起こすことにしよう。

そもそも明治維新以後、日本の近代化・文明化にともなって、木賃宿に対してその営業内容を定めた法律（規則）が数多く出されるようになる。身分制度が基本となっていた江戸時代とは違って、様々な人が自由に行き来する時に利用する宿であったからこそ、ときの権力者の側からすれば、時代にあった統制が必要になってきたからに他ならない。それらの法律は再三の変更を経ることになるが、一九二五（大正一四）年四月の改定で、木賃宿の名称が簡易宿に変更され、利用料金が統一されることになった。これにともなって、簡易宿営業者の組合が結成され、釜ヶ崎では今宮署《いまみやしょ》管内簡易宿同業組合が、翌一九二六年一一月一日から認可された均一料金で部屋を提供しはじめた。

このころの様子を記したある博覧会《はくらんかい》の公式記録には、簡易宿で「日稼《ひかせぎ》労働者が密集生活を営み、不健全なる大都市の発達に伴うて生ずる一《ひとつ》の暗黒面」[1]をつくりだしているとある。日雇い労働者は、全国一の「健全な」大都市[2]の一部で

**大正末期の「今宮町」時代の釜ヶ崎**
写真は大正末期の釜ヶ崎の状況である。場所は仔細には特定できないが、現・萩之茶屋一丁目あたりかと思われる（出典『今宮町誌』一九二六年）。（水内俊雄 筆）

ありながら、その生活実態は、人口の大半を占めている「市民」社会と大きく隔《へだ》たった存在だと位置づけられていたのである。

実際、一九二〇年代には、それまで矯正《きょうせい》と教化《きょうか》の対象であった日雇い労働者に加えて、「相当の経歴を持っている者や、高等の教育を受けた者も少《すく》なくないが、半年一年を経《た》つといつしか鮟鱇《あんこう》型に退化して了《しま》っ」て[3]、釜ヶ崎にやってくる人も徐々に増えてきていた。釜ヶ崎を含む今宮村《いまみやむら》の人口も第一次世界大戦（一九一四～一八年）後には激しく落ち込んでいたけれども、一九二〇年には回復し、一万九八〇〇〇人ほど（西成郡全体に対しておよそ一六％）にまで膨《ふく》らんでいた。[4] もう少しミクロな目でみると、大阪府方面委員（現在の民生委員・児童委員の前身）の一人で、「今宮町方面」の常務委員を務める岩間繁吉は、釜ヶ崎には木賃宿《きちんやど》が五〇軒ほどあり、常に三七〇〇人から四〇〇〇人ぐらいを収容していて、止宿人は「土方《どかた》」「人夫《にんぷ》」「手伝《てつだい》」をしており（のちほど詳しく）、単身者（独身）が一三五〇人ほど、所帯《しょたい》（世帯）持ちが八五〇人ぐらいである、と定例会議で報告している。[5]

では、釜ヶ崎にやってきた数千人の日雇い労働者は、どのような生活を営んでいたのであろうか。

3● 村島帰之「あるアンコウの手記」『社会事業研究』第一五巻第一一号、一九二七年

4● 『大阪府統計書』

5● 大阪府『方面委員第一期事業年報』一九二一年

## 高齢・不安定、そして昭和恐慌――一九二〇〜三〇年代

近代の大阪では早くから、市内へ流れ込んでくる日雇《ひやと》い労働者の生活環境にそくした様々な施策《しさく》を打ち出してきた。そうした蓄積の上に立って一九二〇（大正九）年四日に設置されたばかりの大阪市社会部[6]などが中心となり、大都市特有の社会問題を細かく検討し、多様な方法で社会調査を行なってから施策に取り組むようになる。

その一環として、簡易宿止宿人《ししゅくにん》の生活実態、なかでも世代間で連鎖《れんさ》すると考えられていた教育水準の問題（実は、現代社会でも事の本質は同じ！）に重きを置いた調査が実施され、日雇い労働者の仕事や家計の収支について細かに記された。[7]この調査は、大阪市内全域にわたって「細民《さいみん》地帯」と呼称《こしょう》される地域のうち、市内の南部を取り上げ、「市外今宮町方面ノ細民状況」として、簡易宿止宿人の仕事と収入、そしてその使い道を統計に基づいて分析している。

それによると、日雇い労働者のほとんど、あるいは全員が「無《む》技術」「未熟練」の労働者で、仕事の多くが「仲仕《なかし》、手伝《てつだい》、土方《どかた》、日稼《ひやとい》、鮟鱇《あんこう》、屑物行商《はきものぎょうしょう》、捨物《すてもの》

6● 大阪市では、米騒動（一九一八年）ののち、救済課と称していた部署を昇格させ、五課を統括する社会部を発足、社会調査には労働調査課が中心となってあたった。

7● 大阪市『大阪市ニ於ケル細民密集地帯ノ廃学児童調査ト特殊学校ノ建設ニツキテ』一九二一年

拾《ひろい》」といったものである。また、仕事は「一定」せず、今日は「土方」をしていたかと思うと、翌日は「仲仕」か「日稼」をしている。だから、ひと通りの仕事はこなすけれど、何事も「熟練」せず、結局「無技術」「未熟練」の労働者となってしまう。

一日の収入は、最高で三円、最低は一円五〇銭《せん》、しかも、児童労働は当たり前で、子どもの場合、一二・三歳から一五・六歳で、四〇銭あるいは一円ぐらいを稼《かせ》ぐとされている。稼いだ金は「大部分ハ外部（主トシテ大阪市内）ノ飲食店」で浪費《ろうひ》され、「家庭」に持ち帰るのは「極《きわ》メテ少額」だという。とくに、血気盛んな青年で単身の日雇い労働者は日々の疲れを癒《いや》すために、仲間と安酒《やすざけ》をあおり、肴《さかな》をつつき、色恋《いろこい》談議に花を咲かせていたのかもしれない。

当時の社会調査が明らかにした日雇い労働者の生活実態のうち、所帯《しょたい》（世帯）持ちの家計を知ることができる統計がある。大阪市内の日雇い労働者九九世帯《せたい》のうち、月収二〇〜三〇円から同六〇〜七〇円の幅広い層を対象にした大阪市社会部の調査[8]がそれである。この調査によると、月収五〇円あまりである場合（夫と妻の収入をあわせて）、飲食費に収入の半分以上にあたる三〇円あまり（支出に占める割合五一・九％）を使い、衣類などを含む雑費《ざっぴ》にも一八円六〇銭《せん》（同四一・三％）を支出している。このほか、電気代を含めた住居費が六円四〇銭（同二一・一％）、光熱費にあ

8● 大阪市社会部『日傭労働者問題（社会部報告No.26）』一九二四年

9● 家計の消費支出に占める飲食費のパーセントのこと。ドイツの社会統計学者エルンスト・エンゲルにちなんでこう呼ぶ。

たる薪炭《しんたん》費が二円八〇銭（同四・八%）となっている。まさに、高いエンゲル係数[9]と過剰な支出が特徴となっている。当然、家計は赤字になる。もちろん、すべてが簡易宿（木賃宿）の止宿人ではないが、明らかな支出超過《ちょうか》は、所帯（世帯）持ちの日雇い労働者の多くに共通する家計状態とみて、ほぼ間違いないだろう。

これに関連して、釜ヶ崎の簡易宿（木賃宿）の止宿人（多くは単身者）を対象とした一九二三（大正一二）年の調査結果によると、四九軒の止宿人四二二六人が従事していた仕事には一四〇職種あった。このうち一〇〇人以上の職種は、多い順から「手伝」[10]四九三人、「仲仕」[11]三三六人、「土方」[12]二二一人、「鮟鱇」[13]一〇五人となる。次々頁の❶のグラフにあるように、止宿人の六〇%以上を占める青壮年層《せいそうねん》（二一〜五〇歳）がこうした仕事に就《つ》いていることになる。なかでも所帯（世帯）持ちについては、さきの記述のように、技術もなく、熟練を積んでいない労働者で、その多くが決まった仕事をもたず、収入の大部分を飲食店で浪費している。それゆえに、子どもの教育には無関心で、教育費を支出する労働者は皆無《かいむ》に等しいという結果になっている。[14]

教育への親の関心が極端に低いため、父親も母親も仕事に出た後、部屋に残された子どもたちは、「昼食代として少々の銭《ぜに》を持たされているが、温順《おんじゅん》に留守番しているのは皆無で、大抵は路《みち》裏口又《また》は細道で、友達と賭《かけ》勝負の遊びに夢中」だ

**10●手伝**（てつだい）——土木現場などでの下働きなどを行なう労働。

**11●仲仕**（なかし）——狭い意味では、船から陸への荷の揚げ下ろしを、広い意味では、陸から船への積み込みを行なう港湾労働者。

**12●土方**（どかた）——土木作業員あるいは建築作業員の古い俗称。現在、建設業では土工（どこう）と呼んでいる。66頁も参照。

**13●鮟鱇**（あんこう）——立ったまま仕事を探すことを魚の「あんこう」になぞらえてこう呼ぶ。

**14●**前掲『大阪市ニ於ケル細民密集地帯ノ廃学児童調査ト特殊学校ノ建設ニツキテ』

という。だから、昼飯代はすぐになくしてしまう。昼食もろくにとれないから、「家の物を持出して屑屋《くずや》に売る」か、屑拾《ひろ》いにでかけて「ガラス屑、鉄屑を売って銭《ぜに》に替えるか」しているといった状態が、一九一〇年代末ごろから日常的な光景となっていた。[15]

もちろん、こうした報告書の筆者は、自身の眼前に現われている子どもの行動だけをことさら大げさに述べ立てて、犯罪者「予備軍」といった考えを展開しているから、すべての記述を鵜呑《うの》みにはできない。とはいえ、「教育棄民《きみん》」が生み出されていたのは事実であり、一九二一（大正一〇）年には南区在住の鳥井信次郎が一〇万円を寄附《きふ》し、浄土宗《じょうどしゅう》関係者の協力を得て「四恩《しおん》学園」◁を開校するなど、[16]民間人の支えでいくつかの私的な初等教育機関がつくられていた。

一九二三年から六年後の二九（昭和四）年、今宮警察署は、止宿人《ししゅくにん》の実態調査を再び行ない、調査結果をまとめた。それによれば、従事者の多い順から「手伝」二八五人、「仲仕」二〇六人、「拾《ひろ》いや」八九人、「人夫」[17]八一人、「行商」七一人となっている。合計一一八種類は二三年時点から単純に差し引いて二二種少なくなっており、「手伝」「仲仕」も従事する割合が一〜二％減少している。さらに、「拾いや」など六年前には記録されていなかった場《ば》あたり的な「仕事（雑業）」もみられる。

15● 市立児童相談所員鵜川富尾「木賃宿々泊児童の教育」『救済研究』第七巻第一〇号、一九一九年

16● 「西成郡今宮村に細民学校設立」『大阪毎日新聞』一九二一年七月二九日付

**四恩学園**
151頁の「**地図のススメ④**」の一九三七年の**地図**で立地を確認できる。

17● **人夫**（にんぷ）——土木工事や荷役などの力仕事に従事する労働者のことで、「人足」ともいった。

18● 田村克已「一木賃宿の解剖」『社会事業研究』第

もっとも、一般的にみて簡易宿（木賃宿《きちんやど》）には「仲仕」「人夫」といった日雇い労働の代表格の仕事だけではなく、「香具師《やし》」「俳優」「淫売《いんばい》」「遍路《へんろ》」「行者《ぎょうじゃ》」「辻占売《つじうらうり》」といった多様な仕事に就《つ》く人が寝泊まりをしていた[18]わけだから、千差万別の職種があっても何ら不思議ではない。

では、ここにあげたような不安定な仕事が増えた原因は何だろうか。

❶ 年齢別止宿人数（1923・1929年）

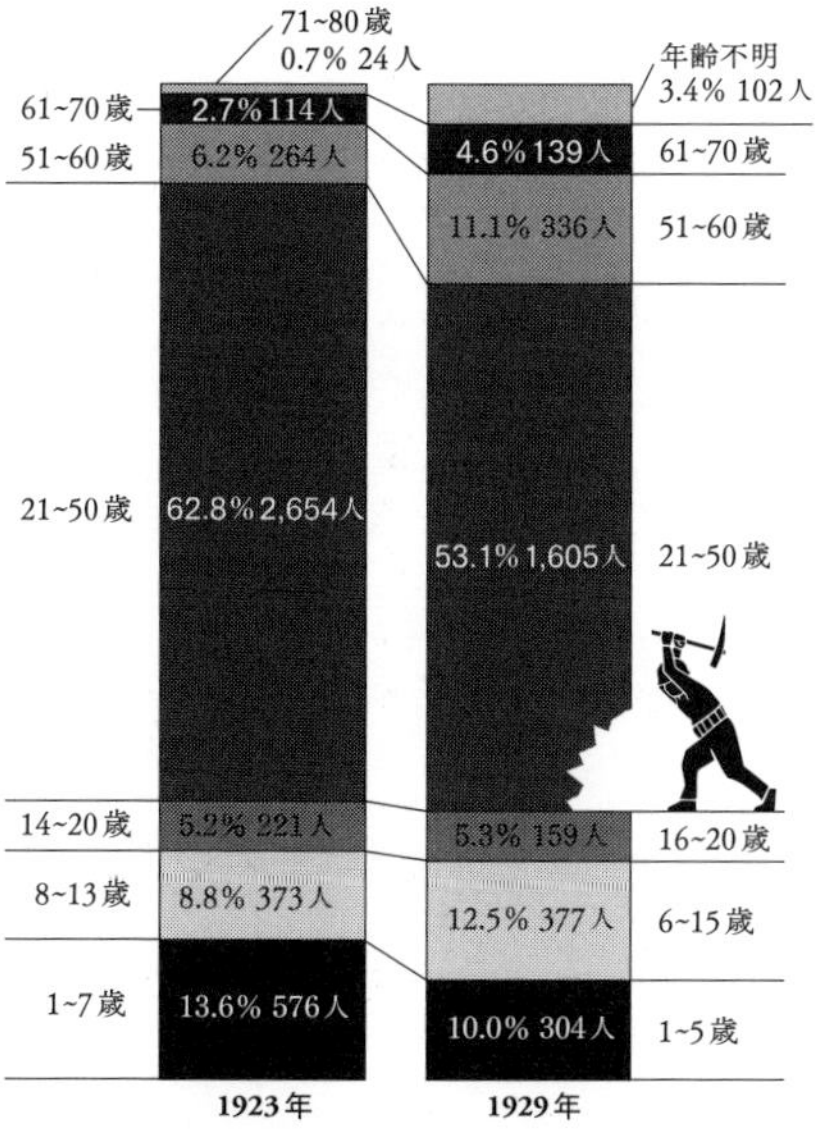

簡易宿の料金表／一九二六年

一三巻第三号、一九二五年および大阪市市民館『木賃宿の一考察』一九二五年。この二つの調査は、釜ヶ崎を対象にしたものではないが、参考までにあげた。

第一の原因は、止宿人の高齢化。前頁の❶のグラフで六年を経た調査内容を比較すると、青壮年（二一～五〇歳）が九・七％減少した（六二・八↓五三・一％）のに比べて、高齢者（五一歳～）が六・一％増加した（九・六↓一五・七％）。釜ヶ崎へ流入してくる日雇い労働者のなかでも、簡易宿止宿人は高齢化しており、稼《かせ》ぎにつながる仕事にはなかなか就《つ》けない状況があったとみられる。

　第二の原因は、官公庁と民間会社に共通していた「人夫」供給と「頭刎《ぴんは》ね」の構造。官庁（局）では、四段階以上の競争入札と談合《だんごう》が繰り返され、賃金が大幅にカットされていた。民間会社の場合でも、元請《もとうけ》業者が発注し、労働紹介所（市立職業紹介所）を経由すると、やはり「頭刎ね」される仕組みとなっていた。[19]高齢者は、こうした構造からさえも排除されることになっていたと考えられる。

　そこに追い打ちをかけたのが、一九二九年に起こった昭和恐慌《きょうこう》だった。一九三〇年代に入ると、昭和恐

❷ 失業者数の推移（1929~38年）単位：人

| | 1929.12.1 | 1931.9.1 | 1933.12.1 | 1935.12.1 | 1937.12.1 | 1938.12.1 |
|---|---|---|---|---|---|---|
| 調査人口総数 | 6,941,937 | 7,077,778 | 7,410,124 | 7,778,000 | 8,012,046 | 8,100,569 |
| 失業者総数 | 315,269 | 425,526 | 378,921 | 351,469 | 270,418 | 221,030 |
| 失業率(%) | 4.54 | 6.01 | 5.11 | 4.52 | 3.38 | 1.50 |
| 俸給生活者数 | 1,643,873 | 1,656,292 | 1,720,993 | 1,787,012 | 1,858980 | 1,854997 |
| 失業者数 | 63,419 | 74,091 | 69,003 | 68,176 | 58,870 | 47,701 |
| 失業率(%) | 3.86 | 4.47 | 4.01 | 3.82 | 3.17 | 2.60 |
| 一般労働者数 | 3,725,365 | 3,761,974 | 3,899,375 | 4,174,890 | 4,288,624 | 4,502,486 |
| 失業者数 | 131,100 | 187,067 | 126,567 | 113,605 | 81,650 | 69,752 |
| 失業率(%) | 3.52 | 4.97 | 3.25 | 2.72 | 1.90 | 1.50 |
| 日雇い労働者数 | 1,574,699 | 1,657,511 | 1,789,756 | 1,816,098 | 1,864,442 | 1,743,086 |
| 失業者数 | 120,759 | 164,368 | 183,351 | 169,688 | 129,898 | 103,577 |
| 失業率(%) | **7.67** | **9.92** | **10.24** | **9.34** | **6.97** | **5.90** |

典拠：大原社会問題研究所『日本労働年鑑』をもとに作成

慌によって、「職工《しょっこう》」をはじめとする多くの人びとが解雇《かいこ》にあって失業し、転・廃業ないしは出身地へ帰ることを余儀《よぎ》なくされた。また、失業率も増加ないし横ばいで推移し、日雇い労働者はもろにそのしわ寄せを受けることになった。右下の❷の表にみるように、日雇い労働者の失業率は他の職業に比べて高く、なおかつ長期間にわたっていた。

この時期、釜ヶ崎にも失業問題は大きく影響しており、大阪市内でも上位三位に入る生活困窮《こんきゅう》者が数えあげられている。「西成区今宮方面《にしなりく》」として五一四人が記録されており、「港区市岡方面《いちおか》」「浪速区木津方面《なにわくきづ》」に次いで多い[20]。

深刻さを増す失業への対策の一つとして西成区東田町《ひがしだ》に期間限定で開設された百光園《ひゃっこうえん》（主催／今宮警察署）は、「天下に廃物《はいぶつ》はない」との考えのもと、「子女《しじょ》の教訓」「人の救済」「失業者の減少」「犯罪防止」などを目標に活動した。大阪市全域の「廃物」回収の見返りに、便所納屋の掃除、引っ越し時の人出の派遣《はけん》などの事業を、いずれも無償で実施したところ、四〇日間で一時的な労働を含め、延《の》べ五二〇人が就労したとしている[21]。

昭和恐慌のなかで釜ヶ崎は、このように失業、困窮といった状態が長く続くことになる。不況と貧困のあおりを真っ先にくうのは、いつの時代も不安定な収入の労働者なのである。

**19**●『日傭労働者問題（社会部報告No.26）』

**20**●大阪社会事業連盟経済部会「貧困者の生活改善策に就いて」『社会事業研究』第七巻第五号、一九二九年

**21**●青木敬治『ルンペン修養機関　百光園の成績報告』一九三一年

## 町内会への加入と日雇いの賃金――一九四〇年代

釜ヶ崎では、一九二〇年代からの日雇い労働者の生活スタイルを改めるため、一九三〇年代半ばから、彼らを町内会へ組織していく下地《したじ》づくり◁を警察や町内の有力者が先頭に立て進めるようになる。

たとえば、西入船《にしいりふね》町会で「われわれの街はわれわれの手で美しくしよう」と、町会長に幹事ら、さらに相談役の巡査《じゅんさ》部長を加えた清掃隊《せいそうたい》の活動が紹介されている。[22] また、すでに結成されていた七つの町会ではまず「祝祭日その他の記念日に必ず国旗を掲揚《けいよう》すること」を実行したという。国旗のない家

❸ 萩之茶屋町会聯合会・10町会構成数（1942年）

| 町会名 | | 世帯数 | 人口（人） | 対町会聯合会人口比(%) | |
|---|---|---|---|---|---|
| 東入船町 | 北 | 589 | 2,411 （男1,604／女807） | 10.9 | 31.1 |
| | 南 | 443 | 2,445 （男1,623／女822） | 11.1 | |
| 西入船町 | | 650 | 1,995 （男1,081／女914） | 9.1 | |
| 海道町 | 北 | 482 | 1,629 （男791／女838） | 7.4 | 37.4 |
| 甲岸町 | | 485 | 985 （男575／女410） | 4.8 | |
| 東田町 | 北 | 254 | 1,038 （男519／女519） | 4.7 | |
| | 南 | 347 | 1,477 （男791／女686） | 6.7 | |
| 東四條 | 一丁目 | 284 | 992 （男474／女518） | 4.5 | |
| | 二丁目 | 261 | 1,001 （男497／女504） | 4.6 | |
| | 三丁目 | 237 | 1,046 （男586／女460） | 4.7 | |
| **計** | | **4,032** | **15,019（男8,541／女6,478）** | **68.5** | |

典拠　『昭和十七年　第二回大阪市民調査』（1942年）をもとに作成
備考①萩之茶屋町会聯合会は19町会（人口総数21,992、世帯総数5,740）で構成、海道町は北のみ組織
②大阪市における町会数の変遷は以下の通り

| 年月 | 町会聯合会数 | 町会数 | | | |
|---|---|---|---|---|---|
| 1936.7 | – | (3,667) | 40.1 | 249 | 2,770 |
| 1938.1 | – | (5,855) | 40.11 | 256 | 3,526 |
| 1938.4 | 246 | 2,669 | 43.2 | 266 | 3,601 |

典拠　大阪市史編纂所『戦時下の民衆生活』（1989年）をもとに作成

にはこれを配って徹底をはかったところ、最近では国旗を掲げない家は一軒もないという「好成績」をおさめた。その上、他の「町内会の清掃にも各戸責任を持つことになったので、見ちがえるほど町内がきれいになった」[23]と伝えている。日常生活の規律化《きりつか》がはじまっている。

一方、仕事の面でも、一九三八年三月一日には西成労働至誠《しせい》団が結成されていた。「聖戦が長びくから俺らもその覚悟が必要だ、この際おれら仲間でも銃後《じゅうご》の援護団体をつくって勤労報国《きんろうほうこく》をしよう」と結集することになり、およそ一六〇〇人が賛同した。[24]

こうして一九四二（昭和一七）年になると、萩之茶屋《はぎのちゃや》町会聯合会《れんごう》（一九の町会で構成）では、その六割八分強《きょう》に相当する一万五〇〇〇人あまりを釜ヶ崎の一〇町会が組織することになる。右の❸の表は、その数を町会別にしたものである。釜ヶ崎一〇町会のうち、町会長のもとに組織されていたのは、ほんどが簡易宿の止宿人《ししゅくにん》であると推定されることから、日雇い労働者が町内会の編成《へんせい》へ積極的にかかわっていくことになったようである。

釜ヶ崎で組織された町内会の要《かなめ》となっていた簡易宿は、大阪市北部（北区・長《な》柄《がら》地域）のそれに比べて、建坪《たてつぼ》および宿泊室数において大規模なものが多いうえに、その止宿人のほとんどが単身の日雇い労働者で、とくに青壮年層《せいそうねん》が多数を占

**組織していく下地づくり**
151頁の「**地図のススメ**④」の一九三七年の**地図**で、当時の社会事業関連の施設や立地を確認できる。

**22**● 「町の清掃隊お手柄／スラム街も〝すっきり〟／雨の釜ヶ崎に奉仕の大活躍」『大阪朝日新聞』一九三六年一二月二一日付

**23**● 「新しき道拓いて／町内会の進軍だ／日支提携や揃ひのス・フ制服／スラムにも更生の息吹き」『大阪朝日新聞』一九三八年二月二〇日付

**24**● 「続々結成される自由労働者の奉仕団」『社会事業研究』第二六巻第四号、一九三八年四月

めていた。[25]

それゆえ、つねに関心は、青壮年層に対する簡易宿内での教化と改善といった視点に向けられていった。たとえば、「現在の簡易宿は質的にはかなり向上したと見られる」ものの、「その止宿人には比較的知識程度の低い自由労働者」[26]が多いうえに集団で生活しているから、「風紀《ふうき》」や「保安」上に数々の問題が起こりやすく、それがやがて「一般社会にも害毒」を与えるおそれがある。したがって、すでに各地のスラムの改良策として実行に移されていた不良住宅地区改良法（一九二七年七月）の対象となる不良住宅と同様の性質である簡易宿の「集団に対しては、その改善策が要請《ようせい》されるべきではなかろうか」と記されている。

そうしたなか、国民徴用令《ちょうようれい》（一九三九年七月）が発令されて社会に定着すると、四三（昭和一八）年一月には「ねこそぎ動員」と称される状況を生みだし、徴用工には、「農アリ、工アリ、商アリ、公務自由業アリ」[27]といった事態になっていった。その反面で徴用を忌避《きひ》する気運が高まり、労働への熱意

❹ 大阪における日雇い労働者の公定日額賃金（1940年）

| 業種 | 職種 | 標準 | 最高 |
|---|---|---|---|
| 工場労務者  | 雑作業 | 2円00円 | （不詳） |
| | 一定の経験・技能者 | 2円50銭 | |
| 陸上の一般貨物取扱  | 雑作業仲仕・人夫 | 2円00銭 | 2円50銭 |
| | 普通仲仕 | 2円60銭 | 3円20銭 |
| | 熟練仲仕 | 3円30銭 | 4円00銭 |
| 海（水）上の一般貨物取扱（沖荷役）  | 雑作業仲仕・人夫 | 2円00銭 | 2円50銭 |
| | 普通仲仕 | 2円60銭 | 3円50銭 |
| | 熟練仲仕 | 3円60銭 | 4円30銭 |
| 石炭荷役  | 雑作業仲仕・人夫 | 2円50銭 | 3円00銭 |
| | 陸揚・積替仲仕 | 3円80銭 | 4円80銭 |
| | 畚揚（ふごあげ）仲仕 | 4円00銭 | 5円00銭 |
| | 汽船内仲仕 | 4円00銭 | 5円00銭 |

典拠：『大阪朝日新聞』（1940年6月9日付、6月25日付）をもとに作成。

を欠いた労働者らの多くが、日雇い労働を専門とするようになっていった。[28]

こうして、日雇い労働者が増加すると、大阪府では、賃金の高騰《こうとう》を抑えるため、賃金統制《とうせい》策を強める。右下の❹の表にみるように、一九四〇（昭和一五）年六月に日雇い労働者および仲仕《なかし》ら約八〇〇〇人を対象として公定賃金を設定し、それによって、最高日額七円を記録するという異常に高い賃金の沈静《ちんせい》化をはかった。一方、厚生省でも四二（昭和一七）年二月三日に日雇い労働者らに対する最高・最低賃金を発令し、同年四月には公定賃金・最高賃金を制定するとともに、「闇《やみ》賃金」の取り締まりを通達する。さらに政府では、四四（昭和一九）年一〇月に日雇い労働者の賃金統制を閣議《かくぎ》決定するにいたる。[29]

しかし、統制の効果はきわめて低く、形ばかりとなっていく。たとえば、一九四三年七月には、「沖仲仕《おきなかし》」五円五七銭《せん》、「沿岸仲仕《なかし》」四円九八銭、「鉄道運送関係者」五円〇〇銭、「日傭《ひやとい》人夫」二円九九銭と、公定最高賃金を上回る額がどん

❺ 大阪での日額賃金の上昇（1943年→44年）

| 仲仕 | 人足 | 左官 | 土方 | 平均 |
|---|---|---|---|---|
| 大阪は14円57銭 | 大阪は4円60銭 | 大阪は11円00銭 | 大阪は7円80銭 | 大阪は9円58銭 |
| ➚17円00銭 | ➚9円00銭 | ➚12円00銭 | ➚10円00銭 | ➚13円83銭 |
| （上昇率117%） | （上昇率196%） | （上昇率109%） | （上昇率128%） | （上昇率144%） |
| 東京は9円50銭 | 東京は4円50銭 | 東京は6円00銭 | 東京は6円13銭 | 東京は6円65銭 |
| ↗11円75銭 | ↗8円00銭 | ↗7円83銭 | ↗7円90銭 | ↗8円73銭 |

典拠：J・B・コーヘン『戦時戦後の日本経済』（岩波書店、1950－51年）をもとに作成。

どん支払われるようになり、場合によっては「一日二〇円ないし、それ以上」となり、「激化が加速／東京都の防火地帯建設／一日七〇円」となっていった。[30]

賃金統制は実際には形式でしかなくなっていたが、日雇い労働者の生計はどうであったろうか。簡易宿止宿人の平均月収は、一九四一（昭和一六）年時点で、五〇円以上二九％、六〇円以上二八％、七〇円以上一六％と、五〇円以上がおよそ七割を占め、[31]一ヵ月を二五日稼働《かどう》と仮定して換算すると、公定《こうてい》日額賃金にほぼ見合った月収となっていたといえる。しかし、さきにもみた「ねこそぎ動員」と称される一九四三（昭和一八）年頃になると、月収は一挙に跳ね上がる。前頁の❺の表によると、もともとの日額が高いため、上昇率が抑えられている仕事もあるものの、「人足《にんそく》」にいたってはほぼ倍増（一九六％）となり、平均でも一四四％の上昇率を記録する事態となっている。

収入の大幅増を反映して、日雇いの沿岸荷役《にやく》労働（夫婦子ども三人）の五人家族の場合、左の❻の表のように、月額一九八円四三銭《せん》の生活費を支出することができるようになった。本来の公定賃金だと、支出がかなり超過《ちょうか》するはずだが、〝引く手あまた〟の日雇い労働者の賃金が急激に上昇したことによって、収入と支出が見合うような生活が営めることになった。そして、日雇い労働者も所《しょ》帯《たい》（世帯《せたい》）持ちとなり、生計を維持できる基礎ができあがっていくのである。生

**25**● 大阪市社会部住宅課『本市に於ける簡易宿の実状』一九四一年

**26**● 社会調査では、ときに日雇い労働者のことをこう表現した。

**27**● 『衆議院議事速記録』第一〇号、一九四四年二月六日

**28**● 西成田豊「労働力動員と労働改革」大石嘉一郎編『日本帝国主義史・三（第二次世界大戦期）』東京大学出版会、一九九四年

**29**● 労働省『労働行政史』第一巻、労働法令協会、一九六一年

**30**● 翼賛政治会資料部『最近労務者の収入と生活の概況－主として自由労働者に就て』厚生省勤労局、一九四三年、および大原社会問題研究所『太平洋戦争下の

活の安定は、日雇い労働者の戦争協力への自覚を徐々に促すことにもつながっていった。こうして、総力戦《そうりょくせん》と呼ばれていたアジア太平洋戦争のなかで、日雇い労働者は積極的に戦争体制に参加していくことになる。

労働者状態』東洋経済新報社、一九六四年

31● 前掲『本市に於ける簡易宿の実状』

❻ 大阪における日雇い労働者の1ヵ月の最低生活費（1943年）

| 費　目 | 支出額（%） |
|---|---|
| 家　賃 | 25円　(12.6) |
| 電灯・燃料代 | 9円38銭　(4.7) |
| 水道・衛生費 | 1円20銭　(0.6) |
| 米　代 | 15円30銭　(7.7) |
| 調味料・副食料 | 31円11銭 (15.7) |
| 外食・飲食物費 | 22円75銭 (11.5) |
| 衣料費 | 12円　(6.0) |
| 教育費 | 3円50銭　(1.8) |
| 娯楽費 | 5円40銭　(2.7) |
| 町会費 | 50銭　(0.2) |
| 市民税他 | 4円24銭　(2.1) |
| 健康保険料 | 3円20銭　(1.6) |
| 年金保険料 | 5円12銭　(2.6) |
| 町会・組合貯金他 | 17円15銭　(8.6) |
| 煙草代 | 9円　(4.5) |
| 入浴・散髪 | 5円80銭　(2.9) |
| 菓子・果物代 | 6円　(3.3) |
| 履物・雑品代 | 3円50銭　(1.8) |
| 交際費 | 3円　(1.5) |
| 医療費 | 5円　(2.5) |
| 予備費 | 10円　(5.1) |
| **総　計** | **198円43銭（100.0）** |
| cf) 工場労働者・子ども3人＝145円47銭 | |

典拠：翼賛政治会資料部『最近労務者の収入と生活の概況 － 主として自由労働者に就て』（厚生省勤労局、1943年）をもとに作成。

# しんどさ、酒、のぞみ

村松由起夫
（社会福祉法人
釜ヶ崎ストロームの家）

## 1 はじめに

釜ヶ崎を始め全国の寄せ場と言われる地域では、日雇い労働というしんどく、不安定な雇用状況や住居（三畳程の日払い簡易《かんい》宿泊所）／娯楽の乏《とぼ》しさから、アルコール等「依存《いそん》症▽」という大きな課題が存在しています。野宿《のじゅく》を余儀《よぎ》なくされる人々（〝ホームレス〟）の問題が大きく取り上げられ、「路上から畳の上へ」という支援が広がるにつれ、隠れていたこの課題が大きくなっています。

野宿生活では、お金がない為《ため》、寒さしのぎ位《くらい》しか飲めなかったものが、生活保護費という一定の収入が保障されたので、あるだけ飲んでしまう事態が起こってくるのです。社会一般に「高齢化《こうれいか》」が言われる中、高齢者全般の課題としても深刻さを増しているのです。

現在、私が属している社会福祉法人釜ヶ崎ストロームの家は、四〇年前（一九七〇年代）から釜ヶ崎のアルコール依存症の方々の支援《しえん》を中心に事業を展開してきました。村松は後半二五年、創設者ストロームさんの働きの再建と展開を担ってきました。その経験から、釜ヶ崎のアルコール問題の実際をお伝えしましょう。

酒

## 2　依存症の治療について

一九七〇年代、日本でもアルコール依存症が病気として広く認められ、入院治療を中心に医療的取組みが始まりましたが、依存症の仕組みは、医学的に完全には解明されていません。このため、アメリカで始まったＡＡ（アルコホーリックス・アノニマス＝「無名のアルコール症者達」）という自助《じじょ》グループの活動に繋《つな》がり、自分達の「（飲酒時の）体験談」を語り合い、「一日断酒《だんしゅ》」を合言葉《あいことば》に「仲間の支え合い」を続けることが回復の道筋とされています。その後、日本ではＡＡを原型にした「断酒会」も広がりました。又《また》、一九八〇年代からは通院治療も始まり、「通院、抗《こう》酒剤《しゅざい》、自助グループ」が三種の神器と呼ばれ、治療に不可欠な物と言われるように

**依存症の経過**　お酒との関わりは、社会人になり、歓迎会《かんげいかい》、新年会、忘年会《ぼうねんかい》といった機会に職場の付き合いでお酒を飲むようになる（Ⅰ　機会飲酒《いんしゅ》）：「俺の酒が飲めないのか」、「酒を飲めない奴はろくな仕事が出来ない」など日本の職場ではお酒を飲まざるを得ない環境が出来上っている➡飲む機会や量が増え（Ⅱ　耐性《たいせい》の上昇）➡仕事や人間関係のストレス解消手段としてお酒が必要不可欠になり、晩酌《ばんしゃく》や休日は朝からのお酒となる。深酒《ふかざけ》の結果、欠勤《けっきん》が増えるのもこの時期の特徴（Ⅲ　精神依存）➡寝覚《ねざ》めの朝酒《あさざけ》が必要になり、寝汗《ねあせ》をかき、お酒が切れた時の手の震《ふる》え（震顫《しんせん》）や幻聴《げんちょう》・幻《げん》覚《かく》が出て来れば（Ⅳ　身体依存）、完全なアルコール依存症の完成（Ⅲ〜　依存症の診断）となる。

なりました。

私達の施設では、ブラウンシュヴァイク・モデルというドイツの一地方で開発された手法を採用しています。特徴は、「(アルコール)依存症《いぞんしょう》は自己破壊の病気」、「自己決定に基づき自己洞察《どうさつ》を深める」という基本認識です。この考え方に従ったので、釜ヶ崎で現在まで活動が続けられたのだと思います。

## 3 私の先生達

釜ヶ崎に来て以来、多くのメンバー（当事者）から一つ一つ学ばせてもらいましたが、その中から一人の方との関わりを通し、アルコール依存症の実像《じつぞう》をお伝えしましょう。

木原 優さんのこと
私が釜ヶ崎に来た当初、私をあちこち連れ回り、釜ヶ崎やアルコール依存症の実態を教えてくれました。その時の木原さんは充分出来上《できあが》って来るのですが、その後お酒は一回に多量に飲むのでなく、一キロメートルおきでワンカップ一～二本、酔《よ》い心地《ここち》維持の為《ため》に飲むのです。

木原さんは、中卒後、建具《たてぐ》職人の修業中、お父さんが亡くなってお母さんが故郷に引《ひ》き揚《あ》げる為、保証人が居なくなり、中断を余儀《よぎ》なくされました。以来、土建業、沖仲士《おきなかし》、釜ヶ崎での日雇い労働と職を転々とされました。

木原さんは、一度そうと決めたら決意が固く、断酒《だんしゅ》を決めた時は三日間ドヤに籠《こも》って、お酒を切りました。はじめて入院した時、こんなことがありました。断酒会に出席した帰りに、こそこそ隠れて飲酒する先輩仲間の姿を見て、「こんないい加減《かげん》な治療方針で自分は治《なお》るのだろうか」と悩み始めたのです。木原さんは、断酒についてよく考えたいと、自らドッスン（精神科病院の保護室）に入れてくれと頼み込み、一週間立て籠って、自分と徹底的に向かいあったのです。

一方で、木原さんはとてもシャイで照《て》れ屋《や》でした。お酒が切れた時は野球帽を目深にかぶり、襟《えり》に首を埋め、サングラス姿で作業所に来るのです。

箱庭療法《はこにわりょうほう》を始めたばかりの頃でした。女性療法士《りょうほうし》とのやりとりを心配して耳を澄《す》ませていると、二階から駆け降りて来る足音。外を見ると、「素面《しらふ》で、女の人とあんな近い距離でしゃべるのは初めてで、恐くなった」と道向こうで苦笑いをしていました。

そして、また別の時、スリップ（再飲酒《いんしゅ》）して「村松、出てこい」の大音声。聞けば、支援プログラムで一食三〇〇円の計算で渡していた食費のことでした。この日は食事代三〇〇円を徴収《ちょうしゅう》してボランティアによって食事会が開かれていました。

「普段は、昼はうどんで済ませ、浮いた金を足して晩《ばん》の弁当を買い、腹《はら》をもたせてた。おめえが〝昼は作ってもらったのを食べろ〟というから、もったいねえと思いながら、世話になってるので食べてた。そしたら、〝ご飯のお代わりはありません〟だと。そんなことを続けてたら、こっちの体《からだ》がもたねえ」。

人に嫌事《いやこと》が言えず、シャイで人がよく気が小さい。「飯《めし》のお代わりをくれ」と言うのも、お酒で自分を緩《ゆる》めてやらないと出来ない。それがアルコール依存症の人々の姿なのです。

私が職員に言う慣用句《かんようく》は「私達の大きな仕事の一つは、依存症の人を〝人並みに人を悪くする〟ことです」。それを今、改めて噛みしめています。

1968年ころ、当時の東入船町の改良住宅。1929年に日本橋東地区の大阪市の不良住宅改良事業で立ち退き住民の一時居住用に建てられた鉄筋アパート。
（上畑恵宣撮影、大阪市立大学都市研究プラザ所蔵）

第6章

# 日雇い労働者のまちの五〇年

## 高度経済成長～バブル経済

海老一郎

二〇一〇年の「民間給与《きゅうよ》実態調査」（国税庁）によると、「ワーキングプア」[1]と呼ばれる、年収二〇〇万円以下の収入で生活する人びとが、約一一〇〇万人にまで増加し、給与所得者の四人に一人の割合にまで達したという。

また、「労働力調査」（総務省統計局）によれば、正規《せいき》雇用者《こようしゃ》数は、一

〇〇六（平成一八）年の三四四一万人をピークに、二〇一〇（平成二二）年には三三五五万人にまで減少している。他方で、非《ひ》正規《せいき》雇用《こよう》労働者が一七五五万人となり、[2]全雇用労働者の三四％を占めるにまで至った。

企業にとっては、必要な時に雇用し、いらなくなったら解雇《かいこ》できて、そのうえ安価《あんか》な賃金で雇うことのできる不安定就業労働者を雇用するねらいがある。この企業の思惑《おもわく》は、もともと一九八五（昭和六〇）年に制定された労働者派遣《はけん》法によって、[3]政策的に後押しされたものだ。当初、一部の業種でしか派遣労働者の導入は認められていなかったが、その後、同法は改正を繰り返され、二〇〇四（平成一六）年には製造業での派遣が認められるに至

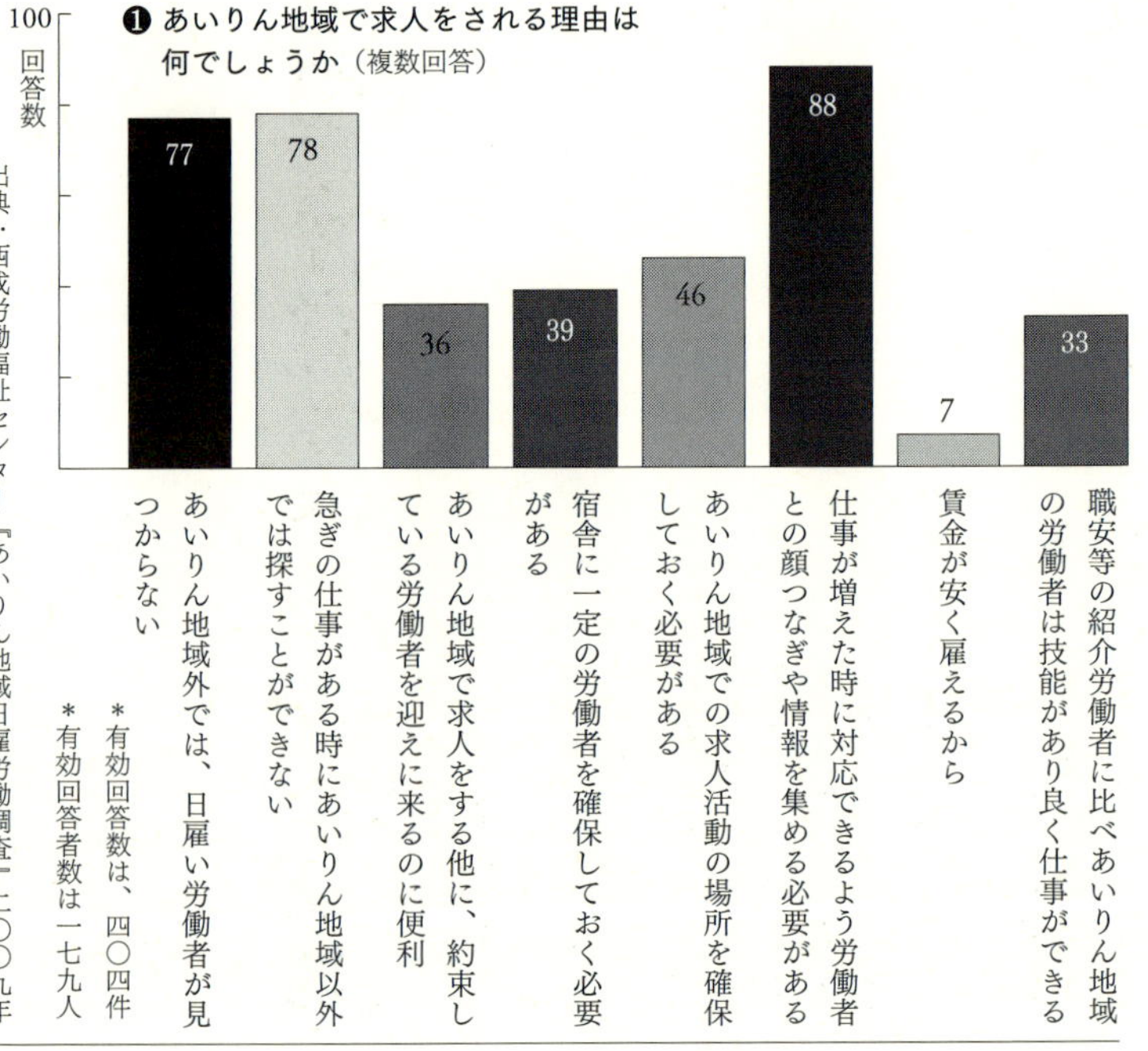

＊有効回答数は、四〇四件
＊有効回答者数は一七九人

❶ あいりん地域で求人をされる理由は何でしょうか（複数回答）

出典：西成労働福祉センター『あいりん地域日雇労働調査』二〇〇九年

り、自動車や電気製品の工場で働く派遣労働者が急増したのである。

これらの変化は、三〇年間、釜ヶ崎の日雇い労働者の労働や生活相談に関わってきた私が、最も深刻に受け止めざるを得ない事実である。不安定就業労働者が釜ヶ崎以外のところで急増し、生活破壊が起こっていると感じざるを得ないのである。

現在の日本社会で「非正規雇用労働者《ひせいきこよう》」と呼ばれる不安定な雇用と生活に陥っている人びとと、過去そして現在の釜ヶ崎の日雇《ひやと》い労働者とは、共通の問題の上に置かれていることを見逃してはならないであろう（例えば右の❶のグラフにみられる企業側の「理由」は、けっして釜ヶ崎にかぎったことではないだろう）。この問題がどういったものであるかを、釜ヶ崎が日雇い労働者のまちとして形成されてきた歴史をとおして見てみよう。

## 暴動と青空労働市場

日雇い労働者は、毎朝、誰よりも早く起きて、仕事を見つけるために就職活動を行なう。現在の釜ヶ崎でいえば、あいりん総合センター◁の日雇い労働市場で仕

**あいりん総合センター** 前頁の**写真**は、一九六九年撮影の「あいりん総合センター」の、建設途上の外観である。センターは一九六九年に建設、一九七〇年一〇月に開設された（上畑恵宣撮影・大阪市立大学都市研究プラザ所蔵）。

**1●** 門倉貴史は『ワーキングプア』のなかで、「汗水たらして一生懸命働いているのに、いつまでたっても生活保護水準の暮らしから脱却できない人たち」のことを言っている。一九九〇年代にアメリカで登場した言葉で、日本語で直訳すると「働く貧困層」という。

**2●** 二〇一〇年の非正規雇用労働者一七五五万人の内訳は、「パート・アルバイ

事を得るため、事業主や手配師◁などの求人者に自分の労働力をアピールして、その日の仕事にありつく。しかしかつての釜ヶ崎では、就職活動の場は主に、尼崎《あまがさき》平野《ひらの》線［国道43号線］（現在）の路上での青空《あおぞら》労働市場◁であった（次々頁の❷〜❺の**写真**）。

一九六一（昭和三六）年八月一日・午後九時頃――。六二歳の労働者の男性が、大阪市西成《にしなり》区東田《ひがしだ》町（現在の同区山王）の西成警察署・東田町派出所前の道路を横切ろうとして、タクシーにはねられた。その事故処理をめぐって、釜ヶ崎の約三〇〇人の労働者たちが派出所を取り囲み、やがて投石《とうせき》やパトカーへの放火にまで至り、機動隊が催涙《さいるい》ガスで鎮圧《ちんあつ》するという事態が発生した◁。

当時、阿倍野《あべの》公共職業安定所・西成労働出張所――一九五〇（昭和二五）年に東萩《はぎ》町（現在の萩之茶屋三丁目）に開設された職業機関――を通して就労《しゅうろう》する労働者は、失業対策事業[4]に登録《とうろく》する者たちであった。また、登録の有無にかかわらず釜ヶ崎の日雇い労働者にとっては、南霞《みなみかすみ》町付近（現在の地下鉄動物園前駅の交差点）から手配《てはい》師《し》を通じて就労するほうが、西成労働出張所を通じて働くよりも、賃金が高かった。しかも当時の主な就労先は港湾《こうわん》労働であり、一九五九（昭和三四）年頃までは西区境川《さかいがわ》方面で港湾労働を募集《ぼしゅう》していたが、多くの労働者が西成区の簡易宿泊所に帰るため、港湾業者による釜ヶ崎での求人が始まったのである[5]。このように釜ヶ崎では、公共の職業機関が介在しなかったため、就職活動が便利でより高い

ト」が一一九二万人、「労働者派遣事業所の派遣社員」が九六万人、「契約社員・嘱託」が三三〇万人、「その他」が一三七万人となっている。

**3●** 正式には「労働者派遣事業の適正な運営の確保及び派遣労働者の就業条件の整備等に関する法律」という。それまで、労働基準法第六条で定められていた「直接雇用の原則」がこの法律で、雇用していない使用者が労働者に指揮命令を行なう「間接雇用」の形を認めるものとして制定された。なお、現在、同法で禁止されている職種としては、港湾運送業務、建設業務、警備業務、その他（派遣業務に従事することが適当でないと認められる業務）に

賃金の青空労働市場で就職活動が行なわれていた。

しかし、青空労働市場は、労働条件の不明確な求人への就労からくるトラブルや、暴力行為が、日常茶飯事であった。「仕事は何でもよい。暴力がなく、賃金の支払いが求人条件どおりであれば安くてもよい[6]」といった当時の日雇い労働者の声からも、労働者の置かれていた状況が想像できるだろう。このようなピンハネや暴力行為の横行に対する労働者たちの不満が頂点となり、第一次釜ヶ崎暴動につながったのである。

第一次釜ヶ崎暴動の後の一九六一（昭和三六）年九月、大阪府は西成分室を開設し、日雇い労働者の就労と生活相談を実施した。翌年（昭和三七）一〇月に、財団法人西成労働福祉センター（以下センターという）が設立された。日雇い労働者は、行政機関になじまないという理由から、職業紹介は民間団体に任されたのである。

センターがまず行なったのが、日雇い労働者が就労する際に事業主に対して労働条件を明示させることであった。そのために、青空労働市場に移動バスを配置し、そこで求人の受け付けを行ない、求人者に黒板を配布して賃金や就業時間などを書かせた。

また、労働者の就労、生活に関わる相談を聞くなかで、医療の必要な場合は、医師や看護師が配置され、簡易治療や健康指導を行なった。より手厚い治療を必

限定されている。

**手配師**
企業の需要に応じて労働者供給を行なうことを手段として、その間で手配料やあっせん料などの名目で賃金から中間搾取（ピンはね）を行なう者である。古くは「労働ボス」とも呼ばれており、釜ヶ崎では「人夫出し」「手配師」がこれにあたる。職業安定法第四四、四五条では、いずれも禁止されている。⇩80頁も参照

**青空労働市場**
⇩99頁の**註**、および100頁の**写真**も参照

**…という事態が発生した。**
第一次暴動のこと。⇩240〜243頁参照

❷ 尼崎平野線（国道 43 号線）の西から南海高架方面を見た早朝の青空労働市場。
（❷〜❺の写真は、上畑恵宣撮影・大阪市立大学都市研究プラザ所蔵）

❸ 太平製氷冷蔵前の、尼崎平野線（国道 43 号線）拡幅の車道未整備部分（1964 年）。
西方に尼平線が伸び、26 号線との花園交差点から西方の市街地が見える。

❹ 青空労働市場での求人・求職活動の様子。車のボンネット上の紙に労働条件が記されている。

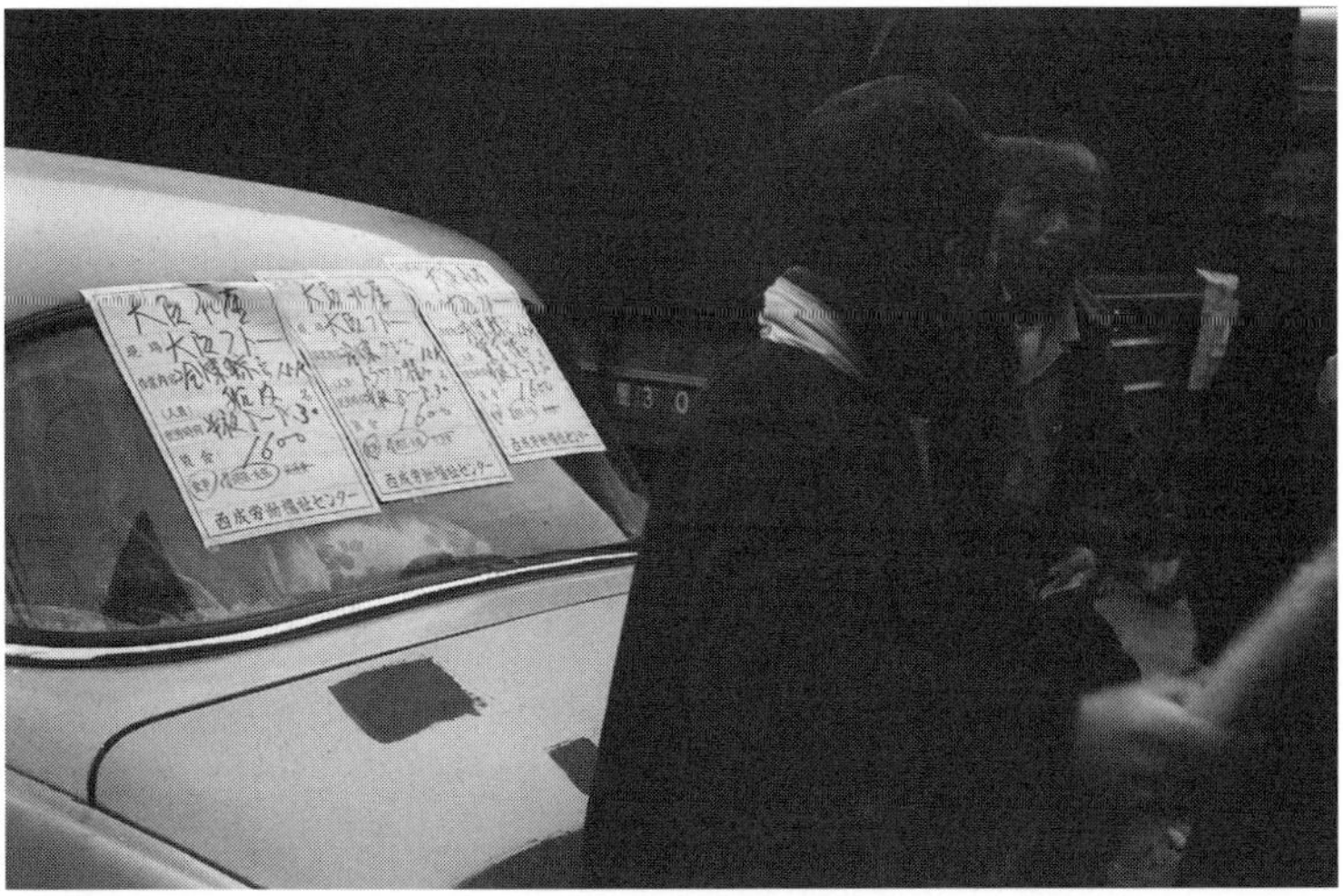

❺「元請 大阪水産」、「現場 大阪フトー」、「作業内容 冷凍クジラ船内、トラック積み」、「就労時間 半夜 8 ～ 8.30」、「賃金 1600」、「食事（あり）、健保・失保（あり）」、「交通費（なし）」と書かれており、「西成労働福祉センター」の文字が読める。

**❻ 日雇い労働者・「ホームレス」に関わる現行法制度**

| | 事業主に対する支援措置 | 求職者に対する支援措置 |
|---|---|---|
| 雇用・失業に関する事業主・求職者への支援の法律（日雇） | ◉緊急日雇労働者多数雇用奨励金<br>➡ 2001年3月31日で廃止<br>雇用保険法＝雇用保険法施行規則第17条の5（雇用安定事業に関する暫定措置）<br>◉ホームレス試行雇用奨励金<br>➡ 2003年4月から（対象人員：ホームレス1,080人、日雇労働者520人、予算規模2.4億円）<br>◉ホームレス職場体験講習奨励金 | ◉雇用保険日雇労働者求職者給付金<br>雇用保険法＝第4節第42条～第56条まで<br>◉日雇労働者技能講習事業<br>➡ 2001年度より開始、2003年度からホームレスも対象拡大<br>◉ホームレス職場体験講習奨励金<br>➡ 2005年度から（1日3,000円） |
| | | 日雇労働者に対する支援措置 |
| 退職金に関する法律（日雇） | | ◉建設業退職金共済制度<br>中小企業退職金共済法及び同法施行規則 |
| 健康保険に関する法律（日雇） | | ◉健康保険日雇特例<br>健康保険法 |
| 生活保障に関する法律（日雇） | | ◉生活保護制度<br>生活保護法<br>◉緊急要保護患者（法外援護等）<br>行旅病人及び行旅死亡人取り扱い規則<br>◉年金制度<br>国民年金法<br>厚生年金法 |
| 雇用改善に関する法律 | ◉建設業の雇用改善に関する事項<br>建設労働者の雇用の改善等に関する法律<br>法6条　募集に関する事項の届出<br>法7条　雇用に関する文書の交付<br>法9条　建設労働者の福祉等に関する事業<br>同法施行規則<br>施行規則第2条　募集に関する事項の届出<br>施行規則第3条　法6条の厚生労働省令で定める区域<br>施行規則第4条　建設労働者募集従事者証の交付 | |
| 法外措置 | ◉自立支援事業の運営（全国29ヵ所・東京15、仙台2、横浜1、川崎2、名古屋2、京都1、大阪4、堺1、北九州1） | |

4● 第二次世界大戦後、復員、引揚、軍需産業からの徴用解除などによって、膨大な失業者が発生した。そのうえ一九四九年には「ドッジ・プラン」による超緊縮予算の下で、行政機関や企業では大量の失業者が発生することになった。こうした状況で、一時的な就労の場の提供を目的とする「緊急失業対策法」が制定され、失業対策事業が開始された。この法律は一九九六年三月末で廃止された。

5● 一九五〇年代から六〇年代の港湾運送業における日雇い労働力の供給の実態に着目し、釜ヶ崎の労働者の状況を明らかにしたものに原口剛の論文「一九五〇－六〇年代における港湾運送業における寄せ場・釜ヶ要とする場合は、済生会《さいせいかい》今宮診療所に連係《れんけい》していった。さらに、賃金未払いや労働災害、生活困窮《こんきゅう》などに関する「よろず相談」的機能をも果たしていた。

その日の仕事にありつけなかった日雇い労働者は、どのようにして生活をしているのだろうか。日雇い労働者が利用できる社会保障《ほしょう》制度（右の❻の表）[7]のようなものがある。失業・生活保障としての雇用保険や健康保険を、日雇い労働者に適用することができる。雇用保険日雇労働被保険者《ひほけんしゃ》手帳は、通称「白《しろ》手帳」▷とも呼ばれ、その手帳を持つことによって、日雇い労働者は、雇用保険適用事業所において二ヶ月で二六日以上働き、印紙《いんし》を貼ってもらえれば、最高で一日七、五〇〇円の失業手当（アブレ手当）を受給《じゅきゅう》できる。しかし、この手帳を所持している日雇い労働者は、全国で一〇四万人のうち、わずか二万四〇〇〇人にすぎない。[8]そのうち、あいりん地域の日雇い労働者の有効手帳数は、二〇一〇年度では、一五四七人にまで減少している（一九七五年のあいりん地域の有効手帳数は一万六二九七人、その約一〇年後の一九八六年がピークで二万四四五八人であったが、その後は急激に減少した。二〇〇〇年には一万四〇六二人となり、二〇一〇年の数字となった）[9]。このような現状が、仕事に就《つ》けない労働者を野宿《のじゅく》に陥らせている背景のひとつになっているといえるだろう。

一九六三（昭和三八）年六月、センターは求職登録《とうろく》制を導入した。登録した日

崎の機能」がある。参考にされたい。

6● 財団法人西成労働福祉センター『西成地域日雇労働者の就労と福祉のためにII』

7● 厚生労働省「ホームレスの実態に関する全国調査検討会第4回（平成一九年七月一八日）参考資料2」［ホームレス支援全国ネットワークHP］を参考に作成。

**白手帳** ⇩237頁の**写真**

8● 二〇〇九年度の雇用保険事業状況（日雇）は、被保険者数が二万四〇〇〇人、受給者実人員が一万二〇〇〇人、支給総額は一〇五億四五〇〇万円であった。なお、被保険者数は各年度末の数字、受給者実人員は年

雇い労働者にはカード（手帳）を交付し、それが身分証明証にもなった。一九六九（昭和四四）年には、登録者は一万三三二六人におよんだ。登録制の導入の目的は、(1) センターと労働者との連絡を密《みつ》にするため、(2) 医療機関の利用を円滑《えんかつ》にするため、(3) 労働者が労働災害などの不慮《ふりょ》の事故にあった際の連絡のため、(4) 将来に雇用保険（当時は失業保険）や健康保険などの社会保障を適用する準備のためであった（下の❼の表をみると、日雇い労働者の出身地は、西日本が多いが、全国各地に広がっていることがわかるであろう）。

　不安定就業労働者は、社会保障制度の網《あみ》の目からこぼれ落ちていることが多い。その理由として、(1) 日雇い労働者が被保険者《ひほけんしゃ》手帳の交付を受ける場合、住民票などの公的証明書が必要であること、(2) 手帳に印紙《いんし》を貼付《ちょうふ》する適用事業所は、健康保険の場合、常時五人以上の常用労働者を有していることなどがあげられる。センターは、関係機関（雇用保険は大阪府労働部や同西成労働出張所、健康保険は大阪府民生部や同玉出社会保険事務所）と協議して、日雇い労働者がセンターの窓口で雇用保険の加入を申し込めば、センターが

**❼ センター登録者にみる出身地**

| | | | | | | | | | |
|---|---|---|---|---|---|---|---|---|---|
| 北海道 | 38 | 埼玉 | 12 | 富山 | 13 | 岡山 | 25 | 大分 | 33 |
| 青森 | 11 | 千葉 | 8 | 石川 | 13 | 広島 | 27 | 佐賀 | 20 |
| 秋田 | 10 | 東京 | 59 | 福井 | 17 | 山口 | 28 | 長崎 | 29 |
| 岩手 | 4 | 神奈川 | 22 | 三重 | 36 | 鳥取 | 14 | 宮崎 | 26 |
| 山形 | 8 | 山梨 | 4 | 奈良 | 16 | 島根 | 12 | 熊本 | 38 |
| 宮城 | 16 | 静岡 | 7 | 和歌山 | 34 | 愛媛 | 52 | 鹿児島 | 76 |
| 福島 | 9 | 愛知 | 33 | 大阪 | 141 | 香川 | 24 | 沖縄 | 22 |
| 栃木 | 5 | 長野 | 9 | 京都 | 30 | 徳島 | 38 | 韓国 | 2 |
| 茨城 | 12 | 岐阜 | 12 | 滋賀 | 10 | 高知 | 30 | 不明 | 22 |
| 群馬 | 8 | 新潟 | 14 | 兵庫 | 101 | 福岡 | 96 | | |

財団法人西成労働福祉センター「西成地域日雇労働者の就労と福祉のためにⅧ 昭和 44 年事業の報告」（1970 年）をもとに作成

事務連絡をして、連絡を受けた西成労働出張所は被保険者手帳と求職票を日雇い労働者に交付（一九六五〈昭和四〇〉年三月から）することになった。また、健康保険も交付（同年三月から）が始まった。

労働災害にあい、医師から休業を認められると、労働災害補償法にもとづく休業補償を労働基準監督署に請求し、けがによって所得が中断している間の生活費が支払われる。しかし、手続きをしてから休業補償給付が支給されるまで約一ヶ月かかるので、その間、生活に困窮《こんきゅう》することになる。センターでは、被災した労働者と雇用した事業所および管轄《かんかつ》の労働基準監督署の承諾《しょうだく》を得て、一九六二（昭和三七）年から休業補償給付の立て替えを開始した。一九七四（昭和四九）年からは、立替貸付《たてかえかしつけ》資金が確立した。

度月平均値の数字である。厚生労働省大臣官房統計情報部編『労働統計要覧』にもとづく。

9● 数字は、あいりん労働公共職業安定所業務報告より筆者が算出した。

10● 雇用保険（日雇い）の場合、日雇い労働者を一人でも雇用している事業所は、職種や雇用している労働者の年齢に関係なく、適用事業所となる。

## 万国博覧会と行政の対応

一九六六（昭和四一）年九月の大阪府議会商工労働常任委員会の場で、山本茂労働部長（当時）は、釜ヶ崎などの特別地区において青空労働市場での路上の就労あっ旋《せん》が行なわれていることについて、答弁を行なっている。彼の答弁は、〝労働省において就労あっ旋を適当な施設に集約する総合対策センターを設置するという方針が出され、それを受けて大阪府が、職業安定所の新設、センターおよび労働者用の宿舎を含む総合的な施設を設置するために用地確保を行なっている〃との見解を明らかにしたものであった。しかし、当初計画していた霞《かすみ》町の市電車庫《しゃこ》跡は地元の反対を受けていた。そのため、答弁に対して質問した議員は、四年先の万国博覧会を見すえて用地確保に本格的に取り組むべきである、という要請をしている。こうして、一九七〇（昭和四五）年に大阪で万国博覧会が開催されるのを機に、青空労働市場は解消され、同年一〇月からあいりん総合センターが開設され、施設内で求人活動が行なわれるようになった。また、同年七月から施設内にあいりん労働公共職業安定所が開設された。

しかしながら、青空労働市場当時から導入され

❽ あいりん総合センター東側をほぼ南北に通る街路の、1964年頃の光景。突き当たりが現在の新今宮駅である。両側に建ち並ぶのは簡易宿泊所である（上畑恵宣撮影）

た「相対方式《あいたいほうしき》」はなおも続いたままであった。「相対方式」という職業紹介の方法は、「管理選択方式」とも呼ばれ、一九七〇（昭和四五）年六月三〇日付の当時の労働省職業安定局長通達《つうたつ》（第三〇八号）に明記されている。通達では、管理指導のもとに求人者と求職者を直接面談させ、能動的《のうどう》な紹介業務を促進することがねらいとされていた。そのため、あいりん公共職業安定所の窓口では、職業紹介を行なうまでには至らなかったのである。

　あいりん職安は、開設当初こそ職業紹介用に設置した電光掲示板《けいじばん》による窓口紹介を実施していたが（下の❾の写真）、求人車両への無理乗《の》りやそれへの休業手当支払いの対応などで混乱し、職業紹介を中断せざるをえなくなるという事態も発生した。その後、釜ヶ崎では、「相対方式」が最も合理的な職業紹介の一方式とされ、この方式を国（労働省）も認めたかたちとなった。

　つまり、このような一公共職業安定所が介在するかどうかということ以前に、先の万国博覧会開催《かいさい》を成功させるためには、大量の労働力をどのように集めるかが大阪全体では大きな課題となっていたのである。大阪府では、一九六七（昭和四二）年一二月に淀川《よどがわ》公共職業安定所に万国博労務《ろうむ》対策室を併設《へいせつ》し、「万国博臨時安定所」として、万博《ばんぱく》関連求人の職業紹介を行なった。一九六八（昭和四三）年一月から五月にかけて、北海道、東北、北陸、西日本の二三県で、二一三人の万国

**「相対方式」という職業紹介の方法**
第1章の55頁に、相対方式による職業紹介の具体的な様子が描かれているので参照されたい。

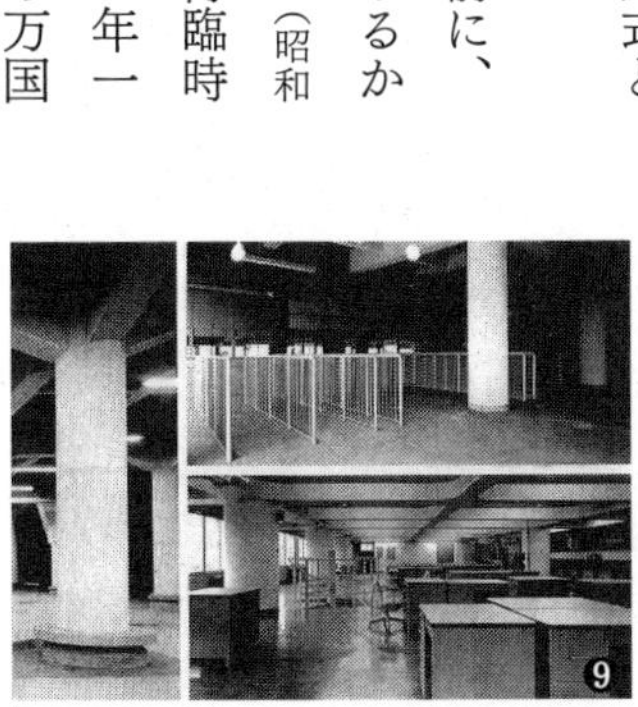

❾左の**写真**は、センター施設内のあいりん職安紹介窓口。あいりん総合センター開設時のパンフレットに掲載されていた写真である。

⑩ 1968年早朝の現在のあいりん総合センター前。万博をひかえて、非木造の簡易宿泊所を建築している様子が見られる。人だかりは青空労働市場である（上畑恵宣撮影）

⑪ センターにおける万博会場建設現場事業所からの求人状況

| | 万博会場からの求人 | | センターにおける建設求人 | |
|---|---|---|---|---|
| 年　月 | 求人延件数 | 求人延人数 | 求人延件数 | 求人延人数 |
| 1974年4月 | 126 | 2,141 | 857 | 35,575 |
| 5月 | 121 | 1,965 | 821 | 30,966 |
| 6月 | 140 | 2,807 | 921 | 29,307 |
| 7月 | 202 | 4,031 | 1,002 | 27,775 |
| 8月 | 159 | 6,319 | 1,106 | 37,303 |
| 9月 | 183 | 4,560 | 1,228 | 35,870 |
| 10月 | 188 | 4,573 | 1,162 | 36,792 |
| 11月 | 175 | 5,459 | 1,069 | 38,031 |
| 12月 | 152 | 3,897 | 1,069 | 33,558 |
| 1975年1月 | 91 | 1,976 | 776 | 20,200 |
| 2月 | 99 | 2,612 | 901 | 21,690 |
| 3月 | 52 | 1,037 | 997 | 30,010 |
| 合　計 | **1,688** | **41,377** | **11,909** | **377,077** |

「西成労働福祉センター事業報告 昭和44（1979）年版」より作成

博労務協力員を設置し、地元公共職業安定所への協力体制を確立した。また、一九六七（昭和四二）年一一月には、建設業界が大阪府建設業雇用促進協会を設立し、業界一丸となって労働力を確保する動きをつくった。

センターでは、万博関連の求人延人数が一年間に約四万人（右の⓫の表）となり、この求人に対して約二万八〇〇〇人（七三・三％の充足率）の労働力を紹介していった（左の⓬の表）。釜ヶ崎の日雇い労働者が万博に果たした役割は予想以上のものであった。

⓬ 職業安定機関による万博関係求人の充足状況

| 職　種 | 求人数 | 充足数 |
|---|---|---|
| 大　工 | 7,790 | 5,391 |
| 左　官 | 1,890 | 898 |
| 鳶　工 | 1,667 | 621 |
| 土　工 | 21,194 | 17,807 |
| その他 | 5,946 | 3,535 |
| **合　計** | **38,517** | **28,252** * |

＊ 充足率は 73.3% である
「西成労働福祉センター事業報告昭和 44（1979）年版」より作成

⓭ 1978 年のあいりん総合センター。多くの労働者の姿が写っている（上畑恵宣撮影）

# 建設雇用改善法と行政の対応

釜ヶ崎における日雇い労働者の供給源《きょうきゅうげん》となる産業は、時代とともに入れ替わっていった（226頁の⑮のグラフをみると、港湾《こうわん》運送業から製造業へ、そして建設業へと移行していることが分かる）。

建設業は、屋外労働のため、労働災害が多発する産業である。また、建設投資にみられるように、景気動向に大きく左右される。そのうえ、元請《もとうけ》→下請《したうけ》という重層《じゅうそう》構造となっているために末端《まったん》では零細《れいさい》企業が多く、雇用関係も不明確になりやすい。福利厚生《ふくりこうせい》面でも立ち遅れがちである。

こうした実態を改善するため、労働省は、一九七五（昭和五〇）年から建設業の雇用対策試案《しあん》をまとめ、一九七六（昭和五一年）五月に「建設雇用改善法」[11]が制定された。

この法律の第六条および同法施行《しこう》規則第二条から第四条には、

「事業主は、一定区域内［大阪市西成区など］において、その被用者《ひようしゃ》に文書募集以外の方法で通常通勤できる地域から建設労働者を募集させようとする

11●正式には「建設労働者の雇用の改善等に関する法律」という。この法律は、建設労働者の雇用の改善、能力の開発および向上、福祉の増進を図るための措置を講ずることにより、雇用の安定を資することを目的にしている。内容は、㈠労働大臣による建設雇用改善計画の策定、㈡事業主に、雇用管理責任者の選任、建設労働者の募集に関する届出、雇い入れに関する文書の交付の義務づけ、関係請負人に係る書類の備え付けの義務づけ、㈢政府は建設労働者の技能の向上および福祉の増進を図るための事業を行なうことがうたわれている。

時は、募集に関する事項を公共職業安定所に届け出なければならない」とうたわれ、特別地区に指定されたあいりん地域において公共職業安定所の介在《かいざい》が示された。公共職業安定所が介在するのだから、業者と労働者が直接面談する「相対方式《あいたいほうしき》」は解消されなければならないはずであった。ところが、国は、あいりん労働公共職業安定所においては職業紹介を実施していなかったことから、「相対方式」による就労あっせん方式は職安の行なう一般職業紹介と何ら差がない、つまり「相対方式」は何ら問題ない、とする見解[12]を示したのである。「相対方式」は、事業主側と労働者が直接に話し合う機会をもつため、形式的には直接募集に該当《がいとう》するようにみえるが、本質的には職安《しょくあん》のしていることと変わりがないと位置づけたのである。

これを追認《ついにん》するように、一九七六（昭和五一）年九月二七日の大阪府労働部職業対策課によって基本的な考え方が出された。それには、

「西成労働福祉センターにおける就労《しゅうろう》あっせん方式は、相対方式［集団管理選考方式］をとっており、職業安定機関が行なってきた紹介方式と異なるものの、これは地区の実態に即《そく》した方式で、基本的には職業紹介の一つの形

12●「建設雇用ハンドブック——雇用管理研修テキスト改訂7版」、労働省職業安定局特別雇用対策課編集

次頁の**写真⑭**は一九六八年に撮影された（上畑恵宣撮影）。

式であり、建設産業のみならず製造、運輸各産業の求人者に対してもこの方式による就労あっせんを行なってきているものである「この点については労働省も同意している」。従って、従来から西成労働福祉センターを利用している求人者については、求人事業主の実態のみならず、労働条件等まで把握していることからも、法六条にもとづく募集届は不要である」

と述べられている。

　こうして、建設雇用改善法が施行された後も「相対方式」は容認されたのである。

## バブル経済以降

### 寄せ場機能の低下と不安定就労の拡散

　バブル経済崩壊以降も、建設日雇い労働者は、全国

⓯ センターにおける産業別の日雇い労働、現金求人数の推移（人員）

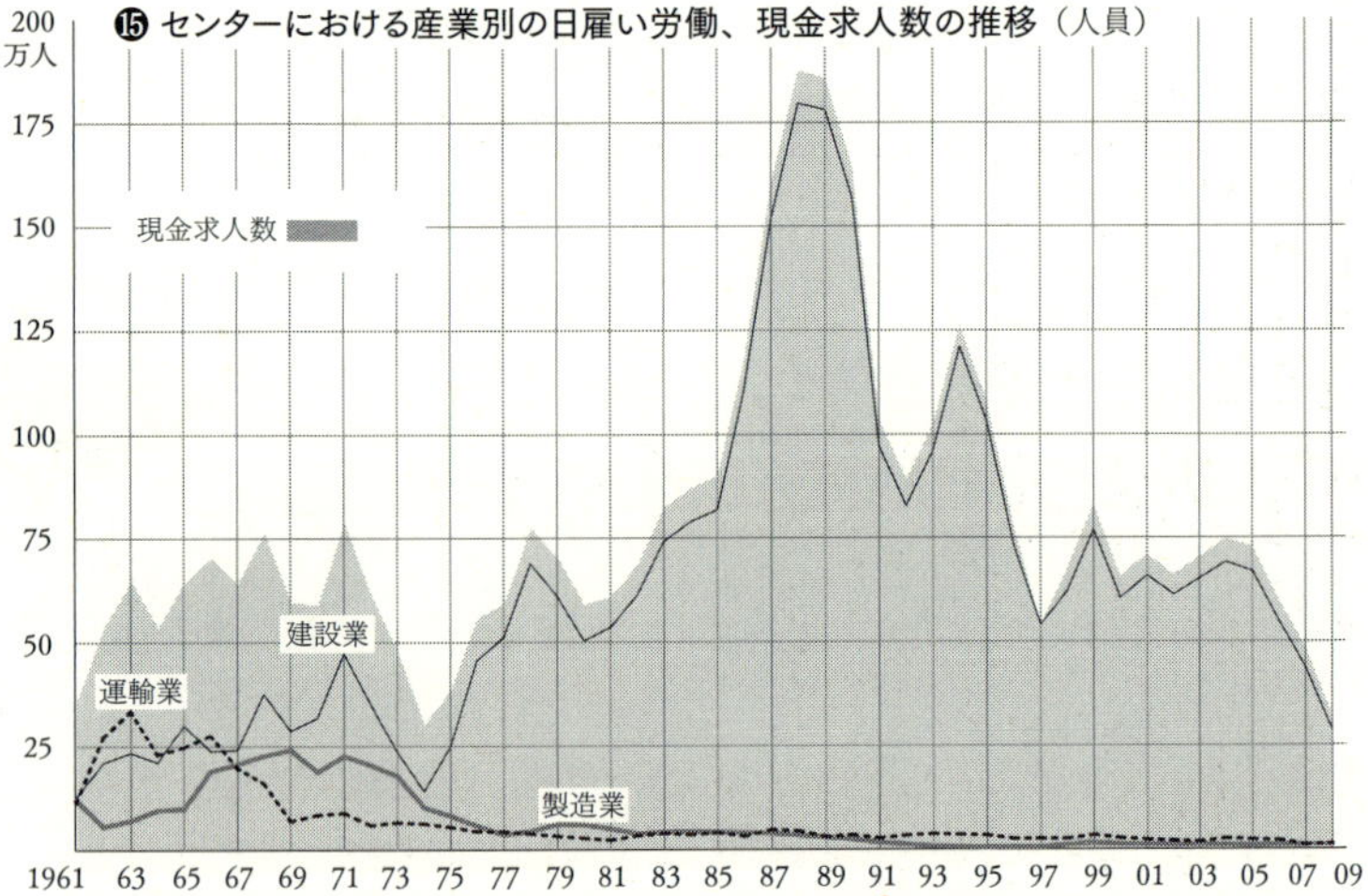


西成労働福祉センター事業報告より作成

各地の大型公共工事に従事してきた。しかし、九〇年代後半以降は、建設業に大きな変化が現われた。不況の長期化による地方自治体の財政難で、大幅な公共事業削減が行なわれたのである。また、大手ゼネコンがバブル期の放漫《ほうまん》経営から脱却《だっきゃく》することができず、そのつけを人件費削減という形で切り抜けようとした。

　このような背景から、釜ヶ崎の日雇い労働市場は、かつて経験したことのない厳《きび》しい時代が続いた（近年の求人数の落ち込みは、右下の**表⑮**を参照）。センターでは、一九九八年から毎年、建設作業員宿舎を所有している事業所への聞き取り調査（電話による）を実施《じっし》している。宿舎に何人労働者が入っているか（在籍率《ざいせきりつ》）、そのうち釜ヶ崎の日雇い労働者は何人か（西成《にしなり》率）を聞いている。九八年四月調査では、協力事業所二二〇社のうち在籍率は六三・五%、西成率は四九・六%であったが、二〇一〇年一一月調査では、一九七社のうち、在籍率が四八・二%、西成率が二四・一%となっている。

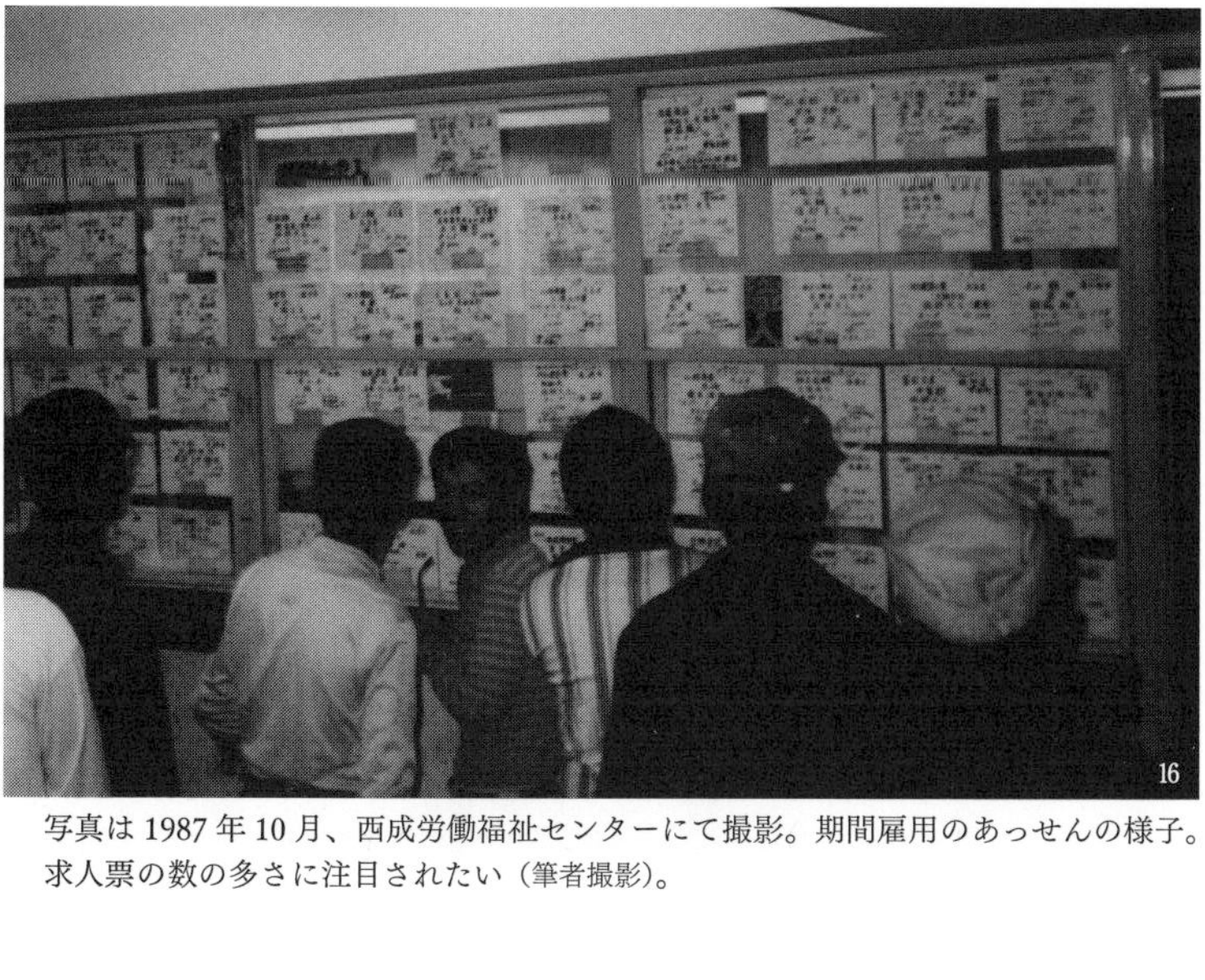

16

写真は1987年10月、西成労働福祉センターにて撮影。期間雇用のあっせんの様子。求人票の数の多さに注目されたい（筆者撮影）。

事業所の声から「住み込み労働者を減らし、低賃金で雇用《こよう》できる地元労働者を通勤で雇《やと》う」、「直接雇用を減らし、必要な時に人材派遣《はけん》会社から雇用する」、「一定の労働者を確保し、交替で就労《しゅうろう》させる」などの実態があることが明らかになった。元請《もとうけ》事業所から請負《うけおい》金額を切り下げられただけでなく、下請《したうけ》業者自体が「仕事がなくて苦しい」という状況にまで追い込まれているのである。

こうしたバブル経済崩壊後の深刻な建設業の実態の下で就労してきた釜ヶ崎の日雇い労働者は、第一次釜ヶ崎暴動発生から五〇年を数える今なお、「きつい」「きたない」「危険」という3Kの現場でいのちの危機にさらされながら働いている。この現実は、冒頭で述べた、急増する「ワーキングプア」の実態と何ら変わらない。センター創設以来、とりわけ、大手建設ゼネコンの最末端で、安価な労働力として位置づけられてきた労働者に対して、時には暴力によっていのちを奪

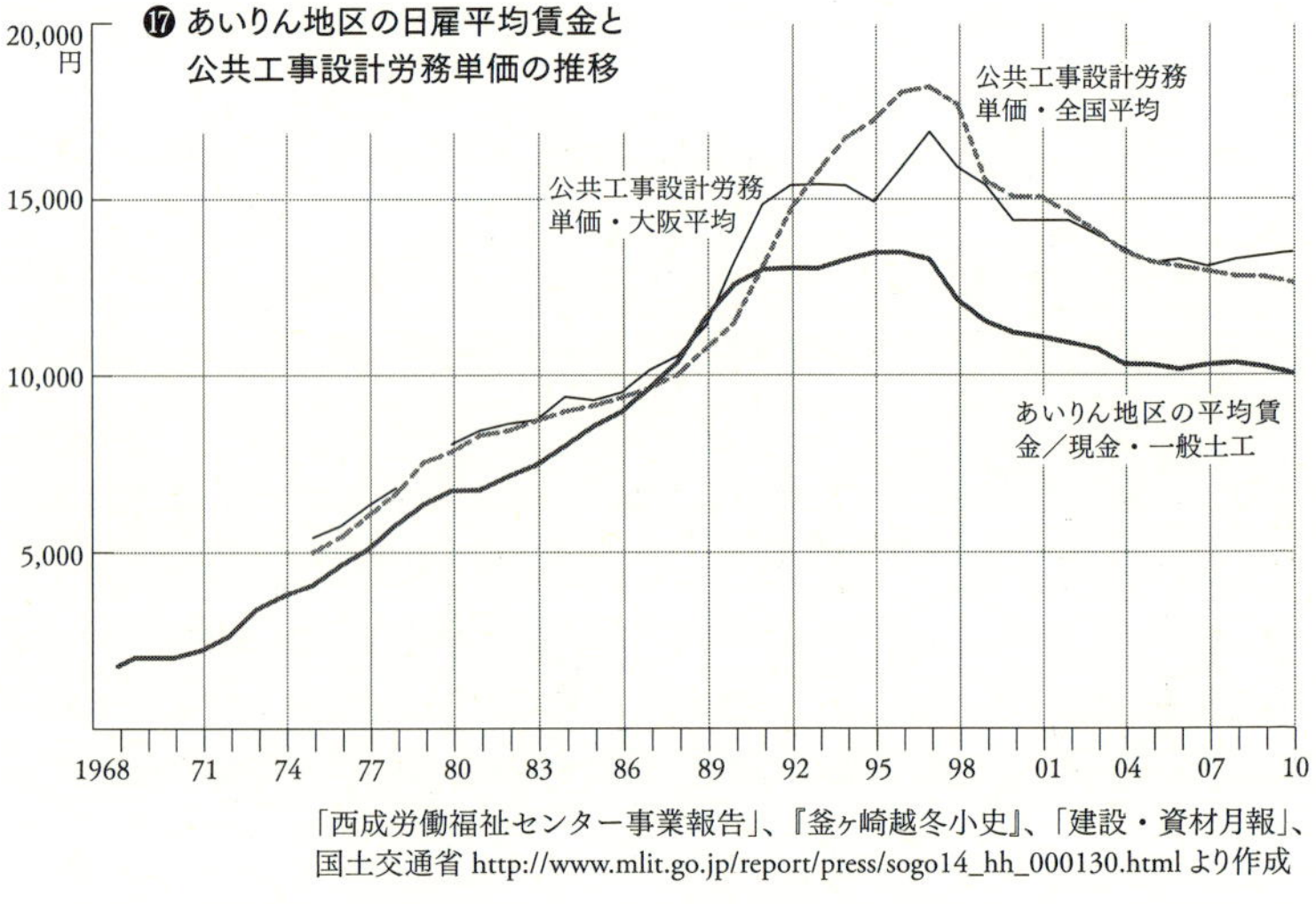

⑰ あいりん地区の日雇平均賃金と公共工事設計労務単価の推移

「西成労働福祉センター事業報告」、『釜ヶ崎越冬小史』、「建設・資材月報」、国土交通省 http://www.mlit.go.jp/report/press/sogo14_hh_000130.html より作成

うというケースも起きた。山梨県の朝日建設で発生した殺人事件▽は、賃金未払い相談をとおして、センターが関係行政機関と連携《れんけい》しながら処理をした。

また、センターだよりを活用した様々な啓発（例えば「アスベスト曝露《ばくろ》問題▽」）も行なってきた。さらに、本来は企業の責任で実施しなければならない各種の労働福祉事業を実施し、労働者の権利を喪失しないよう対応してきた。

釜ヶ崎では、多くの労働組合が、労働者の権利を守る闘いに取り組んできた。一九八〇（昭和五五）年から一九九二（平成四）年まで闘われていた釜ヶ崎日雇《ひやとい》労働組合▽による釜ヶ崎春闘《しゅんとう》の賃上げ闘争（右下の⑰の**グラフ**）、全日本港湾《こうわん》労働組合関西地方建設支部西成《にしなり》分会が取り組んできた夏冬のモチ代・ソーメン代▽（日雇労働者福利厚生措置事業。一九七一（昭和四六）年から二〇〇五（平成一七）年まで支給されていた）の要求闘争など、労働運動が高揚《こうよう》した時期には様々な成果をあげてきた。

労働者の働くルールがこれほど守られていない今の時代にこそ、就労の場で安心して働き、暮らしていくために何が必要であるかを、一人ひとりが考え、行動していかなければならないだろう。人間がつくった制度だから、深刻化する実態を変えていくためには、その制度を、今度は人間が変えることができることを、釜ヶ崎の五〇年の歴史が明らかにしてくれている。

**朝日建設で発生した事件**
二〇〇三年に起きた、山梨県のキャンプ場に男性三人の遺体が埋められていた殺人事件。被害者は釜ヶ崎の労働者であり、長く続く不況下で、仕事を選ぶ余裕がなかったという背景があった。三人を雇った山梨県の建設会社・朝日建設（同年倒産）は、無登録で求人活動を続けるなど問題の多い会社であった。センターは同社に対して再三にわたり改善要請をしたり、「朝日建設に注意を」と労働者に呼びかけたりするなどの対策を行なっていた。

**アスベスト曝露問題**
アスベスト（石綿）は、建築材料や産業機械で利用される鉱物繊維であり、中皮腫や肺ガンなどの健康被害を引き起こす原因となりうる。「曝露（ばくろ）」とは、そのアスベストに身体がさらされることを指す。日本では一九七五年に、吹き付けアスベストの使用が禁止された。二〇〇六年には、アスベストによる健康被害と診断されて労働基準監督局に申告すると、労働災害として認められるようになった。しかし、発症までの潜伏期間が一五〜二〇年と長いこともあり、アスベストと接点のあった勤務先や居住地の特定など、いくつもの手続き上の困難がともなう。また、使用が禁止されているとはいえ、アスベストを含んだ建築物の解体をするさいに曝露する危険性が、今後もありつづける。

**モチ代・ソーメン代** ⇩ 237頁

**釜ヶ崎日雇労働組合** ⇩ 272頁

参考文献

◉大阪府『大阪府議会議事録（昭和41・47・54年度）』
◉大阪府労働部『大阪府労働行政35年資料集』、一九八二年
◉片田幹雄「釜ヶ崎の昭和40年代」『大阪社会労働運動史』、大阪労働協会
◉加藤佑治『現代日本における不安定就業労働者 増補改訂版』、御茶の水書房、一九九一年
◉門倉貴史『ワーキングプア――いくら働いても報われない時代が来る』、宝島社、二〇〇六年
◉釜ヶ崎資料センター編『釜ヶ崎――歴史と現在』、三一書房、一九九三年
◉厚生労働省大臣官房統計情報部『労働統計要覧平成20年度』、二〇〇九年
◉厚生労働編『平成21年版厚生労働白書――暮らしと社会の安定に向けた自立支援』、ぎょうせい、二〇〇九年
◉財団法人西成労働福祉センター『西成地域日雇労働者の就労と福祉のために』各年度版
◉財団法人西成労働福祉センター『あいりん地域日雇労働調査』、二〇〇九年
◉笹山尚人『労働法はぼくらの味方！』、岩波書店、二〇〇九年
◉全日本港湾労働組合関西地方建設支部西成分会『全国の建設土木労働者団結せよ――釜ヶ崎解放10余年の歩み』、一九八一年
◉道幸哲也『15歳のワークルール』、旬報社、二〇一〇年
◉逃亡者こと内田『釜ヶ崎越冬小史――第1回から第23回まで』、一九九五年
◉原口剛「一九五〇‐六〇年代における港湾運送業における寄せ場・釜ヶ崎の機能」『都市文化研究』第七巻、大阪市立大学大学院文学研究科都市文化研究センター、二〇〇六年
◉福原宏幸「釜ヶ崎労働者の労働と生活（一九七五‐九〇年）」『大阪社会労働運動史』、大阪労働協会
◉三塚武男「『底辺』労働市場の基本問題」『日本労働協会雑誌』、日本労働協会、一九六六年
◉宮下忠子編『現状報告　路上に生きる命の群』、随想舎、一九九九年
◉労働省職業安定局高齢・障害者対策部編著『失業対策事業の歩み』、日刊労働通信社、一九九八年
◉脇田滋『労働法を考える――この国で人間を取り戻すために』、新日本出版社、二〇〇七年

# 釜ヶ崎の葬儀と納骨問題

Sさんという
日雇い労働者の
生き様を通して

川浪 剛

（真宗僧侶。支縁のまちサンガ大阪代表）

その人とは、私がまだ大阪・ミナミの場末《ばすえ》で開いていた「坊主バー」でマスターをしていた一九九五年に出会いました。私と同じ長崎出身の、中学を出てしばらく自衛隊員だったというお客さんです。度の強いメガネと仙人みたいな髭《ひげ》がトレード・マーク。ある日、そのSさんが、「キャッツ・アンド・ドッグス」をやりたいと言い出しました。犬や猫の散歩代行業という新しい仕事です。

# 老

釜ヶ崎で長年日雇《ひやと》い労働をしながら、バブル景気がはじけ真《ま》っ先に職を失った彼の仕事として悪くはないな。人間より動物と付き合うほうがSさんにはお似合《にあ》いやと思いつつ、一抹《いちまつ》の不安が頭をよぎりました。日雇いのおっちゃんに愛犬を任せられるという奇《き》特《とく》なお客さんはいったいどれぐらいいるだろうか、と。

そこで一計を案じ、Sさんをマスターにと画策《かくさく》しました。私も寺の仕事に飛び込んで六年。しかし、父親が日雇い労働者ということで血縁を重視するこの世界に居場所はないと思い、介護や医療の分野へ転職しようと考えてました。その矢先、初代マスターからのたっての願いでバーの仕事を引き継いだのですがそろそろ一年になるし、これ幸いとばかり私の後任にしばらくSさんがマスターやったらオーナーに対して心証《しんしょう》がよくなると助言しました。

オーナーは、私と同じ宗派の伝統あるお寺の住職。住職からの信頼を得れば、まずはその檀家《だんか》さんや地域にチラシをまいて、散歩業のスタートが切れるという読みです。

その後予定通り東京で障がい者の介助と勉学に勤しんだ私は六年ぶりに大阪に帰ってきてびっくり。マスターを三年で辞めたSさんがアルコール浸《びた》りの毎日だったからです。お父さんを肝臓疾患《しっかん》で亡くしたこともあり、四〇歳を過ぎて飲み出したものの、そんなにお酒は強くなかったSさん。あの散歩代行業の話もいつのまにか何処かへふっ飛んでしまっていました。今度は釜ヶ崎で寺をやりたいというので二度びっくり。バーをやってるうちに人気が出てきたものの、お客さんから坊さんでないことをたびたび指摘されたので、オーナー住職のお寺で得度《とくど》を済ませていたのです。

それから三年が経ちました。釜《カマ》でお寺をつくりたいという夢を語っていたSさんは、しかし自らの手で命を絶ってしまいました。残されたノートには、自分は親父が逝《い》った年齢を一歳超えた。もう充分生きたからという意味のことが記されてありました。

釜ヶ崎の住民は単身者が九割を超えます。生活保護受給者たちは、葬祭扶助《そうさいふじょ》という行政からの補助が出るのでお葬式が出来るはずなのですが、身内がいないので届け出がされず、いつのまにかこの街から消えてしまっていたということが多いのです。Sさんは隣りの地区の病院で危篤《きとく》状態のところを発見したので行方不明者や無縁仏にはなりませんでした。

釜ヶ崎には、キリスト教徒の支援者はたくさんおられます。けれど坊さんや神主さんを見かけることはほとんどありません。私が僧侶であることを明かしたときにおっちゃんたちの多くからこういう言葉を聞きました。

「兄ちゃん、わし生きとるときはキリストさんの世話になるけど、死んだら仏さんの世話になるんや。兄ちゃんは本願寺《ほんがんじ》(浄土真宗)か？　わしはお大師《だいし》さん(真言宗)やからお大師さんのお経《きょう》が欲しいなあ」

故郷や家族との縁が切れてしまった人たちは、家の宗旨というものにこだわる。せ

写真は上畑恵宣撮影・大阪市立大学都市研究プラザ所蔵

めて最期はふるさとを偲《しの》ばせるものとつながっていたいと思っている人が多いのです。

釜ヶ崎での、お葬式や納骨《のうこつ》。この仕事を担うに相応しい人物は、労働者の苦労を身をもって知っているSさんの他にないと思い応援しようとしていたのですが、それが自分にお鉢《はち》が廻ってきた。けれど、もはやこれを断るわけにはいかない。Sさんのお葬式を勤めながら強くそう思いました。その願いを果たすべく昨年ようやく僧侶仲間と「支縁のまちサンガ大阪」というグループを結成しましたが、事業はまだ緒《ちょ》に就《つ》いたばかり。これからです。

「人は何を為したかではなく、何を願って生きたのか」。Sさんの生き様を通して学んだことが皆さんの元に届きますように。

# 騒乱のまち、釜ヶ崎

第7章

原口 剛

## セーフティネットのまち、釜ヶ崎

長年のあいだ、釜ヶ崎《かまがさき》は労働も生活も不安定なまちであり、社会保障から切り離された「陸の孤島」でもあった。ところで、ここ数年、フリーターや派遣《はけん》労働など若者の不安定労働や貧困がおおきな問題となっている。これまで不安定労働や貧困といえば、釜ヶ崎のような特定

❶

地域だけが抱える問題だったのが、いまではひろく一般社会にみられるようになったのだ。だから、これらの問題は「釜ヶ崎の全国化」や「社会の総《そう》寄《よ》せ場化」と呼ばれたりもする。

現代の若者の不安定労働や貧困が議論される際に、彼ら彼女らを取り巻く問題のひとつとして挙げられるのが、セーフティネットだ。つまり、いざ若者が失業したときに頼ることのできる制度や資源があまりにも少ないために、彼ら彼女らは貧困に苦しんでいる、ということだ。そのようななかで、いま、新しいセーフティネットをつくりだすことが、おおきな課題として叫ばれている。

さて、そのような視点から釜ヶ崎を見直すとき、このまちには実にユニークな制度や資源がすでにたくさんある／あったことに、わたしたちははっと気づかされる。釜ヶ崎からの日雇《ひやと》い労働に従事する際、あいりん職安《しょくあん》にいけば、白手帳《しろてちょう》（日雇《ひやとい》雇用《こよう》保険手帳）をつくることができる。白手帳の使い方はこうだ。仕事に行ったその日ごとに、手帳には業者の印紙《いんし》が貼りつけられる（左の❷の**写真**は印紙の貼られた白手帳）。二ヶ月で二六日枚ぶんが手帳に貯《た》まったら（つまり二六日働いたら）、翌月には失業手当《てあて》（アブレ手当ともいう）として最高七五〇〇円を、一定期間のあいだ受け取ることができる。釜ヶ崎では、こうした日雇い労働者ならではの失業保険制度が利用できるのだ。

**雇用や貧困の問題** ⇩262頁以下、および226頁以下を参照

**寄せ場** ⇩80頁

**あいりん職安** ⇩この章の❼の**写真**「あいりん総合センター」にある。

**白手帳** ⇩215頁も参照

さらに、二〇〇五年に廃止されてしまったのだが、白手帳をもつ釜ヶ崎の日雇い労働者には、かつてはモチ代・ソーメン代と呼ばれる夏冬の一時金が支給されていた。現代風にいえば、フリーターがちょっとしたボーナスをもらえるような制度が存在していた（！）のだ。

釜ヶ崎のセーフティネットは、ほかにもたくさんある。白手帳でアブレ手当が利用できるといっても、それはあくまで二ヶ月で二六日働くことができればの話だ。不況ともなれば、受給資格を満たすほどの日数を働きたくとも働くことができず、日雇い労働者は野宿《のじゅく》生活を強いられることになる。そんなとき、お金も底《そこ》をつきた労働者に最低限の食を提供するための活動として、公園での炊《た》き出《だ》しが日々営まれている（前々頁の❶の写真は四角公園での炊き出しの様子）。外で野宿する労働者に声かけをし、医療などの相談を受ける夜回《よまわ》りも、このまちで長年にわたって取り組

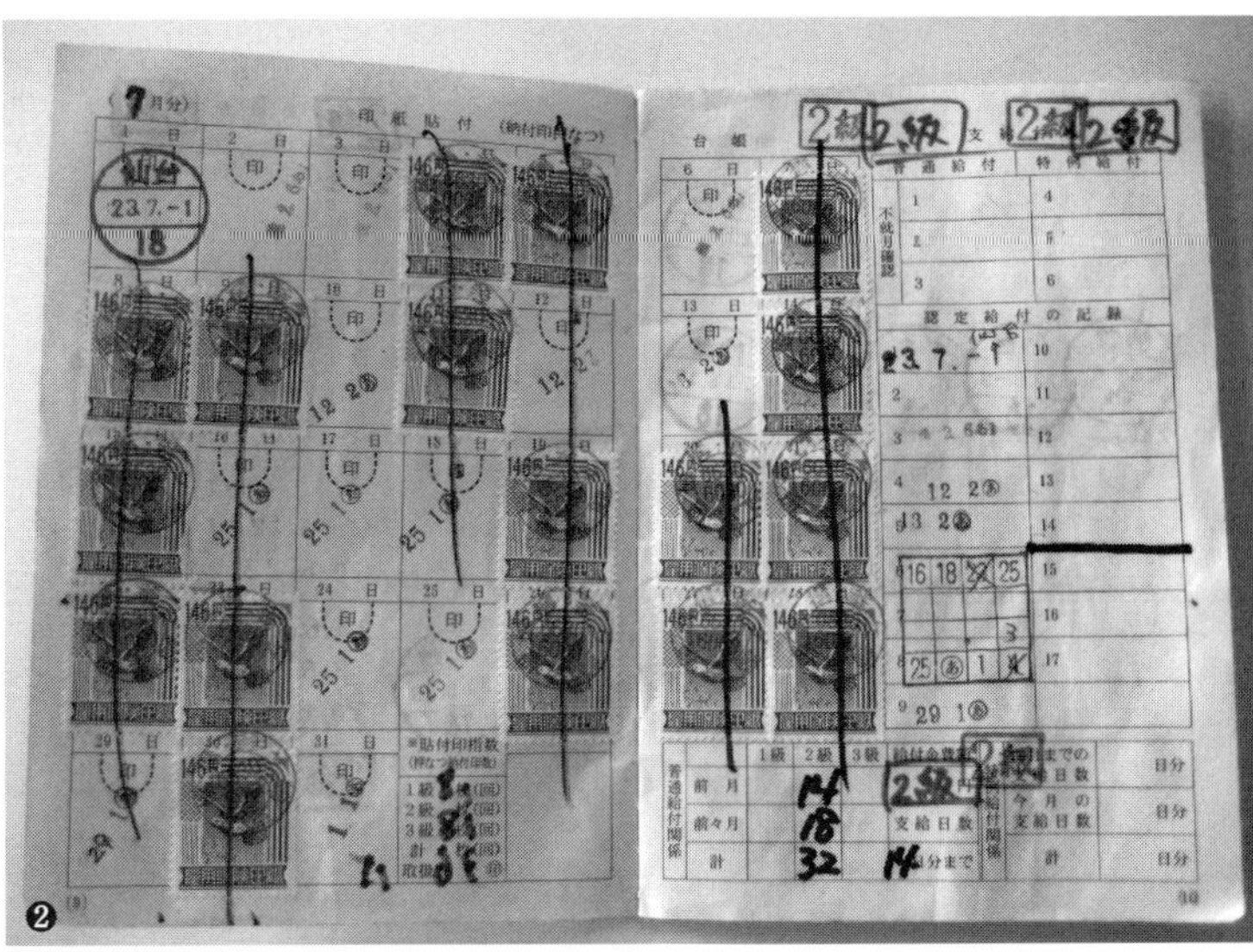

❷

まれている活動のひとつだ。

　こうした取り組みがもっとも重要になるのは、年末年始の時期である。世間が家族だんらんを楽しむこの時期は、日雇い労働者にとっては、仕事がぱったりと途絶える失業の季節だ。真冬の寒さは身体《からだ》をむしばみ、この時期に何人もの野宿者が路上《ろじょう》で命を落とす。にわかには信じられないかもしれないが、冬を越すということが野宿者にとっては生命をかけた闘いなのであり、それゆえ釜ヶ崎ではこの時期に、「越冬闘争《えっとうとうそう》」と呼ばれる取り組みが行なわれる。越冬闘争には毎年たくさんの支援《しえん》者やボランティアがあつまり、布団《ふとん》敷きやパトロール（夜回《よまわ》りや声《こえ》かけ）が集中的に取り組まれる。

　もちろん、本来であれば、失業した労働者には生活保護など公的な援助《えんじょ》がなされなければならないはずだ。ところが、生活保護という当たり前の制度は、長いあいだ日雇い労働者に対して固く門戸《もんこ》を閉ざしてきた。◁だからこそ、野宿者を支えるこうした支援の取り組み

❸ それぞれの公園の位置

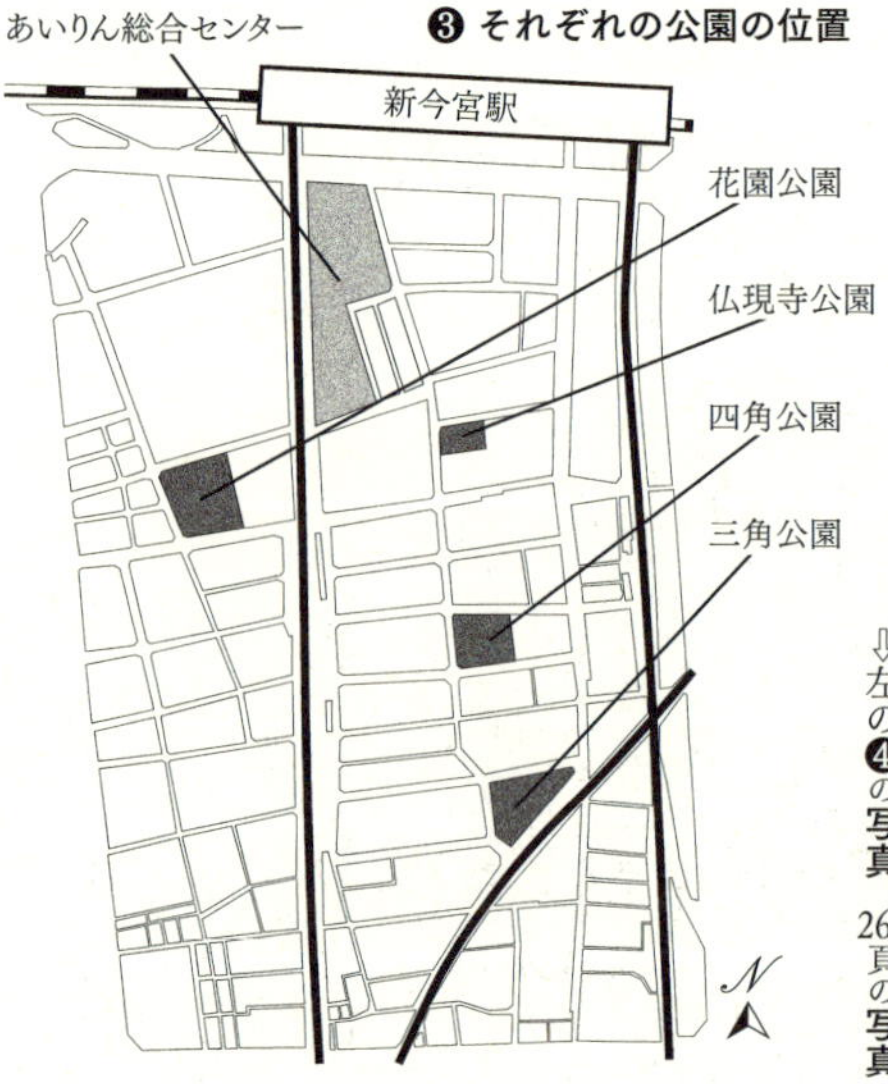


**生活保護は…閉ざしてきた**
⇩282頁以下、および330頁以下を参照

**花園公園**
⇩この章の❽の**写真**
**仏現寺公園**
⇩この章の❾の**写真**
**三角公園**
⇩左の❹の**写真**、260頁の**写真**

が積み重ねられてきたのである。

もうひとつ重要な取り組みとして、毎年八月一三日から一五日に三角公園《さんかくこうえん》（正式名称「萩之茶屋南公園」）で開催《かいさい》される夏祭《なつまつ》りを忘れてはならない。夏祭りのステージではさまざまなアーティストが演じ、観客はゴザをひいてそれに聞き入る（下の❹の写真）。まちの内外からおとずれる支援団体や運動団体は、出店《でみせ》をだしてソーメンや焼きイカなど、工夫を凝《こ》らした食べ物をふるまう。相撲大会やカラオケ大会では、日雇い労働者が我《われ》こそはと腕をふるう。亡くなった労働者を追悼《ついとう》する慰霊祭《いれいさい》では、みなが想《おも》いを馳《は》せながらそっと手を合わせる。夜になれば盆踊《ぼんおど》りがはじまり、公園中央に建てられたやぐらのまわりでみんなが踊る。夏祭りは、ともに生きる仲間であることを労働者が確認しあう、とても大事な釜ヶ崎の文化であり、セーフティネットなのだ。

では、こうしたセーフティネットはどのようにして

❹

生みだされ、育《はぐく》まれていったのだろうか？　これらのセーフティネットが生まれたのは、一九七〇年代の頃だ。この時期、釜ヶ崎のまちでは暴動が続発し、まさに騒乱《そうらん》のまちとなっていた。この騒乱のなかから、いくつもの地域文化やセーフティネットが芽吹《めぶ》いていったのだ。

この章では、騒乱のなかからこれらセーフティネットが芽吹いていく様子を見ていこう。

## 暴動

これまで釜ヶ崎では、一九六一年の第一次暴動◁以来、二四次におよぶ暴動が起こっている（❺の表）。これらの暴動は、その発生時期からおおよそ三つの時期に区分することができる。第一次から第八次暴動までの**第一期**（一九六一〜六七年）、第九次から第二一次までの**第二期**（一九七〇〜七三年）、第二二・二三・二四次の暴動が起きた**第三期**（一九九〇・九二・二〇〇八年）である。釜ヶ崎にセーフティネットが芽吹きだした一九七〇年代は、暴動がもっとも多発した第二期にあたるわけだ。

ここで少し、暴動の意味について検討しておこう。とりわけ第一期の暴動は、労働運動がまだ生まれていない時期に起こった、まったくの自然発生的な暴動

**第一次暴動**
一九六一年八月一日、ひとりの日雇い労働者が車にはねられて死亡した。駆け付けた警察官は、労働者にムシロをかけたままの状態で、数十分放置した。この警察官の処遇に対する日雇い労働者の怒りはまたたくまに広がり、第一次暴動が勃発したのだった。

❺ 釜ヶ崎暴動の発生時期

| 年 | 月 日 | |
|---|---|---|
| 1961 | 8月 1日 | 第1次暴動 |
| 1963 | 5月 17日 | 第2次暴動 |
| | 12月 31日 | 第3次暴動 |
| 1966 | 3月 15日 | 第4次暴動 |
| | 5月 28日 | 第5次暴動 |
| | 6月 21日 | 第6次暴動 |
| | 8月 26日 | 第7次暴動 |
| 1967 | 6月 2日 | 第8次暴動 |
| 1970 | 12月 30日 | 第9次暴動 |
| 1971 | 5月 25日 | 第10次暴動 |
| | 6月 13日 | 第11次暴動 |
| | 9月 11日 | 第12次暴動 |
| 1972 | 5月 1日 | 第13次暴動 |
| | 5月 28日 | 第14次暴動 |
| | 6月 28日 | 第15次暴動 |
| | 8月 15日 | 第16次暴動 |
| | 9月 11日 | 第17次暴動 |
| | 10月 3日 | 第18次暴動 |
| | 10月 10日 | 第19次暴動 |
| 1973 | 4月 30日 | 第20次暴動 |
| | 6月 14日 | 第21次暴動 |
| 1990 | 10月 2日 | 第22次暴動 |
| 1992 | 10月 1日 | 第23次暴動 |
| 2008 | 6月 14日 | 第24次暴動 |

だった。そこに一致団結した意志のようなものがあるわけではなく、暴動の輪《わ》に加わった労働者が投石《とうせき》に込めた思いや感情は、ひとそれぞれだったろう。それでも、ゆるやかに共有された暴動の意味を汲み取ることはできる。

次頁の❻の地図は、警察資料をもとに、一九六一年第一次暴動での労働者の「蝟集《いしゅう》場所」（寄り集まっていた場所）を地図化し、第一日目から四日目までを重ね合わせてみたものである。この図をみると、労働者が寄り集まって抗議していた場所は、おおよそ三カ所に集中していることがわかる。①暴動の発端《ほったん》となった交通

現在の西成警察署

事故発生場所と東田町《ひがしだ》派出所の近辺、②西成《にしなり》警察署《けいさつしょ》を取り巻く一帯とそれが面する旧紀州《きしゅう》街道《かいどう》沿い、③水崎《みずさき》町・霞《かすみ》町派出所近辺、である。つまり、労働者は警察施設のまわりに集まって、石を投げるなど抗議の声をあげていたのだ。このようにみると、ゆるやかに共有されていたであろう暴動の意味とは、警察に対する怒りや抗議であったとみて、間違いないだろう。

　この暴動をきっかけにして釜ヶ崎対策が繰り広げられることになるのだが、なかでも警察は、暴動に対して神経をとがらせつづけてきた。それは、いまでもまちの景観のなかに観察することができる。まちの真ん中に位置する西成警察署は、暴動で幾度となく攻撃対象となったことから防衛に防衛を重ね、いまでは要塞《ようさい》のようないでたちでそびえ立ってい

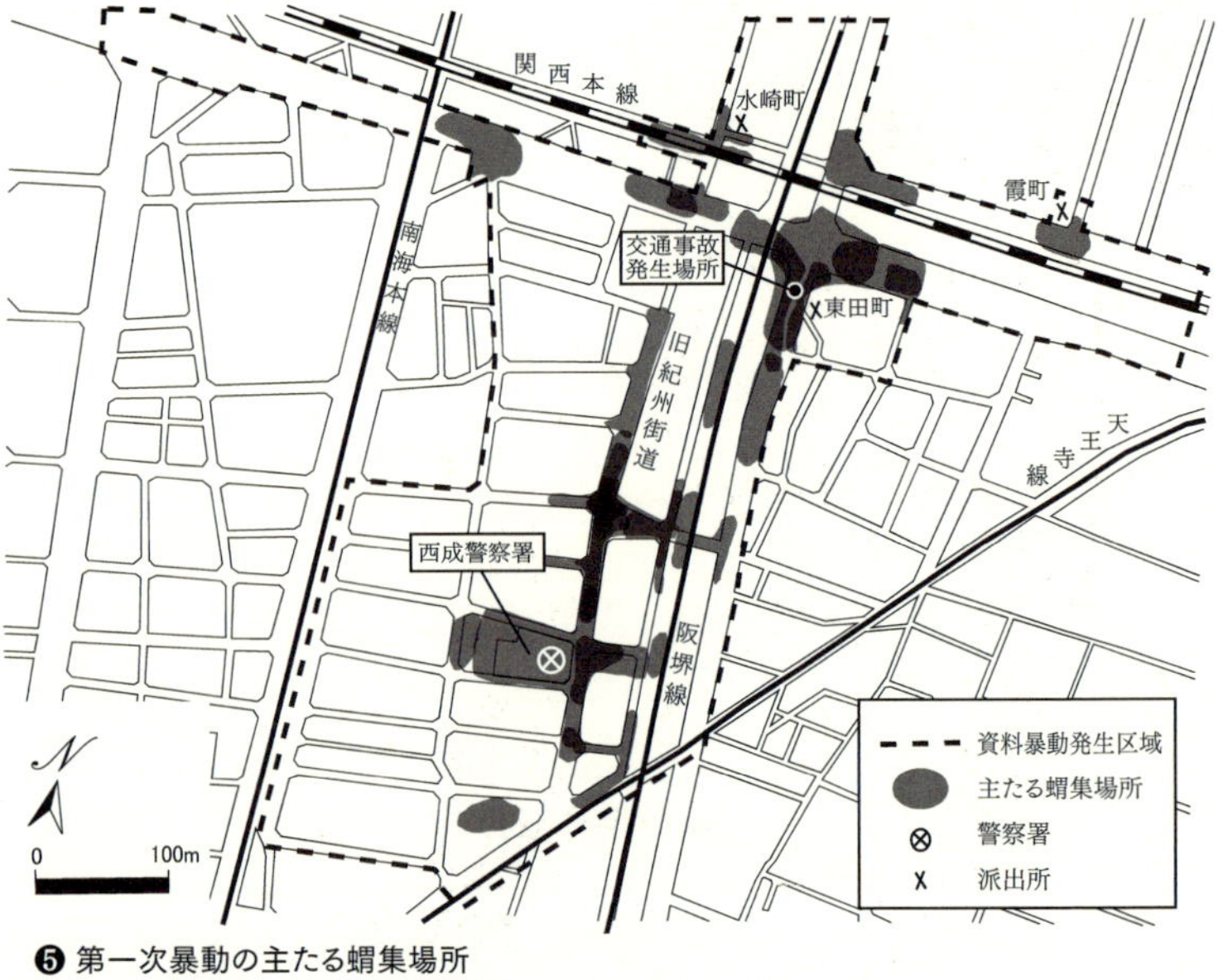


❺ 第一次暴動の主たる蝟集場所

資料　大阪府警察本部『西成集団事件の概要』1961年より作成

る。そればかりでなく、暴動をいちはやく抑える目的で、釜ヶ崎のまちなかには至るところ（計一五箇所）に監視《かんし》カメラが設置されている。いまでこそ「防犯《ぼうはん》カメラ」という呼び方に変わり、さまざまな場所で当たり前のように見かけるようになっているが、釜ヶ崎は監視カメラがもっともはやく設置された場所なのである。

さて、一九七〇年代に入ると暴動は第二期に入る。この時期は、わずか三年のあいだに一三度もの暴動が起こっており、騒乱《そうらん》がもっとも劇的だった時代だ。第一期の暴動がまったく自然発生的であったのとは違って、第二期にはさまざまな労働運動が繰り広げられた。労働運動は、暴動に凝縮されていた日雇い労働者のエネルギーを活用しつつ、やがてセーフティネットとしてまちに根づいていく政治文化の種をまいたのだ。

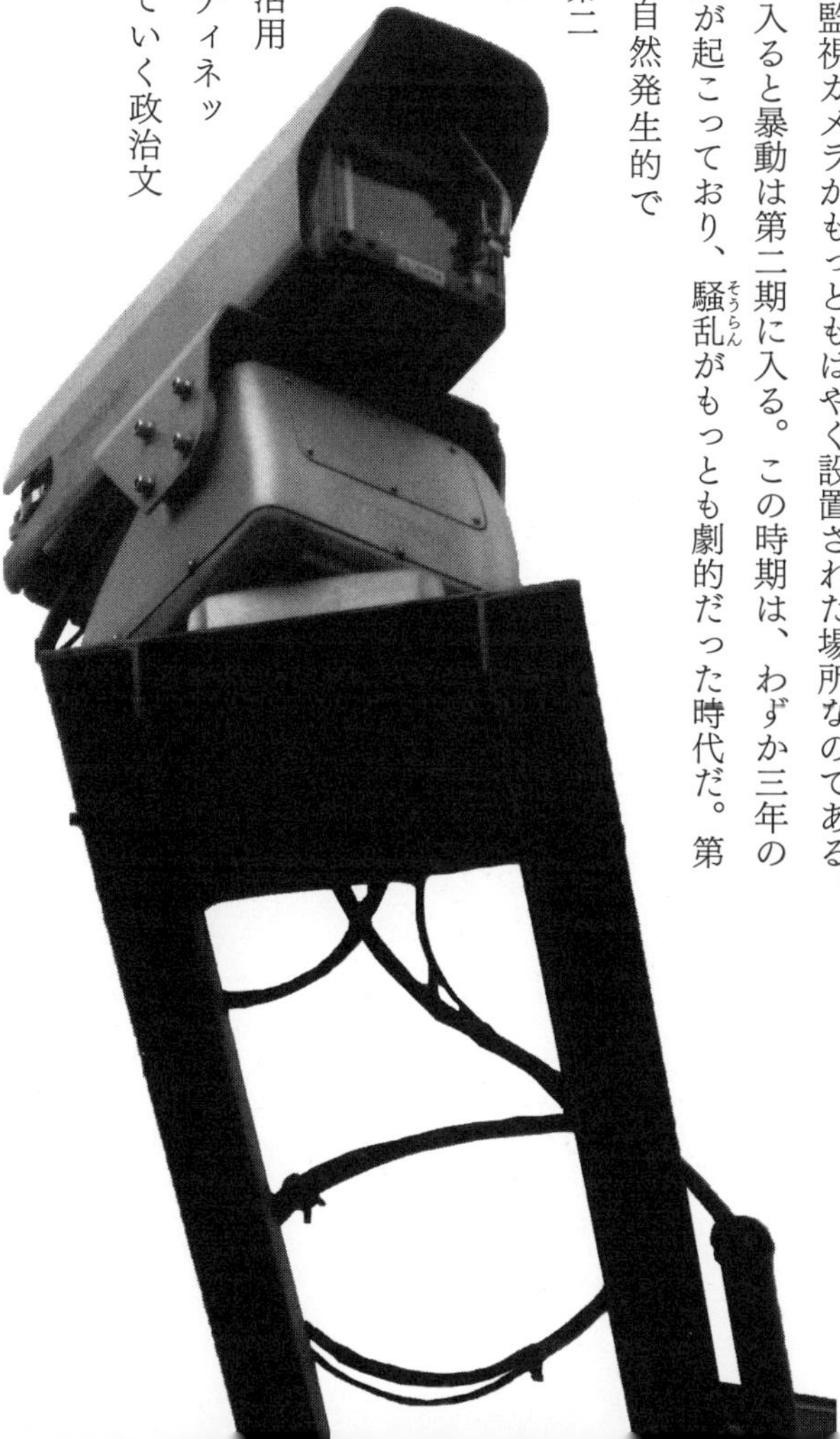

## メーデーとデモ

一九六九年、釜ヶ崎にはじめての日雇い労働者の労働組合が生まれた。全港湾《ぜんこうわん》建設支部西成《にしなり》分会（以下、全港湾）である。

それまで暴動という表現しかなかった釜ヶ崎の地に、具体的な要求を突き付けて実現を迫る労働組合が生まれたことで、釜ヶ崎は労働者としての権利を矢継ぎ早に勝ちとることになる。それが、冒頭に述べた白手帳《しろてちょう》であり、モチ代・ソーメン代と呼ばれる夏冬の一時金だった。具体的には、一九七〇年に白手帳の交付が始められ、七一年には初の一時金が実現された。このほかにも、全港湾《ぜんこうわん》の要求行動をつうじて、不就学《ふしゅうがく》児童を対象とした「あいりん小中学校」の校舎建設が一九七三年に実現した（このとき「新今宮小中学校」と改称された）。全港湾の結成は、日雇い労働者のみならず、地域のさまざまな権利を要求し、実現する転換点となったのである。

その転換を象徴するのが、一九七〇年五月一日、釜ヶ崎ではじめて行なわれたメーデーであろう。メーデーとは、労働者が連帯《れんたい》して統一要求を行なうための、もっとも基本的で重要な活動である。しかし、ここで全港湾はおおきな壁に直

**全港湾**（全日本港湾労働組合）⇩82頁も参照

左の❼の**写真**は、現在のあいりん総合センター。

面する。釜ヶ崎でのデモ行進が、不許可とされてしまったのだ。警察は、釜ヶ崎でのメーデーは暴動の引き金となるおそれがあり、そのような観点から許可しえない、との判断を下したのである。デモ行進は、全港湾の交渉を経た翌年の第二回メーデーにおいて、ようやく実現されることになった。

このエピソードは、以下のことを物語っている。まずそれは、警察が釜ヶ崎での暴動を抑止しようと躍起《やっき》になっていたことをうかがわせる。そして、それゆえに、日雇い労働者が要求の声をあげることが、どれほど難しいことだったのかも理解できるだろう。デモ行進という、労働者にとってはごく当たり前の権利ですら、釜ヶ崎の日雇い労働者にはすぐには認められなかったのだから。

現在でも、毎年五月一日のメーデーでは、あいりん総合センターを出発点としたデモ行進が行なわれている。新今宮小中学校は一九八四年に廃校《はいこう》となったが、跡地《あとち》は生活保護受給者の入所施設、三徳寮《さんとくりょう》として活用されている。夏冬

7

空洞…だと!?（P56〜57）
労働力の取引所らしい。

の一時金は二〇〇五年に廃止されたものの、白手帳は（規模こそ縮小したとはいえ）いまなお重要なセーフティネットとして日雇い労働者の労働と生活を支えつづけている。

## 鈴木組闘争

釜ヶ崎の労働運動史を語るうえで欠かせないのが、鈴木組闘争《すずきぐみとうそう》と呼ばれる闘争だ。鈴木組とは、暴力団組織が経営し、日雇い労働者を調達することをなりわいとする、違法な手配師《てはいし》組織である。

そのはじまりは、一九七二年五月二六日のことだった。センターで、何人かの日雇い労働者が鈴木建設の求人に応募《おうぼ》し、その日の仕事に行こうとした。だが、鈴木建設事務所に到着すると、センターでの求人で提示されていた条件とは違うことが分かった。センターでは「市内」と書かれていたのに（大阪で市内といえば当然「大阪市内」を意味するはずだ!!）、実際の仕事現場は「奈良市内」だったのだ。日雇い労働者はこれを知って抗議し、数名は労働を拒否して現場から逃げ出した。

その日の夜、逃げ出したうちのひとりAさんが夜勤《やきん》の仕事を探しにセンターに行くと、鈴木組につかまって事務所に連れ込まれ、現場から逃げ出した報復《ほうふく》として、木刀《ぼくとう》で殴る蹴《け》るのリンチを受けた。翌二七日朝のセンターで、もうひとりのBさんも鈴木組に連れ込まれようとしたが、このときBさんは危機を察知《さっち》して大声で助けを求めた。すると近くにいた二〜三〇〇人の労働者が押しよせてBさんを奪い返し、鈴木建設の車を追い返した。

二八日、一連のリンチに対し、活動家たちが「ピンハネ・ケタオチ〔悪質〕業者はセンターに来るな!」といった文言《もんごん》のビラを配布して抗議していたところ、鈴木組組長を筆頭《ひっとう》に十数人の組員が木刀を手に、いっせいに殴りかかってきた。しかし、まわりを取り巻くのは大勢の日雇い労働者である。彼ら労働者がいざその気になれば、暴力団組織であろうが敵《かな》うわけがない。じっさい、日雇い労働者は組長をつかまえて、労働者が取り巻くなかで、リンチを加えたことを上下座《どげざ》して謝罪《しゃざい》させたのである。

この出来事に、日雇い労働者たちは歓喜《かんき》した。それまで釜ヶ崎の日雇い労働者は、現場で条件違反があったり暴力を受けたりしても泣き寝入《なねい》りし、文句や要求を言ったとしても仕事をやめさせられて無一文《むいちもん》で釜ヶ崎に帰るのがオチだった。

しかしこの日、日雇い労働者の数の力によって、つね日ごろ労働者をこき使ってきた暴力手配師《てはいし》の組長を謝罪させたのである。

　この出来事で、日雇い労働者にはがぜん火がついた。活動家たちのまわりには、暴力団に対するうらみをはらそうとする労働者が次々に集まり、そうして一九七二年六月には「暴力《ぼうりょく》手配師《てはいし》追放《ついほう》釜ヶ崎《かまがさき》共闘会議《きょうとうかいぎ》」（以下、釜共闘）が結成された。日雇い労働者は、それぞれ勝手に釜共闘を名のり、それぞれの現場で自発的に、労働現場を改善するよう要求するようになった。ちなみに、釜共闘はメンバーを登録《とうろく》するような秩序だった組織をもっておらず、「釜共闘《かまきょうとう》と名のった者が釜共闘」としか言いようのない集合体だった。そんななかで、いろんな労働者が我《われ》も我もと釜共闘を名のるものだから、その名はあっという間に労働者のあいだに広がり、いったいどこからどこまでが釜共闘なのか分からなくなるぐらいだったという。

　釜共闘の時代は短く、七二年に結成された後、七四年頃にははやくも事実上の解散状態になっている。けれども、いまでも労働運動や支援団体を「カマキョウ」と呼ぶ習慣が、労働者のあいだには根づいている。それほどに鈴木組闘争をはじめとする釜共闘の運動は、鮮烈《せんれつ》なものだったのだ。

# 夏祭り

鈴木組闘争の次に、釜共闘が目指したのは、三角公園で夏祭《なつまつ》りを開催《かいさい》することだった。なぜ夏祭りの開催が運動の目標になったのか？　それは、以下のような偶然の積み重ねによってのことである。

一九七一年一二月一〇日、三角公園《さんかくこうえん》では、行政に越年《えつねん》対策を要求するための決起《けっき》集会が開催された。しかし、寒いなかで参加者はあまり集まらず、集会は早めに切り上げられることになった。ひまを持てあました越冬対策実行委員会《えっとうたいさくじっこういいんかい》のメンバーは、なんとなしに相撲《すもう》を始めた。するとどうだろう。相撲には続々と労働者が集まり、行司《ぎょうじ》をかってでる人、見物料としてカンパを出す人まであらわれたのである。ふたを開けてみれば、集会よりも多くの人が集まる結果となった。

この経験を踏まえて、その年の越冬闘争では文化や体育の場を積極的に設け、ソフトボール、相撲、バドミントン、のど自慢《じまん》大会、もちつき大会を企画してみた。すると、のど自慢大会には一〇〇人近い労働者が参加して歌をうたい、数百人の労働者が聞き入るという活況《かっきょう》が生まれた。

このような経験から、越冬対策実行員会は、釜ヶ崎労働者がともに自分たちで何かをすることの、楽しさと大切さをはっきりと知った。そこで、八月のお盆《ぼん》の時期に三角公園で夏祭りを開催しよう、という提起がなされたのである。一九七二年八月、釜共闘が主催《しゅさい》する第一回の夏祭りは、「我《われ》らまつろわぬ民《たみ》、ここに自《みずか》らを祭《まつ》らむ」というテーマのもと、三角公園で開催された。

当時、三角公園で夏祭りを開催するということは、とてつもない一大事だった。というのも、当時の三角公園は暴力団組織が仕切る賭博《とばく》場と化していたのである。まして八月のお盆の時期は、各地の現場から労働者がお金をもって釜ヶ崎に帰ってくるのだから、暴力団組織にとってはまたとない稼《かせ》ぎ時である。そんな場で夏祭りを開催するということは、暴力団組織から公園を奪い返し、真《ま》っ向からケンカを売るのと同じことなのだ。

じっさい、第一回の夏祭りは暴力団との攻防《こうぼう》が繰り返された。祭り初日の一三日深夜には、労働者が引き揚《あ》げたのをみはからって、三角公園をシノギの場とする暴力団組員が木刀やバットを持って夏祭り実行委員に襲《おそ》いかかった。これを撃《げき》退《たい》したかと思いきや、こんどは右翼《うよく》組織からの襲撃《しゅうげき》が始まった。こうして繰り返された襲撃に対し実行委員会は、徹夜で野宿しながら、祭りの象徴のやぐらを守り、夏祭りを開催しきったのである。

このような初期の攻防を経て、以後も夏祭りは開催されるようになった。八月

**公園**
一九九〇年代以降、野宿生活者の公園からの追い出しが相次いでいる。大阪では、一九九〇年に野宿生活者を追い出すために天王寺公園が有料化され、全面がフェンスで囲まれた。二〇〇六年には、靭（うつぼ）公園・大阪城公園の野宿生活者のテントが強制撤去され、その翌年には長居（ながい）公園のテントが強制撤去された。名古屋では、二〇〇五年に愛知万博開催をきっかけとして白川公園のテントが強制的に撤去された。そして現在、東京・渋谷の宮下公園の「ナイキ化」によって、野宿生活者が追い出されている。これら公園からの排除に対して、さまざまな方法で抗議の声があがっている。七〇年代

一三日から一五日にかけて、まちは一年のなかでもっともはなやぐ。長年釜ヶ崎で生活してきた労働者も、はじめて釜ヶ崎に来る人も、大人も子どもも、三角形の公園のなかでともに祭りを楽しむ。いまや夏祭りは、地域恒例《こうれい》の文化として、すっかりまちに根づいている。

## 越冬闘争

冒頭で述べたように、釜ヶ崎のセーフティネットのなかでももっとも重要な取り組みは、越冬闘争《えっとうとうそう》だ。一九七〇年一二月、花園《はなぞの》公園で第一回の越冬活動が取り組まれた。

この越冬の取り組みは、一九七三年以降に重要性を増すことになった。七三年に世界的な不況が襲い、日雇いの仕事が一気に釜ヶ崎から消えていったのだ。まちは、仕事を失い野宿する労働者の姿で埋め尽くされた。こうしてこの年以降、極寒《ごっかん》のなか野宿《のじゅく》を支える越冬の取り組みが、これまでになく重要なものとなったのだ。

このとき、暴動の第Ⅱ期（一九七〇〜七三年）はすでに幕《まく》を下ろしていた。また、

の釜ヶ崎での攻防は、こうした公園をめぐる排除と抵抗の原点だといえるだろう。

**七三年に世界的な不況が…**

一九七三年にオイルショックを引き金として引き起こされた不況は、日本だけでなく、世界中の資本主義諸国を襲った。このとき、世界のさまざまな都市で、失業やホームレスといった都市問題が噴出した。また、この七〇年代の世界的不況をきっかけとして、のちにポストフォーディズムと呼ばれるようになる、新しい経済や社会のかたちが台頭するようになった。このような意味で、一九七三年の不況は世界史的な出来事だったのである。

日雇い労働者が大量に失業する事態を前にして、釜《かま》共闘《きょうとう》もすでに往時《おうじ》の勢いを失いつつあった。そのかわりに、公園をめぐる騒乱《そうらん》と闘争の火ぶたが切って下された（先の表❺を参照）。

一九七四～七五年の第五回越冬闘争では、いったんは例年どおり終結してテント村は自主的に畳《たた》まれた。しかし……いっこうに仕事が回復せず野宿から抜け出せないという現実を前にして、引き続き第二次越冬闘争に入ることになった。これをまかりならぬとして大阪市は花園公園の強制徴用《ちょうよう》を通告し、大阪府警は七五年二月二五日に七〇〇人、二六日には一、二〇〇人の機動隊を投入してテント村を強制撤去《てっきょ》した。

一九七五～七六年の第六回越冬闘争では、花園公園の使用に対して不許可が通知されるが、それを無視するかたちで、公園ではたき火や炊き出しの活動が行なわれた。このときの闘争は、冬を越えても継

8

続されていく。七六年六月には前年と同様に機動隊を動員した強制排除によってテント村は撤去されたものの、すぐさま公園内には屋台《やたい》が持ち込まれて活動が再開された。かくして越冬闘争は、行政に対して就労《しゅうろう》機会の提供を要求する「仕事よこせ闘争」へと発展していった。この間、七六年三月に越冬実行委員会は「釜ヶ崎《かまがさき》仕事《しごと》保障《ほしょう》闘争《とうそう》委員会《いいんかい》」と名称を変更し、七月一日には同委員会を改組《かいそ》して釜ヶ崎《かまがさき》日雇《ひやとい》労働組合《ろうどうくみあい》が結成された。

つづく一九七六～七七年の第七回越冬闘争では、その年の取り組みが本格的に開始される以前の一一月一五日、花園公園で日常的に継続されていた活動は強制撤去されたうえ、公園は高さ三メートルのフェンスで囲われ、出入りできないように改修《かいしゅう》されてしまった（右下の❽の写真）。これを受けて、越冬闘争は仏現寺公園《ぶつげんじこうえん》（正式名称「萩之茶屋北公園」）へと拠点《きょてん》を移した。しかしここでの取り組みに対して

9

も、大阪市は七七年四月六日に強制排除したうえ、この公園をもフェンスで囲い封鎖《ふうさ》した（前頁の❾の写真）。

さらに、一九七七〜七八年の第八回越冬闘争では、四角公園《しかくこうえん》（正式名称「萩之茶屋中公園」）の使用許可申請《しんせい》に対し大阪市は不許可を回答するばかりでなく、この公園をもまたフェンスによって全面封鎖した。これによって、花園公園・仏現寺公園・四角公園の計三つの公園が封鎖されてしまったのである。

その後の炊き出しは、四角公園横の西《にし》成《なり》市民館前で開催《かいさい》されたが、カギが外されたことをきっかけに公園内で再開されるようになり、いまにいたるまで継続されている（現在では、炊《た》き出しの活動は三角公園でも取り組まれている）。越冬

**⑩ 現在の仏現寺公園**

仏現寺公園は長いあいだ閉鎖され、誰も使えないようになっていたが、まちづくり運動の働きかけによって改修工事が行なわれ、現在「子どもスポーツ公園」として生まれ変わろうとしている。

闘争もまた、失業し野宿を余儀《よぎ》なくされる労働者の生命を守る活動として、長年にわたり取り組まれ続けている。

こうした七〇年代の攻防《こうぼう》と騒乱《そうらん》のなかで、日雇い労働者や野宿者の労働と生活を支えるセーフティネットが芽吹《めぶ》いていった。そして長い時間をかけて、釜ヶ崎の地域文化として、たいせつに育てられていったのである。

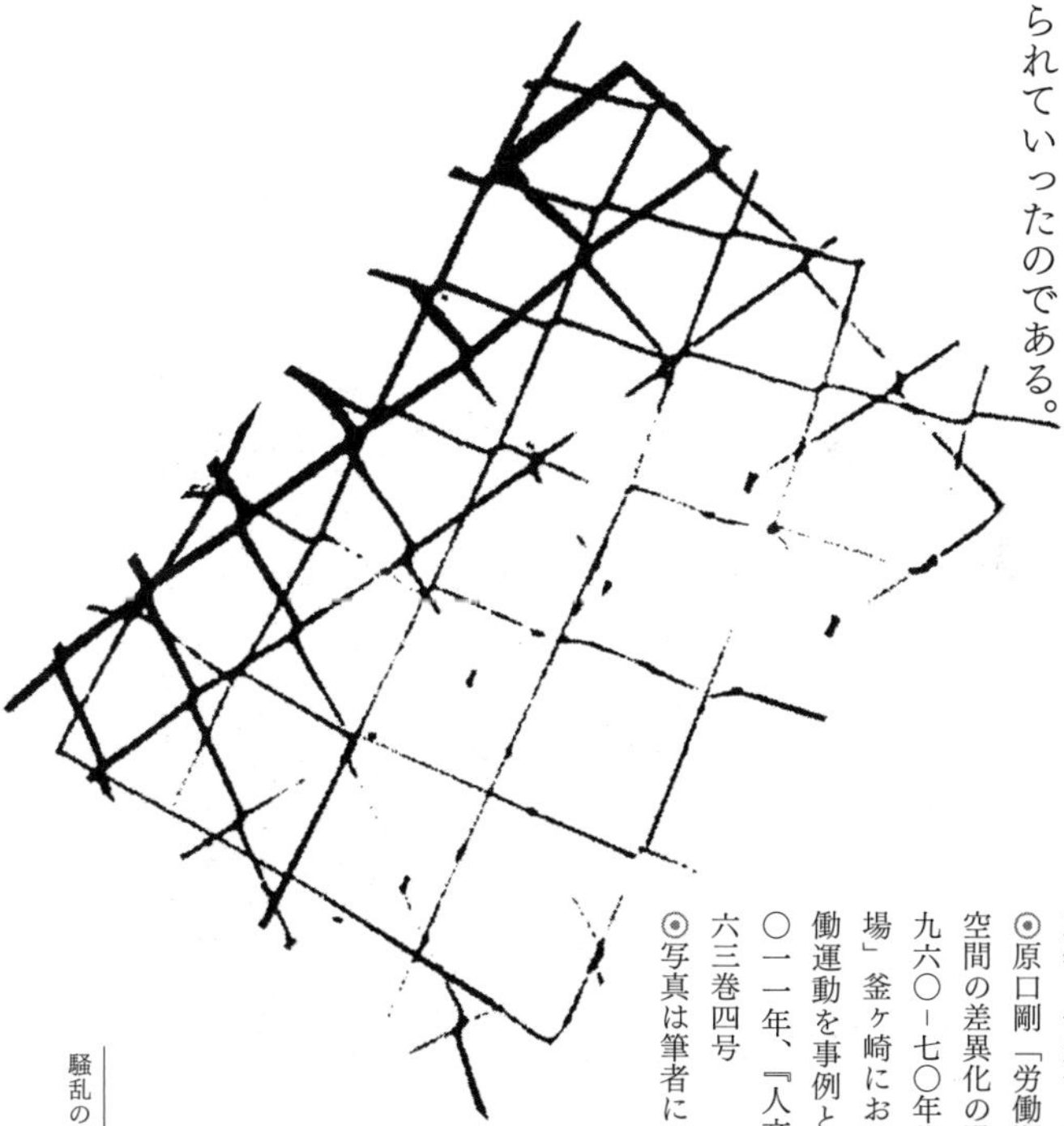


参考文献

◉丹羽弘一「釜ヶ崎——暴動の景観」、釜ヶ崎資料センター編『釜ヶ崎——歴史と現在』三一書房、一九九三年、一九七-二二七頁

◉原口剛「労働運動による空間の差異化の過程——一九六〇-七〇年代の「寄せ場」釜ヶ崎における日雇労働運動を事例として」、二〇一一年、『人文地理』第六三巻四号


◉写真は筆者による撮影

# 信

## 「ボランティア（善意）」への戒め

「愛する」ことよりも
「大切にする」ことを

本田哲郎
（カトリック司祭）

社会で弱い立場に立たされている人たちに対する、わたしたちの関わりの姿勢は、人によってさまざまです。

野宿をしいられた人たちを「愛せるまでに……」と努める人もいます。わたしもそうでした。「隣人を自分自身のように愛しなさい」（ルカ10－27）を実行しようと思うからです。

あるとき気づきました。わたしは、愛さなければ、という思いから、よかれと信じることをしてあげようとすればするほど、あいての気持ち、真の望みに注意が向かなくなっていました。だから関わりが、「あわれみ」や「ほどこし」になってしまって、その人の尊厳をないがしろにしていたのです。

人と人をつなぐ関わりのエネルギーは三つ。エロスとフィリアとアガペーです。この三つを区別なしに「愛」と呼ぶから混乱するのです。

**エロス**（*ἐρώς*）は、家族・連れ合い・恋人への愛、すなわち「愛情」。種の保存に根ざす自然な一体感から、「無償《むしょう》の奉仕」もいといません。ときにはそこに「わがまま」も同居します。

わたしたちが「愛」ということばを口にするとき、ふつうこのエロスをイメージしています。エロスは普遍化できるものではなく、すべきでもありません。ですから「博愛」とか「隣人愛」は、もともとムリな努力目標なのです。

**フィリア**（*φίλια*）は、かぎられた仲間や友人の間に、自然に湧き出る「好感／友情」。ときには「執着」の意味でも使われます（マタイ10－37）。

選択的、限定的なもの。人によって、好き・きらい、性格的に合う・合わないは、あってもいいのです。

**アガペー**（*ἀγάπη*）は、相手がだれであれ、その人として「大切」と思う気持ちです。わたしが使っているギリシア語辞典には“To feel and exhibit esteem and goodwill to a person”（大切に思ってかかわる）となっています。あいてに対する愛情のある・なし、好き・きらいは問題にしません。あいての尊厳《そんげん》を大切するか

かわりのことです。
聖書が求めるのはこれ。「隣人を自分のように愛しなさい」（マタイ22－39）ではなく「隣人を自分のように大切にしなさい」であり、「互いに愛し合いなさい」（ヨハネ13－34）ではなく「互いに大切にしなさい」であり、「敵をも愛しなさい」（マタイ5－44）ではなく「敵をも大切にしなさい」ということです。「愛」と訳されているところはすべて原文ではアガペー。「愛しなさい」ではなく「大切にしなさい」ということ。

もともと、エロスはいつか薄れていくものであり、フィリアも途切れたりするもの。だから、あいてに対して愛情を感じなくなった、好きだと思えなくなったからといって、あまり心配しなくてもいいのです。だいじなのはアガペーです。

社会で小さくされ、つらい思いをしているだれかの前に立つとき、家族のように愛せるか、親友のように好きになれるかと、自分に問うことは、無意味です。自分自身が大切にあつかってもらいたいように、その人を大切にしようと態度を決める。そのとき、互いの尊厳を認め合うかかわりが始まります。

人を大切にするとは、
忍耐づよくあいてをすること。
人を大切にするとは、
思いやりをもって接すること。
人を大切にするとは、
ねたまず、うぬぼれず、思い上がらず、
めざわりなことをせず、自分の利を求めず、いらだたず、
人の意地悪を根にもたず、人を不正に抑圧して喜ばず、
共に真実を喜ぶこと。
人を大切にするとは、
すべてを包み込み、
なにごとも信頼してあゆみを起こし、
すべて確かなことに心を向け
どんなことにもめげずに立ちつづけることです。
人を大切にすることは、けっして途絶えることはありません。

（1コリント13－4－8a）

上の写真は、1981 年 9 月 3 日に三角公園（萩之茶屋南公園）で催された「たそがれコンサート」の様子（上畑恵宣撮影、大阪市立大学都市研究プラザ所蔵）。下は、2010 年 12 月 19 日に撮影された、あいりん総合センターでの炊き出しに集まる様子。並んでいる人びとの列の長さにも注目されたい（平川隆啓撮影）。

# 失業の嵐のなかで

第8章

松繁逸夫

## 失業とホームレス

「嵐」の大きさを表わすのは、なんでしょうか?

台風では、最大風速とか、気圧で表わすようです。それが過ぎ去った後は、浸水家屋や倒壊《とうかい》家屋の数字あるいは、農作物の被害が金額で表わされたりします。

「失業」の場合は、「完全失業率」で表わされることになっています。❶のグラ

写真はダンボールハウス

フは、総務省《そうむしょう》労働力調査長期時系列《じけいれつ》データ（地域別）から作成しました。山が高いほど、失業率が高いわけで、四%を超えると、「嵐」といってもよさそうです。

一九九二年から二〇〇二年にかけて、日本全体で失業率が上昇したことを示していますが、近畿地域は、全体の失業率を上回る位置を占め続けていたことがわかります。この時期の失業の嵐は、近畿地域でもっとも強かったと言えそうです。

失業の嵐の影響は、年齢によって受け方が違うようです。二〇一〇年一二月に大阪府が公表した「大阪における雇用《こよう》実態把握《はあく》調査（中間とりまとめ）」に、年齢階層別《かいそうべつ》の失業率がまとめられています（左下の❷の表）。それによると、ここ数年の傾向として、全国的にも大阪においても、三五歳以下の人の失業率が高い傾向を示していることがわかります。

同じ日本列島の中で、同じように不況・失業の嵐に遭《あ》いながら、住んでいる地域や年齢によって受ける影響が違うというのは、当たり前のような不思議なような気がします。

❶ 失業率の推移（1983~2010年）

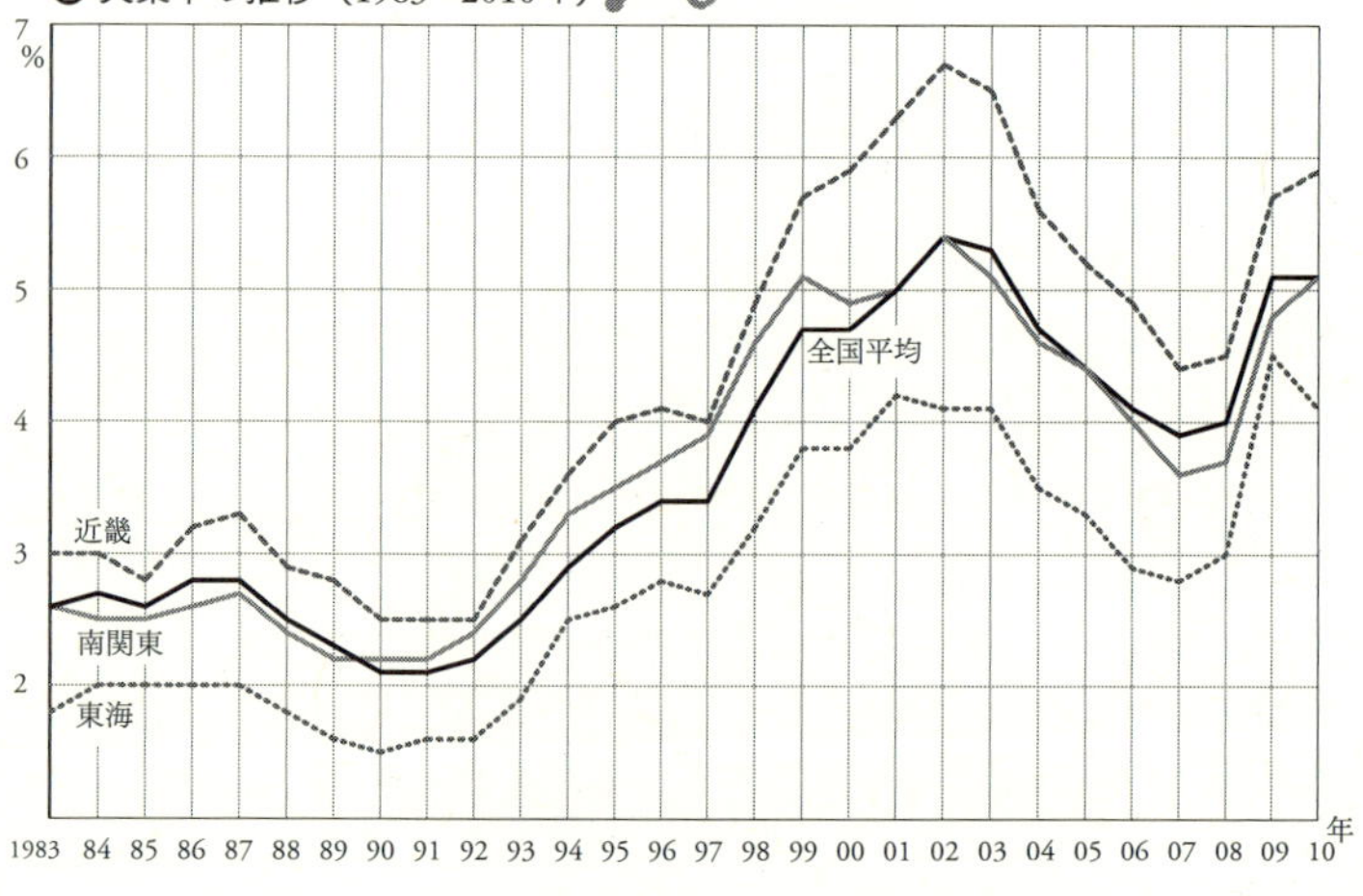

しかし、同じ大学を卒業しても、卒業する時代の経済状況によって、就職率が高くなったり、低くなったりすることが、話題になっていますので、なるほど、数字で見るとこういうことかと、納得がゆきやすいのではないでしょうか。

失業率は、台風で言えば最大風速に当たるように思えます。「失業の嵐」の大きさ、強さを把握するのに便利なようです。

では、被害はどのように把握されるのでしょうか。次頁の❸のグラフは、近畿の失業率とホームレスの概数《がいすう》（厚生労働省調べ）を合わせて作成したものです。

「失業」は、普通に考えて、収入が得られなくなることを意味します。貯金や換金《かんきん》できるものを持っていない人、

**完全失業率**

都道府県知事に任命された調査員によって毎月実施される、総務省統計局による「労働力調査」（全国約四万世帯を抽出して行なう標本調査）の集計結果から計算されます。一五歳以上の人口のうち、働いている人・働く意志のある人・働ける状態の人・休業している人の合計によって、調査期間中（月末の一週間）に一時間も働かなかった人で仕事があればすぐに働ける人・調査期間中に求職活動をしていた人（完全失業者と言います）の合計を割った割合を%で表わした数字。失業状態である人の実態より低めの数字であると言われています。

❷ 年齢階層別の失業率（2007～2010年）

| 全国（%） | | | | | | | |
|---|---|---|---|---|---|---|---|
| 年＼年齢 | 全体 | 15-24 | 25-34 | 35-44 | 45-54 | 55-64 | 65- |
| 2007年 | 3.9 | 7.7 | 4.9 | 3.4 | 2.8 | 3.4 | 1.8 |
| 2008年 | 4.0 | 7.2 | 5.2 | 3.4 | 2.9 | 3.6 | 2.1 |
| 2009年 | 5.1 | 9.1 | 6.4 | 4.6 | 3.9 | 4.7 | 2.6 |
| 2010年 | 5.2 | 9.7 | 6.3 | 4.7 | 4.0 | 5.0 | 2.5 |

| 大阪（%） | | | | | | | |
|---|---|---|---|---|---|---|---|
| 年＼年齢 | 全体 | 15-24 | 25-34 | 35-44 | 45-54 | 55-64 | 65- |
| 2007年 | 5.3 | 9.5 | 6.3 | 4.7 | 3.8 | 4.7 | 3.8 |
| 2008年 | 5.3 | 8.9 | 6.5 | 4.9 | 4.1 | 4.6 | 3 |
| 2009年 | 6.6 | 12.5 | 8.0 | 6.2 | 4.4 | 5.8 | 4.1 |
| 2010年 | 6.9 | 10.6 | 8.1 | 6.6 | 5.4 | 7.0 | 3.4 |

大阪における雇用実態把握調査（中間とりまとめ）
大阪版労働力調査結果（2011年12月）

家族その他などから援助してもらうことができない人は、生活ができなくなります。

「生活」とは、ここでは一般的な消費生活を指しています。お金がなければ、衣食住を確保することができません。

家賃を払えなければ、住んでいるところから退去《たいきょ》しなければなりません。日本では、住居を失い、路上や公園等で生活せざるを得なくなった人々のことを、「ホームレス」と呼ぶことになっています。これは、「ホームレスの自立支援《じりつしえん》等に関する特別措置《そち》法」という法律の定義によるものです。この章では、これからも「ホームレス」という言葉を使いますが、「野宿《のじゅく》を余儀《よぎ》なくされている人々」のことだと理解して読んでいただけると嬉しいです。

失業率が高くなるとホームレスとならざるを得ない人が多くなると考えられます。前頁の❶のグラフからわかるように、一九九〇年代後半には失業率が急上昇しており、その結果が、八六〇〇人という大阪市内のホームレスの概数《がいすう》（おおよその数）に現われているといえるでしょう。

❸ 近畿地方の失業率とホームレスの概数の推移（1983～2010年）

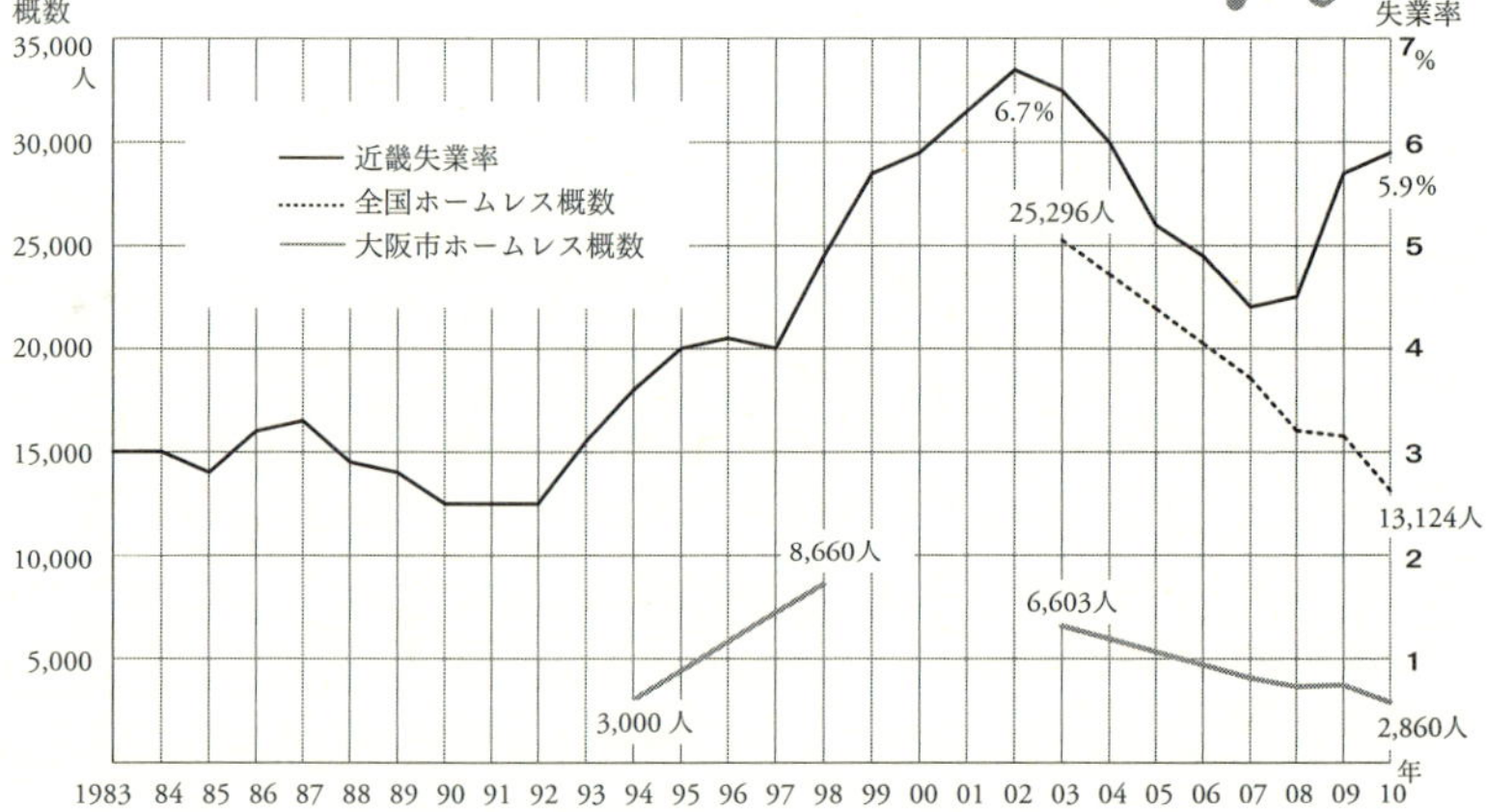

すでに一九九四年一一月一八日の大阪市会決算特別委員会では、次のような報告がされていました。

野宿者《のじゅくしゃ》の状況――、ことしの九月、一日平均をとりますと、（あいりん）地区内で四一二名と昨年の約三割増という状況――。あいりん周辺で――、ことしの夏で一六四一名――、昨年よりも約五〇〇名ぐらい増――。――市内全域で約三〇〇〇名の方が野宿状態にある――というふうに推測しております。

ホームレスが増え続けていたのは、大阪だけではありません。たとえば、北海道札幌《さっぽろ》市議会の二〇〇一年決算特別委員会に次のような指摘があります。

エルムの里《さと》公園のホームレス対策についてお伺《うかが》いします。――この公園はJRの高架《こうか》下にあり、ほかの場所よりも天候の影響を受けないことから、平成八（一九九六）年ころからホームレスが住みつき、地元住民からは不安の声が上がっておりまして、私も何度も解決方法等について質問をしてきたところであります――

**ホームレスの自立支援等に関する特別措置法**

この章の279頁で詳しく述べます。

**ホームレスの概数**

公園や路上で野宿している人をすべて数え上げることは不可能なので、把握できたおおよその人数という意味あいで、「概数」として発表されています。

このように一九九〇年代後半の失業率の急上昇によって、近畿だけでなく全国的にホームレスが増え続けました。この現実を確認するために、二〇〇三年から厚生労働省のホームレス概数《がいすう》調査が行なわれるようになり、先の❸のグラフでもこの年以降、全国のホームレス概数が記載《きさい》されています。

その後、ホームレスの概数はどのように推移《すいい》しているでしょうか。ホームレスの概数は、失業率がまだ高い状態ではあるけれど、少しだけ減少傾向を示した時期（❸のグラフの二〇〇三－二〇〇七年）があります。ここ数年は、失業率が上がっているにもかかわらず、減少しています。失業率が減少すると

❹ ホームレスの実態に関する全国調査（概数調査）結果

| | 2011年 | | | | 2010年 | 2009年 | 2008年 | 2004年 |
|---|---|---|---|---|---|---|---|---|
| 自治体名 | 男 | 女 | 不明 | 計 | 計 | 計 | 計 | 計 |
| 東京都23区 | 2,721 | 65 | 0 | 2,786 | 3,105 | 3,436 | 4,213 | 5,927 |
| 札幌市 | 58 | 6 | 8 | 72 | 99 | 109 | 132 | 88 |
| 仙台市 | 102 | 5 | 1 | 108 | 124 | 100 | 132 | 203 |
| さいたま市 | 112 | 3 | 15 | 130 | 120 | 121 | 179 | 221 |
| 千葉市 | 65 | 2 | 0 | 67 | 72 | 91 | 103 | 126 |
| 横浜市 | 702 | 8 | 0 | 710 | 697 | 649 | 661 | 470 |
| 川崎市 | 639 | 17 | 10 | 666 | 691 | 635 | 848 | 829 |
| 新潟市 | 18 | 1 | 0 | 19 | 24 | 23 | 40 | 53 |
| 静岡市 | 27 | 2 | 18 | 47 | 56 | 61 | 88 | 137 |
| 浜松市 | 52 | 3 | 4 | 59 | 85 | 100 | 115 | 140 |
| 名古屋市 | 352 | 10 | 140 | 502 | 641 | 608 | 741 | 1,788 |
| 京都市 | 214 | 9 | 54 | 277 | 335 | 383 | 387 | 624 |
| 大阪市 | 2,792 | 59 | 9 | 2,860 | 3,724 | 3,647 | 4,069 | 6,603 |
| 堺市 | 72 | 5 | 8 | 85 | 92 | 96 | 133 | 280 |
| 神戸市 | 117 | 4 | 0 | 121 | 151 | 149 | 135 | 323 |
| 岡山市 | 37 | 0 | 2 | 39 | 46 | 53 | 60 | 38 |
| 広島市 | 80 | 9 | 0 | 89 | 111 | 103 | 115 | 156 |
| 北九州市 | 123 | 6 | 12 | 141 | 149 | 162 | 249 | 421 |
| 福岡市 | 364 | 17 | 12 | 393 | 969 | 782 | 784 | 607 |
| 合計 | 8,647 | 231 | 293 | 9,171 | 11,291 | 11,308 | 13,184 | 19,034 |

社会・援護局地域福祉課による調査。
年数は調査年を示す。比較のため二〇一〇年度以前も挙げた。

ともにホームレスの概数も減少している。そして、失業率が上昇した時期にもホームレスの概数は、減少しつづけている。

このようにホームレスの概数が減少しつづけているのは、二〇〇〇年代にホームレス対策がおおきく進展したからです（右の❹の表）。そしてそのような対策は、ホームレスの権利を守る反《はん》失業運動が勝ち取った成果にほかなりません。

ここで、下の❺の写真[1]をみていただきたいと思います。これは、大阪市内のホームレス概数が八六六〇人と把握された一九九八年六月に「あいりん総合センター◁」の一階で撮影されたものです。

何人の人が寝ているか、おわかりでしょうか。約九〇〇〇人です。大阪市内のホームレスのおおよそ一〇分の一が集合していることになります。

写真を注意深く見ていただくと、一人最低一枚の毛布を被《かぶ》っているように見えます。約九〇〇〇人ですから、少なくとも九〇〇〇枚以上の毛布が準備されていることがおわかりいただけると思います。

なぜ、この人たちはここに集まっているのか、どうやって毛布が確保されたのか、不思議だとは思いませんか。個々人の営みでなく、何らかの団体が呼びかけ、実施《じっし》されている集団の営《いとな》みであるということは、容易に想像できることだろうと思います。

❺

1● 撮影者名の断り書きのない写真は、筆者・松繁による撮影である。

**あいりん総合センター**
⇩54頁、209頁以下

このように、野宿《のじゅく》を余儀《よぎ》なくされている人が増え続ける釜ヶ崎では、問題解決を図ろうとする団体が存在していました。その成果としてホームレス対策が実施《じっし》されるようになったわけですが、しかし、そのような一定の成果をあげられるようになるまでには、長い助走《じょそう》期間が必要でした。この章では、釜ヶ崎がどう「失業の嵐」に巻き込まれ、反《はん》失業を掲《かか》げた運動がどのように対応したかについて、見ていきましょう。

## 反失業運動の
# 助走期間——一九八〇年代-九〇年代初頭

下の❻のイラストは、釜ヶ崎地区内で労働者向けに配布《はいふ》されていた「釜ヶ崎夜間学校ニュース」（一九八二年七月二二日号）に掲載《けいさい》されていたものです。仕事の回復に見切りをつけた人たちが、ブルーシートを張《は》るという今までに見なかった形で、「青《あお》カン＝野宿」を始めたことが伝えられています。

左下の❼の図は、西成《にしなり》労働福祉センターが把握した求人数の月別推移《すいい》を示したものです。一番下に横へ低く張っているのは、一九七六年の求人数の推移です。この時期も、多くの日雇《ひやと》い労働者が、梅田《うめだ》の地下街やナンバにあふれ出たことで

❻

知られています。その上の二つの線は、山と谷がはっきりしています。一九七六年と比べると、年間を通じて求人数は増えていますが、月によって大きな差があることがお分かりいただけるでしょう。

仕事の回復に見切りをつけて、テントを張るようになった人々がいることを伝えた夜間学校は一九八二年七月でした。❼のグラフを見ると、一九八二年の求人数は、三月を最高に四月から急激に落ち込み、七月以降緩《ゆる》やかに増えています。三月の求人数が約八四〇〇人、六月が約四二〇〇人ですから、半減していることになります。

日雇い労働者というのは、基本的に日々雇《やと》われ、日々解《かい》雇《こ》される人々です。多くの労働者は、簡易宿泊所《かんいしゅくはく》◁で寝泊まりしますが、宿泊料は毎日現金で払わなくてはなりません。

少し計算してみましょう。当時の賃金を七〇〇〇円とし、簡易宿泊所の宿泊料や食費などで一日当たり三〇〇〇円必要であるとすれば、一日の収入は三日分の生活費に足りないことになります。求人数が半減したのですから、全員が交代で一日おきに仕事に就《つ》くようにすれば、何とかつじつまが合うことになります。

❼ 西成労働福祉センター把握の求人数の月別推移

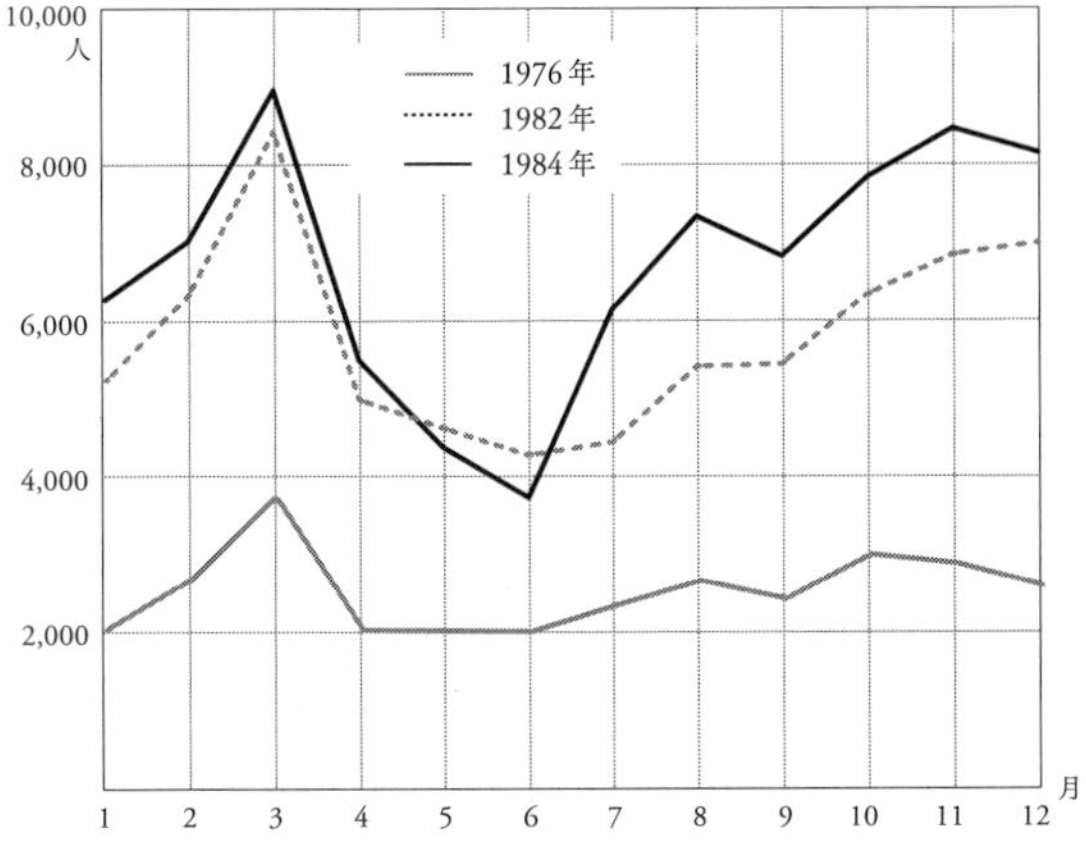


梅田／ナンバ
⇩10頁の地図を参照

簡易宿泊所 ⇩161頁以下

しかし、現実はそういきません。うまく長期の工事現場を抱える業者や仕事を継続して確保できる業者と縁《えん》のある人は、いやになるくらい毎日働き、そうでない人は、ズーッと仕事に就《つ》けないか、時たまにしか就けなくなります。

また、肉体的に無理が利《き》かない人は、仕事に就くことが困難になります。病弱な人や高齢者です。

失業率が年齢によって違うことは、先に見ました。この時期の釜ヶ崎では高齢者に失業の嵐が吹いていたということになります。

下の❽の写真は、釜ヶ崎の北部・浪速《なにわ》区にある阪堺《はんかい》線・恵美須《えびす》町駅◁構内の夜間の様子です。

人の生活に「衣食住」は欠かせませんが、もっとも優先度が高いのは「食」の確保です。長期にわたる住居の喪失《そうしつ》も、精神的ストレスや雨露《つゆ》にさらされることによる体力の消耗《しょうもう》で、寿命を縮める元ですが、食の欠乏は、もっと短期的に死につながります。ですから、収入が乏しくなると、宿泊料が払えなくなるということもありますが、少ない手持ちのお金を食費に回すために、路上で寝泊まりすることになります。

余儀《よぎ》なく——他に選択肢《し》がないか少なすぎて——路上や公園で生活することになるのですが、衣食住を確保できる定期的な収入がある人々にとっては、路上や

恵美須町駅⇩11頁の地図

8

公園で生活する理由を理解することは難しいようです。

一九八二年九月三日の『読売新聞（大阪版・朝刊）』には、次のような記事がありました。

**浮浪者《ふろうしゃ》　ミナミから追放／残飯《ざんぱん》なくし兵糧攻《ひょうろうぜ》め**

ミナミ◁で商店街のアーケード下やビルのすき間などに住みつく浮浪者が増え続け、住民や通行人とのトラブルが目立っている。七月には、立ち小便を注意された男が殺人事件を起こしており、対策に手を焼いた南《みなみ》署は二日午後、地元の各種民間団体、官公庁の出先《でさき》機関の代表者ら約百人を集めた「住所不定《ふてい》者問題対策連絡協議会」を発足させ、本格的に浮浪者排除活動を始めた。あらゆる法令《ほうれい》を適用して取り締まりを強化するとともに、飲酒店の残飯、残酒を路上《ろじょう》から一掃《いっそう》する〝兵糧作戦〟を申し合わせた。

一九八三年一月には、横浜市中区《なかく》にある日雇い労働者の街、寿町《ことぶき》◁周辺の山下《やました》公園や横浜スタジアムの下などで、野宿《のじゅく》していた労働者が、中学生を含む少年た

**ミナミ** ⇩ 11頁の地図

**寿町**
神奈川県横浜市中区にある簡易宿泊所街。港湾荷役で働く労働者（仲仕）のまちとして有名だった。

ち一〇人に、「クサイ・邪魔者」として三人が殺され、一三人が重軽傷を負わされていた事件が報道機関によって大きく報じられました。

その報道を受け、大阪でも釜ヶ崎日雇《ひやとい》労働組合◁（釜日労）を中心に、梅田《うめだ》・ナンバ・天王寺《てんのうじ》◁で野宿を余儀なくされている人々への聞き取り調査が行なわれました。その結果、暴行を受けた経験については、六一人中一五人があると答え、七人は友達が暴行を受けたと答えており、大阪でも寿《ことぶき》同様の、野宿《のじゅく》を余儀《よぎ》なくされている人びとへの襲撃《しゅうげき》事件があることが明らかになりました。

同じ年の五月、釜ヶ崎日雇労働組合事務所を訪れた日雇い労働者が、南区で野宿をしていたところ、深夜、五人の制服警官にとり囲まれ、本籍《ほんせき》・氏名・生年月日などを聞かれた上、顔写真・指紋《しもん》までとられたが、なんとも納得できないと訴えてきました。組合から南警察署に電話し、警邏《けいら》課長から事実関係を聞いたところ、南区管内《かんない》のすべての野宿者を対象に指紋採取・顔写真撮影を行なっており、任意《にんい》がたてまえだが、軽《けい》犯罪法を根拠に実施しているので、断わられたら署《しょ》へ来てもらうこともありうるとの答えでした。

このことを人権侵害《しんがい》ととらえ、大阪弁護士会人権擁護《ようご》委員会に「人権侵害事件」として申し立てたことが、朝日新聞で大きく報じられました。すると、東京の女性から、「浮浪者に人権なんかあるんですか。この繁栄する日本の中で、大《だい》

**釜ヶ崎日雇労働組合** ⇩229〜253頁

**天王寺** ⇩11頁の地図

の大人が、食うに困ったり、住むところが確保できないのは、本人がよほどぐうたらで、なまけものだからでしょう。そんな人達に人権があるなんて、あなた達は何を考えているんですか」という抗議の電話が、釜日労事務所にありました。

　野宿を余儀なくされている人びとへの襲撃事例が多く伝えられ始めた一九八二年から一九八八年にかけては、ホームレス（当時は「浮浪者」と侮蔑《ぶべつ》的に呼ばれ、排除の対象とされていたことは、これまでの紹介でおわかりのことと思います）に対する世間の見方は、冷たいものであったといえます。

　一九八八年から一九九一年にかけて、失業率はいったん下降します。しかし、野宿を余儀なくされている人びとは減りませんでした。それまでに日雇い仕事からはじき出され、路上に定着せざるを得なかった高齢・病弱者を中心とした人たちは、仕事が増えても、再び建設・土木の現場で肉体労働するための体力と気力を失っていたからです。また、一九九三年以降の失業率の高まりは、職を失った人びとが新たに釜ヶ崎に加わる要因でもありましたから、古くから日雇いで働いていた人が、若い新規登場者に就労《しゅうろう》機会を奪われるという現象を引き起こしていました。

**一九八八年から一九九一年にかけて**
新たな投資先を見出せない流動資金が土地や先物取引などに集中し、一時的な建設ブームとなり、また、消費拡大は、工場やサービス業を中心として、非正規雇用の拡大をともないました。いわゆる「バブル経済」で、崩壊後は、非正規で働いていた人の大量失業となりました。（⇩226頁以下、および354頁も参照）

9

## 反失業運動のはじまり――一九九二年以降

一九九二年からの失業率の上昇は、釜ヶ崎では、それまで仕事に就《つ》けていた中年労働者も働けなくなる現象をもたらしました。さらに、仕事量が十分でないのに、釜ヶ崎以外の地で仕事を失った人が、身過《みす》ぎ世過《よ》ぎを求めて釜ヶ崎に来て、当《あ》てが外れ、野宿《のじゅく》になるということも起きました。

かくして、大阪市内の野宿生活者・ホームレスが増大しつづけることになったのです。

一九九三年、釜ヶ崎反《はん》失業連絡会（釜ヶ崎就労・生活保障制度実現をめざす連絡会）が、釜ヶ崎日雇《ひやとい》労働組合や釜ヶ崎キリスト教協友会を中心に結成されました。

野宿を余儀《よぎ》なくされている人々への職と寝場所の提供という切実な要求を掲《かか》げて、大阪府や大阪市に対し、実施を求める行動を積み重ねることになります。

10

釜ヶ崎反《はん》失業連絡会のユニークさは、これまで個々人の避難行動であった「野宿」を集団化し、世間の目に見える形にして、問題解決を迫ったことです。❾と❿の写真は、その活動の一部を示したものです。繰り返し、野宿の可視化《かしか》＝集団野営《やえい》闘争◁が取り組まれました。

また、行政機関に要求を繰り返すだけでなく、不十分なものであれ、要求の一部が実現する可能性が見えた時には、実施を行政任《まか》せにするのではなく、行政との取り決めに基づき、実施に必要な役割分担を引き受けました。さしずめ、いまなら「官民協働《かんみんきょうどう》」というところでしょうか。

267頁の写真❺では、センター一階で夜間を過ごす光景を紹介しましたが、下の⓫の写真はその準備作業です。大阪府が場所の使用を認め、大阪市が毛布と乾《かん》パンを提供しましたが、日々の作業は、反失業連絡会と利用者が行ないました。

コンクリートの上にブルーシートを敷《し》くのも、毛布を

⓫

**野宿の可視化＝集団野営闘争** 個々人やグループでのやむをえない野宿は、人目を避ける場所を選びがちで、「問題」が見えにくいとの考えから、目立つ場所での集団野営が行なわれました。二四時間の生活の場ですから、三食の炊き出し、雨露をしのぐテントが準備されました。

配るのも、そして、各自で寝る場所に毛布を敷くのも、すべて利用する人びとで行なわれていた様子がおわかりいただけると思います。もちろん、片付けも人任《まか》せでなく、利用者全員で行なわれました。

一九九八年に大阪市から、寝泊まりする場所として空き地を一時貸すという話が出た時も、「単なる空き地を借りてどうする」と拒否するのでなく、自分たちで活用方法を考えました。提供された空き地で、野宿するのではなく、大テントを張り、畳《たたみ》を敷いて、六〇〇人が寝場所として活用できる空間をつくりだしました（下の⑫⑬の**写真**）。

大テントは、敷地《しきち》の利用だけを大阪市が認め、寝場所として整えるための資材や労働力は反《はん》失連が負担したのです。

この大テント設置と利用開始のあとに、釜ヶ崎地区内にもう一カ所大テントが設営されます（一九九九年九月から翌年三月末まで）。反失連の大テントを参考にした大阪市が設置して、運営は釜ヶ崎反失業連絡会に委《ゆだ》ねられました。

寝場所確保は、地ベタからコンクリートの上、テント内の畳の上へと「進化」したことになります。

職を求める行動は、大方の見方は「実現不可能」というところでしたが、一日二〇人の枠《わく》でしかも期間限定という形で実現することになります。

⑫

⑬

一九九四年、反失連の要求と野宿者急増の現実から、大阪市は「高齢者特別清《せい》掃《そう》事業」を始めることにしました。事業の委託《いたく》を受けたのは、社会福祉法人大阪自彊館《じきょう》でしたが、現場で労働者と共に働き、実際に稼働《かどう》する事業となるように支えたのは、府や市に要求したことのうちの少ししか認められなかったとはいえ、事業を守り大きく育てようと積極的に考えた反失業連絡会のメンバーです。

## 反失業運動の新展開——一九九九年以降

一九九九年、結成から六年たった反《はん》失業連絡会は、二つの方向を打ち出すことになります。

一つは、「野宿《のじゅく》生活者支援法」の成立を目指すこと。もう一つは、「特定非営利《ひえいり》活動法人」の設立です。

法の制定を目指したのは、野宿生活者の増大が、釜ヶ崎や大阪だけのことではなく、全国的な課題となっており、国による本格的な対策が必要であると考えられたからです。

ＮＰＯ法人の設立は、野宿生活者の存在規模に見合った対策規模を行政に要求

⓮ NPO法人釜ヶ崎支援機構決算額推移

| | 予算総額(円) | | 決算総額(円) |
|---|---|---|---|
| 1999年度 | 9,900,000 | 1999年度 | 345,576,394 |
| | | 2000年度 | 453,502,121 |
| | | 2001年度 | 737,029,367 |
| | | 2002年度 | 856,805,426 |
| | | 2003年度 | 1,063,777,746 |

し、実現するためには法人格《ほうじんかく》を持った事業の実施団体が必要であると考えてのことです。

前頁の⓮の表は、NPO法人釜ヶ崎支援機構《しえんきこう》の設立当初の予算額と決算額の推《すい》移《い》を示したものです。設立当初の予算が一〇〇〇万円足らずだったのに、二〇〇三年度の決算額では一〇億円を超える規模になっていることがわかります。

この事業規模の急拡大の原因については、日本全体の「失業の嵐」対策の影響があげられます。一九九八年末頃から「不況対策」として論議されていた、緊急雇用《こよう》創出基金◁が一九九九年七月に本決まりとなり、その予算を使っての事業実施が一〇月からとされていました。

NPO法人釜ヶ崎支援機構の設立総会は六月、九月末には法人登記《とうき》も終わっていました。緊急雇用創出基金を活用しての事業を受けるのに必要な法人格の取得に、ぎりぎり間に合ったことになります。設立当初予算約一〇〇〇万円が、決算額で三億円を超えることになったのは、緊急雇用創出基金を活用しての事業の委《い》託《たく》を受けたからにほかなりません。

緊急雇用創出基金を活用しての就労《しゅうろう》可能人数の拡大は、多くの人に喜びと希望をもたらしました。また、二〇〇〇年四月には、南海天王寺《てんのうじ》天下茶屋《てんがちゃや》線跡地《あとち》に、二階建てプレハブ四棟が建ち、六〇〇人が雨露《つゆ》や襲撃の心配なく休める「あいり

**緊急雇用創出基金**
政府が、失業者の短期雇用のための基金として、都道府県に分配した基金。臨時職員として雇用したり、常には行なわない仕事をつくって雇用したりするなどに使われている。最近では、東日本震災の被災者が復旧事業に雇用されるためにも、使われています。

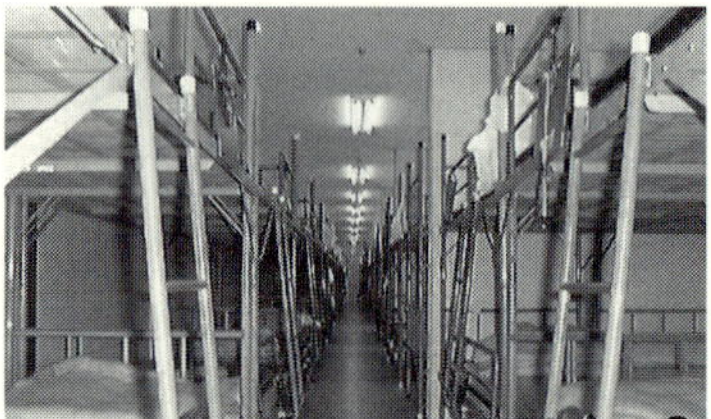
⓯

ん臨時緊急夜間避難所」が開所しました（⑮⑯の写真）。
釜ヶ崎支援機構の事業規模が拡大していることに示されているのは、大阪市・大阪府、そして国のホームレス対策の拡大です。しかし、それはまだまだ不十分なものでした。

高齢者就労事業で仕事にあり就《つ》けるのは、月に三～四日という状況でした。簡易宿泊所に泊まり、三食を確保するには、とても足りません。

夜間宿所は、毎日列《れつ》に並んで利用券を手に入れる事が必要で、夕方五時三〇分から翌朝五時まで利用できるにすぎません。とても、アパート・マンションの代用品となりえるものではありませんでした。

釜ヶ崎反失業連絡会が目指したのは、職（収入）の確保による野宿生活の解消でしたから、とても満足すべき成果をあげたとは言えませんでした。

反失連が掲《かか》げたもう一つの目標「野宿者支援法」は、内容はともかく、二〇〇二年八月に「ホームレスの自立支援等に関する特別措置《とくべつそち》法」として成立します。

法の成立を受けて、反失連は、制定された法の実効性、さらなる就労機会の拡大を求めて、野営《やえい》闘争を再開しました。それは、二〇〇二年九月から二〇〇三年一二月までの四四七日間という長期にわたるものとなりました（⑰の写真。川に沿って白く見えているのが野営用のテントの列。左奥に見えるのが市庁舎）。

⑯

17

⑱ 今宮中学校横の市道のテント風景。1998 年 12 月 7 日撮影。同年 12 月 28 日に強制撤去（下の写真）される（⑱〜⑳は海老一郎撮影・写真説明文）。

⑲ 1998 年 12 月 28 日、大阪市の行政代執行によってテントが強制撤去される。

⑳ あいりん総合センター２階で、仮眠をとっている労働者の様子。この人たちの大半が野宿をしているものと思われる。1998年の夏。

㉑これら3枚の写真は、釜ヶ崎反失業連絡会議による現地闘争の様子。上の写真は1997年12月3日、その右は同年12月7日、下は同年12月8日、あいりん総合センターにて筆者撮影。

野営《やえい》闘争が長期化した理由は、法はできたものの実際の施策《しさく》が長く見えなかったからです。法を受けて、国の「ホームレスの自立の支援等に関する基本方針」◁が定められたのは、法制定から丸一年後の二〇〇三年七月のことです。国の基本方針を受けた大阪府・市の実施《じっし》計画の確定は、翌年春となりました。

国の基本方針の中には、具体的な事業を想定しての就労《しゅうろう》保障の考え方は示されていませんでした。それからすると、府市の実施計画にも、具体的な就労保障策が盛り込まれる可能性がとても低いと考えられました。

反失連の長期にわたる野営闘争は、職の確保を掲《かか》げていましたので、何の成果を上げることなく、泥沼化《どろぬまか》するしかないのかとも思われていました。

突然、話が変わるようですが、下の㉒のグラフは、西成《にしなり》区とあいりん（釜ヶ崎）地域の生活保護受給世帯の推移《すいい》を示したものです。

西成区、あいりん地域ともに、二〇〇二年から二〇〇三年にかけて、生活保護受給世帯が増えたことがわかります。

国の基本方針は、就労の具体的な提供については無内容でしたが、生活保護の

㉒ 生活保護受給世帯の推移（2000～2010年）

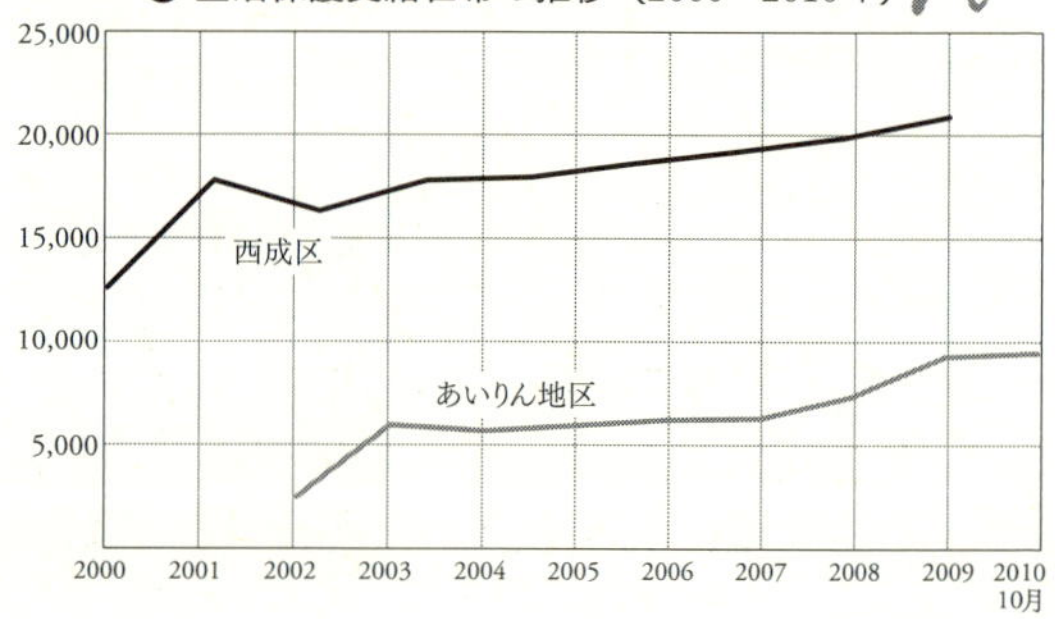


**ホームレスの自立支援等に関する特別措置法**
日本では、国の定めた基準以下の収入しか確保できない人は、補ってもらえる「生活保護」の制度があります。

活用について触れており、それを受けた厚生《こうせい》労働省保護課長の通知が、基本方針と同じ日に出されました。それには、「ホームレスに対する生活保護の適用に当たっては、居住地がないことや稼働《かどう》能力があることのみをもって保護の要件《ようけん》に欠けるものでないことに留意《りゅうい》し、生活保護を適正に実施する」と書かれていました。

就労による野宿の解消を実現することが困難であるなら、生活保護法にいったん避難せざるをえない。当然の流れで、中之島《なかのしま》野営地からの生活保護申請《しんせい》が取り組まれることになりました。

二〇〇九年のあいりん地域の急増も、その当時と同じ現象です。二〇〇九年三月に「職や住まいを失った方々への支援の徹底について」と題した保護課長通知が出されています。

釜ヶ崎の日雇い労働者と同じ境遇《きょうぐう》の人びとが、派遣《はけん》労働者として全国各地の工場周辺の寮《りょう》（アパート、マンション）で生活していたのが、失業の嵐に巻き込まれて、寮から路上に押し出される傾向が強まったことを受けてのことでした。

釜ヶ崎のことは釜ヶ崎だけのことではなく、「失業の嵐」に見舞われるすべての人にも関わることです。だからこそ、今、「釜ヶ崎のススメ」なのかな？

ホームレスも生活保護法により対応されればよいとの考え方もありました。しかし、生活保護法の運用が法の目的にそってなされていない傾向があったこと、ホームレスが活用しにくい制度であったことなどの問題がありました。そのため、特別立法が目指され、実現した法律です。

**ホームレスの自立の支援等に関する基本方針**
「ホームレスの自立支援等に関する特別措置法」に定められた目的・方法を、各都道府県が実施するための指針。各都道府県はこれに基づいて実施計画を策定しました。生活保護制度の活用も含まれています。

1994年6月30日。釜ヶ崎反失業連絡会議による現地闘争の様子。
あいりん総合センターの3階にて（海老一郎撮影）。

第9章

# 釜ヶ崎の「生きづらさ」と宗教

白波瀬達也

日本人の多くは宗教と聞いてはじめに思い浮かべるものはどのようなものだろうか。マスメディアが詐欺《さぎ》やカルト問題、はたまたテロリズムとの関連のなかで宗教を取り上げることが多いことから、私たちは「宗教は社会問題を引き起こすもの」と考えがちである。しかし一方で、宗教は、社会的に排除された人びとや地域において、物心両面にわたる支援を積極的に展開する原動力になることも少なくない。とりわけ、さまざまな「生きづらさ」を抱えた人たちが多く暮らす

釜ヶ崎では、宗教と結びつきの強い組織による支援活動が盛んにみられる。以下では、主に戦後の釜ヶ崎における宗教の働きを概観《がいかん》する。

## 宗教の分布――どんな宗教が活動していたか？

釜ヶ崎には、かつて女性や子どもが多く住んでいた。しかし、一九六〇年代になると、日雇《ひやと》い労働力の需要《じゅよう》の急激な高まりにともなって、大量の単身《たんしん》男性が全国各地から寄り集まってきた。時を同じくして、釜ヶ崎では、家族世帯《せたい》を周辺地域へ分散《ぶんさん》させる対策◁がとられ、多くの住民が公設《こうせつ》の保護所や公営《こうえい》住宅へ入所することになった。このようなプロセスを経て釜ヶ崎は、単身男性の日雇い労働者が集住するドヤ◁街としての性格を強めていった。そして、釜ヶ崎の人口構造が変わるにともない、その宗教分布《ぶんぷ》も変容していった。女性や子どもが多く住んでいたころの釜ヶ崎は、伝統仏教の寺院や新《しん》宗教の教会が存在し、一定の活動を行なっていた。しかし、高度経済成長期以降、釜ヶ崎における伝統仏教と新宗教◁の活動はほとんど展開されないようになっていく。伝統仏教では先祖祭祀《せんぞさいし》の担い手であるイエが、新宗教では家庭内の女性が、主たる「顧客《こきゃく》」であった。そのため、

**周辺地域へ分散させる対策** ⇩321頁

**ドヤ** ⇩121頁、158頁、186頁

●一九六八年の釜ヶ崎の子どもたち（上畑恵宣撮影・大阪市立大学都市研究プラザ所蔵）

●一九六五年の光景。女性と子どもたち（上畑恵宣撮影、大阪市立大学都市研究プラザ所蔵）

釜ヶ崎が単身男性の街へと変わっていくと、伝統仏教や新宗教は「顧客」を喪失《そうしつ》していったのである。その結果として、特筆《とくひつ》すべきことに、高度経済成長期以降の釜ヶ崎では、日本社会で最も身近な伝統仏教、新宗教の活動がほとんど行なわれてこなかった。釜ヶ崎は宗教分布という観点からしても、日本社会の標準とはかなり異なる様相を呈《てい》しているといえるだろう。

## キリスト教の活動

日雇い労働力の供給地として形成された当初から今日まで、釜ヶ崎は社会的に排除されてきた地域だが、一部の民間団体は積極的に支援活動を行なってきた。その代表的な存在が労働組合を中心とした労働運動であった。一方、労働運動と並んで釜ヶ崎に大きな影響を与えてきた主要な担い手がキリスト教である。釜ヶ崎に暮らす人びとの「生きづらさ」を取り除くべく、熱心なクリスチャンたちは、行政による対応（＝あいりん対策）が未整備の時代から活発な支援活動を展開し、公的な施策《しさく》の隙間《すきま》を埋めるような働きを実践してきた。

釜ヶ崎におけるキリスト教の活動の歴史は古く、その端緒《たんしょ》は一九三三年のフラ

**伝統仏教、新宗教**
近代化以前から日本に定着している仏教を伝統仏教という。既成仏教という場合もある。代表的な伝統仏教教団に、真言宗、曹洞宗、日蓮宗、浄土宗、浄土真宗などがある。一方、日本の近代社会において新たに創始された宗教を新宗教という。代表的な新宗教教団に天理教、金光教、創価学会、立正佼成会、真如苑などがある。

ンスのカトリック修道会「愛徳姉妹会《あいとくしまいかい》」による、医療や子どもの保育を中心としたセツルメント活動だとされている。

一九五〇年代から六〇年代にかけては、イギリスやドイツからの宣教師が釜ヶ崎で活動を開始するようになった。外国人宣教師《せんきょうし》によって釜ヶ崎の「社会病理」が発見され、キリスト教的価値観に基づきミッションが実践されたことが、当時のキリスト教の活動の特徴として指摘できよう。

一九七〇年には、釜ヶ崎の日雇い労働者が被《こうむ》る抑圧状況の打開を願うクリスチャンたちが、プロテスタント、カトリックの垣根《かきね》を越えたネットワーク型組織「釜ヶ崎協友会」(後に「釜ヶ崎キリスト教協友会」に改称《かいしょう》)を結成した。結成当初は高齢者向けの食堂や日雇い労働者向けの食堂の運営、アルコール依存症《いそんしょう》患者への克服の取り組み、入院中の労働者に対する見舞い活動など、福祉的な活動が中心であったが、一九七五年以降は労働運動と連帯《れんたい》した活動が展開された。以来、釜ヶ崎キリスト教協友会は、行政への要望活動や越冬闘争《えっとう》◁など、政治色を帯《お》びた活動にも着手していくことになる。従来の福祉的な活動に加え、日雇い労働者の生活条件や社会的地位の向上、権利擁護《ようご》のための運動にも力点が置かれるようになったのである。この時代のキリスト教の活動は、直接的な布教《ふきょう》が影を潜《ひそ》め、労働運動の高まりと一体となったラディカルな社会変革志向《しこう》が強まった。

越冬闘争 ⇩251頁

しかし、釜ヶ崎では、ホームレス問題が顕在化《けんざいか》した一九九〇年代中頃から、釜ヶ崎キリスト教協友会とは異なるスタンスでホームレス支援を行なう複数のキリスト教のグループが新たに台頭《たいとう》するようになった。それらはいずれもキリスト教への入信を重視するグループであり、一九九〇年代の後半には約一〇グループが活動を展開するようになった。新規に参入してきたキリスト教のグループは、いずれも未信者のホームレスを対象に、食事の提供をともなった「伝道集会《でんどうしゅうかい》」という集会を行なっている。ホームレスは自前で食事を摂《と》ることが困難なことから、伝道集会で出される食事は彼らの「生」を大きく左右するものとなっている。

## 二つのキリスト教

では、このキリスト教の釜ヶ崎での活動をもう少し詳しく見てみよう。まずは便宜《べんぎ》的に、社会運動的要素の強いキリス

●釜ヶ崎キリスト教協友会に加盟する「ふるさとの家」の外観。平日は談話室として開放され、日曜日には本田哲郎神父によるミサが行なわれる。

ト教を「運動型キリスト教」、布教《ふきょう》が活動の中心となったキリスト教を「布教型キリスト教」とに二分し、それぞれの特徴を見ていくことにする。

釜ヶ崎キリスト教協友会の関心はキリスト教信者の増加ではなく、むしろキリスト教の教えに基づいた「社会正義の実現」にある。したがって、「運動型キリスト教」に分類できるであろう。釜ヶ崎キリスト教協友会は、一九七五年以来、労働運動との関わりをもちはじめた。そして一九九三年には釜ヶ崎日雇労働組合◁などと共に「釜ヶ崎反失業連絡会」◁を結成し、新たな施策を引き出すための行政交渉を行なってきている。このことは釜ヶ崎キリスト教協友会が、信仰の有無を協働《きょうどう》の条件としていないことを端的に示している。釜ヶ崎キリスト教協友会は、野宿《のじゅく》に至る原因を、主として社会構造にみる。釜ヶ崎キリスト教協友会の構成団体で福祉施設兼《けん》教会の「ふるさとの家」（カトリック・フランシスコ会）の司祭《しさい》、本田哲郎は釜ヶ崎のなかでの取り組みについて以下のように言及している。

> 底辺に立つ人を抑えつけ、希望をそぎ取って意欲を失わせるのは、社会構造に問題があるからです。構造がいびつであり、社会の仕組みが切り捨ての論理に支配されていることに気づかず、その体制に組み込まれた組織の片棒をかつぐようなかたちで福祉に力を尽くすことは、屋根の穴を広げつ

釜ヶ崎日雇労働組合 ⇩272頁
釜ヶ崎反失業連絡会 ⇩274頁

つより大きなバケツやたらいを探し求めるようなものです。私たちの活動は、福音の立場から正義を追求するなかで福祉をどのように位置付けてゆくのかを問うものでなければならないでしょう。[1]

また、釜ヶ崎キリスト教協友会の構成メンバーであり、日本基督教団の牧師でもある小柳伸顕は次のように述べている。

私は、釜ヶ崎は「原因」ではなく「結果」だと思っています。日本の社会の結果が、釜ヶ崎を生み出している。だからこそ、その結果を生み出す原因に迫っていくことが非常に大切なのです。[2]

これらの記述からもわかるように、釜ヶ崎キリスト教協友会は、ホームレスや日雇い労働者への具体的な救援活動をしつつも、彼らを不安定な生活に追い込む社会の仕組みこそが苦難の根本原因だという視点を強固にもっている。したがって、釜ヶ崎に暮らすホームレスや日雇い労働者にとって不利益な施策《しさく》が講じられる際には、はっきりと異議申し立てを行なっている。

小柳は「キリスト者個人、あるいはキリスト教自身が、どれほど自己変革した

1● 本田哲郎、「福音は社会の底辺から」、釜ヶ崎キリスト教協友会編『釜ヶ崎の風』、風媒社、一九九〇年

2● 小柳伸顕、「西洋型ミッションを問い直す」、釜ヶ崎キリスト教協友会編『釜ヶ崎の風』、風媒社、一九九〇年

かが問われる」と述べており、[3]「釜ヶ崎キリスト教協友会」が、従来のキリスト教のあり方や自身の信仰のあり方を、内省《ないせい》的に捉え直すことを重視している。このように「運動型キリスト教」は日雇い労働者・ホームレスに宗教的真理を伝えるというよりも、彼らに寄り添い連帯するという姿勢（水平的な関係性）を強く持っている。

一方、信仰による救済を目指す「布教型《ふきょう》キリスト教」は、信仰の欠如が苦難の根本原因だと考えるため、未だ宗教的真理を知らない者に「教える」というパターナリスティックな姿勢（垂直的な関係性）が顕著《けんちょ》である。「布教型キリスト教」の多くは、食事や衣服の提供を副次《ふくじ》的なものと捉えており、霊的な次元での救済を何より重視する。筆者が確認する範囲では二〇一一年の段階で、一〇グループが定期的にホームレス伝道《でんどう》を行なっているが、すべてに共通してみられる態度は、布教に対する熱意と政治的な活動に対する無関心とである。また、いずれも、様々な社会問題は信仰の力によって解決可能だと考えており、社会構造への関心は乏しい。「布教型キリスト教」は何事に対しても感謝することをホームレスに推奨《すいしょう》し、現状に対して不平・不満をこぼすことを否定する。また、「罪」の悔《く》い改《あらた》めと自己変革を強調する。このことは直接的な布教活動を行なわずに社会の変革を目指す「運動型キリスト教」との明確な違いとなっている。「布教型

3● 小柳伸顕、「西洋型ミッションを問い直す」、前掲書

キリスト教」は、具体的な差別や排除の動きに政治的に対応することはなく、むしろこのようなネガティブな事象《じしょう》を信仰に目覚める重要な契機《けいき》と捉える傾向がある。

　このように「運動型キリスト教」と「布教型キリスト教」は共にキリスト教でありながらも、ホームレスに対する眼差しや活動の方向性は大きく異なっている。いずれも教会・教派《きょうは》を超えたネットワークをもっているが、実際に「運動型キリスト教」と「布教型キリスト教」が意思疎通《そつう》をはかることは皆無に等しい。両者の間に表立った対立こそみられないものの、協働《きょうどう》を阻む見えない壁が大きくたちはだかっている。一方、ホームレスの多くは、両者のスタンスの違いにこだわることなく、自身の都合にあわせて融通無碍《ゆうずうむげ》に接触している。釜ヶ崎キリスト教協友会の施設を利用するホームレスが伝道集会に参加することは、ごくありふれた光景である。

●一年中毎日、伝道集会を行なっている大阪救霊会館の外観。伝道集会後にパンを配っている。

# 布教される側の理由

キリスト教の活動をする側ではなく、受容《じゅよう》する側（ホームレスの側）に視点を移して、一九九〇年代後半にホームレス伝道《でんどう》が急増していった理由を考えてみることにする。まず、最も大きな影響があったと推察されるのが、釜ヶ崎における労働運動の影響力の低下である。先述したとおり、釜ヶ崎では一九六〇年代末からバブル経済期まで、脆弱《ぜいじゃく》な境遇におかれた日雇い労働者を労働運動が物心両面にわたって支えてきた。賃上げ春闘《しゅんとう》や悪質な業者に対する折衝《せっしょう》などを通して、釜ヶ崎の労働運動は日雇い労働者から信頼される存在となっていった。

他方で、当時の労働運動は、日雇い労働者がおかれた歴史的・社会的抑圧状況から目を逸《そ》らすものとして、また、労働運動の連帯《れんたい》を阻害《そがい》するものとして、キリスト教の活動を排除しがちであった。このように、労働運動の価値観が広く共有されている時代には、今日のように、キリスト教の布教《ふきょう》が容易ではなく、労働運動の活動家からは言うまでもなく、日雇い労働者からも反発の声が絶えなかった。

しかし、かつて「日雇い労働者」と統一的・集合的に分類されて呼ばれてきた人びとは、バブル経済の崩壊《ほうかい》以降、「かろうじて日雇い労働に参与《さんよ》できる層」、

**バブル経済期**
⇩226頁、273頁

**釜ヶ崎の労働運動**
⇩第7章、第8章を参照

「極めて低賃金のインフォーマル労働に従事する層」、「野宿《のじゅく》をしながら炊《た》き出しなどの支援に依存する層」、「生活保護を受けて施設やアパートで生活する層」など、様々に分断されていく。そのため、釜ヶ崎では「労働」という経済的なカテゴリーでは括《くく》りきることのできない問題[4]が露呈《ろてい》するようになり、労働運動の求心力は低下していった。

今日においても労働運動は存在するが、かつてのように思想や信仰といった個人の内面にまで介入する姿勢は希薄《きはく》で、ホームレスや日雇い労働者の行動を左右するほどの強い規制力は持ち合わせていない。現金収入をほとんどもたず、日々ホームレスを余儀《よぎ》なくされている人びとにとっては、伝道集会で出される食事は、まさに命綱《いのちづな》である。したがって、労働運動の担い手は、ホームレス伝道を「弱みに付け込んだ宗教の押し売り」として否定的に認識していても、公然《こうぜん》と批判することができない。

かつて釜ヶ崎の労働者の精神的な拠《よ》りどころとして機能していた労働運動は、寄《よ》せ場《ば》◁の縮小とともに弱体化し、もはや労働力としてみなされず無用化された人びとの実存《じつぞん》的問題に具体的に手を差し伸べることが困難になりつつある。労働組合やホームレス支援団体は、ホームレスが被《こうむ》る苦難《くなん》の意味を「行政の無策《むさく》」や「グローバル資本主義」といったかたちで外在化《がいざいか》させる。このような説明は、仮

4● 精神障がい、身体障がい、知的障がいなど、これまで影に隠れていた問題が「労働」の衰退によって表面化し始めている。とりわけアルコールに起因する精神障がいと過酷な肉体労働に起因する身体障がいが釜ヶ崎では顕著にみられる。

**寄せ場** ⇩ 80頁

に客観的な事実を述べていたとしても、高齢化し労働市場から排除されたホームレスの主観的な現実感覚とはズレが生じてしまっているだろう。むしろ「承認《しょうにん》の不在」ともいうべき状況のなかでは、苦難《くなん》の意味づけが自己の内面に向かうことは容易に想像できる。

　これまでの労働組合・ホームレス支援団体は、行政との交渉によって様々な権利を獲得してきたが、ホームレスが抱える負《お》い目《め》や悔恨《かいこん》にきめ細かく対処する術《すべ》は十分に持ち合わせていない。ホームレスが抱えている問題は「食い扶持《ぶち》の喪《そう》失《しつ》」だけではないのである。とりわけ高齢化し、「死」がリアルなものとして認知される場合には「生の意味」が希求《ききゅう》されるであろう。労働による自立が可能であった時期には、過去を悔《く》いる気持ちが顕在化《けんざいか》しづらく、意識の底に沈殿《ちんでん》しがちだったと推測することができよう。しかし、就労《しゅうろう》することが困難になり、野宿生活が常態化《じょうたいか》してしまい、一方的に支援を受ける側にまわったとき、意識の底に眠っていた「悔恨」や「罪責感《ざいせきかん》」が浮上してくるのではないだろうか。伝道集会では「死後」の世界が語られ、同時に今をどのように生きるべきかが説かれる。そこでホームレスたちはダイレクトに「生の意味」を問われるのである。このような状況と境遇において、「罪の自覚化」を促《うなが》す伝道集会のメッセージとホームレスのメンタリティは、以前に比べよりシンクロしやすい状況になりつつある。

そこで次に、布教《ふきょう》する側に視点を替えて、ホームレス伝道が急増する理由を見てみよう。

## 布教する側の理由

ホームレス伝道《でんどう》を行なっているキリスト教は、保守的な信仰を標榜《ひょうぼう》しており、信者形成に積極的な姿勢をみせている。ホームレス伝道の担い手たちは、ホームレスと特定の宗教との結びつきが弱いことから、釜ヶ崎を「リバイバル」[5]の可能性を秘めた地として認知している。釜ヶ崎でのホームレス伝道を加速させたのが、韓国系プロテスタント教会である。そもそも韓国系プロテスタント教会は一九八〇年代後半から日本で増加し始めた。その背景として、韓国内における急激な教会成長率の低下と余剰《よじょう》牧師の存在を指摘することができる。近年、韓国のプロテスタント教会は、新たな信者形成と牧会の場を国外に求めるようになっており、隣国の日本はその格好の対象となっている。韓国系プロテスタント教会が日本で活動を展開し始めた当初は、日本に移住したニューカマー韓国人が主たる布教対象だったが、同時に日本人信者の獲得も大きな課題となっていた。しかしながら、

5● 信仰者が急速に増加する現象。「信仰復興」と訳されることもある。

大半の韓国系プロテスタント教会は、日本人信者の獲得に成功しておらず、結果的に小規模な教会にとどまっている。このように日本人の信者形成に苦慮《くりょ》する韓国系プロテスタント教会にとって、ホームレスは最もアクセスしやすい日本人であったと考えられる。釜ヶ崎およびその周辺でホームレス伝道を行なっている韓国系プロテスタント教会は一九九〇年代後半から増え始め、現在は四つの教会が継続的に活動している。二〇〇五年には日本人の総福音《ふくいん》化を目指す「ユニオン神学大学・教会成長大学院」という聖職者養成機関が釜ヶ崎のなかに創設されたが、ここでも連日のように伝道集会がもたれるようになった。

一方、日本人が牧師を務める教会も存在するが、その大半は韓国のプロテスタント教会と盛んな人的交流がみられる。例えば、釜ヶ崎で最大規模の教会である大阪救霊会館では、年に何度も韓国から日本への宣教を志向《しこう》する牧師や伝道チームを迎え、ホームレス伝道を行なっている。このように日本人が牧師を務める教会であっても、韓国のプロテスタント教会が日本で伝道する際の受け皿となっている。

# ホームレス伝道の「内側」

ホームレス伝道と称して行なわれる伝道集会は、厳密に参加者を制限するものではないが、その名称が示すように、ホームレスを対象にしている。したがって、参加者の大半が（元）ホームレスとなっており、ホームレス経験がない者にとっては非常に入りにくい雰囲気となっている。また、ホームレス伝道の担い手は、その活動の社会的アピールにあまり積極的ではない。そのため、釜ヶ崎ではホームレス伝道が盛んに行なわれているにもかかわらず、どのようなことが行なわれているのかを知っている者は、（元）ホームレス以外はほとんどいない（以下は筆者が直接に調査した経験をもとに考察をしている）。

教会によって様々だが、ホームレス伝道はおよそ次のような手順で進められる。まず伝道集会の成功を願う「祈り」から始まり、讃美歌《さんびか》を五曲ほど歌う。伝道集会に参加しているホームレスは手拍子を打ったり、手を挙げたりしながら讃美すること

●大阪救霊会館でホームレス伝道を行なう韓国の大学生宣教チーム。

が要求される。幾つかの教会は、集会の大半を讃美歌に費やしているが、このような讃美歌の重視は、教えを認知レベルだけではなく、身体レベルで内面化させようとする意図がある。讃美歌の斉唱《せいしょう》は決して強制ではないが、参加者の多くが口ずさんでおり、なかには歌詞を暗唱《あんしょう》している者もいる。ひとしきり讃美歌を歌った後、牧師や伝道師のメッセージが語られる。

みなさんは、人生変えられるよ。自分では何もできないでしょ？　自分では何も変わらないでしょ？　だから神様に委《ゆだ》ねるのよ。今、絶望になっていてもね、イエス・キリストに望みがあるのよ。

（山王シロアム教会、二〇〇四年五月一七日）

このように、伝道集会では人間が弱い存在であることが強調され、超越的な力の介在によってしか、根本的な救済は得られないと説かれる。また、伝道集会では苦難の理由が「罪」という言葉で説明される。伝道集会で示される罪とは「イエス・キリストを受け入れないこと」、「人間が根源的に不完全な存在であること」といった抽象的なものから、喫煙、飲酒、ギャンブル、詐欺、窃盗《せっとう》、親不孝、不平不満、反抗心など、具体的なものまである。そして苦難からの解放は、罪を自覚し、悔《く》い改《あらた》め、イエス・キリストを受け入れることによってのみ可能になると説かれる。

釜ヶ崎に流れ着いて、野宿《のじゅく》になって、もうどうしようもない状態にまでなって、「もうアカン」、「死んだ方がマシや」と思っている人もたくさんいるでしょ？　でも「イエス様ぁ、どうか私を救ってください！」と祈れば、あなたがこれまでどんな罪を犯していようとも全て赦《ゆる》され、救われるんですよ。

（大阪救霊会館、二〇〇三年一二月一三日）

これらは釜ヶ崎で伝道集会を行なっている教会のメッセージの一例だが、そこでは苦難の原因が個々人にあることを指摘しながら、罪を自覚し、悔い改めることによって希望のある生活が切り拓《ひら》かれていくという論理が共通してみられる。この論理は「証《あか》し」によってさらに補強される。証しとはいわば信仰にまつわる体験談のことである。伝道集会では、牧師や伝道師といった指導的立場にある者が包み隠さず自己の「負《ふ》の経験」を語るのである。

私はね、以前はキリスト教が嫌いだったんですよ。「何がキリスト教や」ってね。私の心は今とは全然違っていてね。タバコは一一歳の時から吸っていましたよ。中毒になったのは一〇歳。酒も飲んだくれていたしね。だから一日中、酒とタバコ。はっきり言いましょう。私は諦《あきら》めていた、人生を。しかし諦めきれないのが人間ですよ。理由をつけますよね。せっかくここまで苦労して両親が育ててくれたんだ。この人のため、あの人のため、命を絶つことができない。それでずっと鬱《うつ》病のままね、希望なしにボロボロになっていって、もう痛みも感じなくなる時期もありました。でもね、私は八年前に救われてね。それ以来、酒とタバコを完全にやめることができましたよ。信仰をもつとね、不思議なことですが、変えられるのですよ。

（山王シロアム教会、二〇〇四年一一月一日）

このように「布教型《ふきょう》キリスト教」の牧師・伝道師の多くは、抜き差しならない苦難を信仰の力で克服した体験を伝道集会で表明するのである。また、信仰を得るようになった元ホームレスの「証《あか》し」も頻繁《ひんぱん》に聞かれる。

私なんか西成《にしなり》に流れてきた時は、ホント汚い汚いおっさんですね。服も洗わなくて、体も汚いし、下着も汚れてくるし、靴も汚いし、また、シラミにも咬《か》まれて痒《かゆ》かったしね。そのようなね、汚いおっさんが救われて、海外宣教をすることができました。これから先も中国に行ったり、来年にはケニアにも行きます！　皆さん、神様は本当に素晴らしい。大きな希望をもっていいんです。イエス・キリストを信じたならば、あなたは変わります！　変わります！　変わります！　どうぞ主《しゅ》によって変えられ、本当に私たちがビジョンをもってね、前進していったらね、素晴らしい奇跡が生まれます。

（大阪救霊会館、二〇〇四年一二月八日）

このように「負《ふ》の経験」を語ることで、指導的立場にある牧師・伝道師は「同苦者」として自己をさらけだし、ホームレスとの心理的距離を縮める。また、元ホームレスの信者の語りは、同様の境遇であっても、信仰の力で変えられる可能性があることを体験的に裏づけるのである。メッセージや「証し」が一《ひと》とおり終わった後、再び讃美歌を歌い、「主《しゅ》の祈り」を唱える。最後に「食事の祈り」をしてから、食事が配布される。食事の内容は団体によって様々だが、質・量ともに充実したところもある。

食事の提供をはじめとして、伝道集会では牧師や伝道師がホームレスを歓待《かんたい》する態度がみられる。彼らは伝道集会に訪れるホームレスに言葉を掛けながら、満面の笑顔で迎える。集会中には、ホームレスの背中や肩を包むように優しく手を置き、別れ際には「また来てください」、「イエス様を信じましょう」と、相手の目を見ながらホームレスの手を力強く握って話しかけるなど、身体的接触が盛んにみられる。また、幾つかの教会では月に一度、誕生月に該当する参加者に食料品や下着等の生活必需品をプレゼントとして贈っている。これらのことからも、伝道集会では、ホームレスを固有の存在として尊重しようとする姿勢がうかがえるのである。

そこで、次にもう一度あらためて、ホームレス自身が伝道をどのように受容しているのかを考えてみる。

## 伝道集会を「ハシゴ」するホームレス

多くのホームレスにとって、食事や衣類が配布される伝道集会は信仰の有無にかかわらず、自身の生存を維持していく上で欠かせないものとなっている。したがって、ホームレスのなかには、各々の教会名を知らなくても、「パンの教会」、「カレーの教会」、「どんぶりの教会」といったように、そこで出される食事の内容で識別《しきべつ》している者もいる。このように独力で「食」の機会を確保することができないホームレスは、複数の伝道集会を「ハシゴ」している。伝道集会では「アルバイト求人誌」を長々と眺《なが》めている者、食事が配られるまでうつ伏せで寝ている者、イヤホンでラジオを聴いている者などがいる。

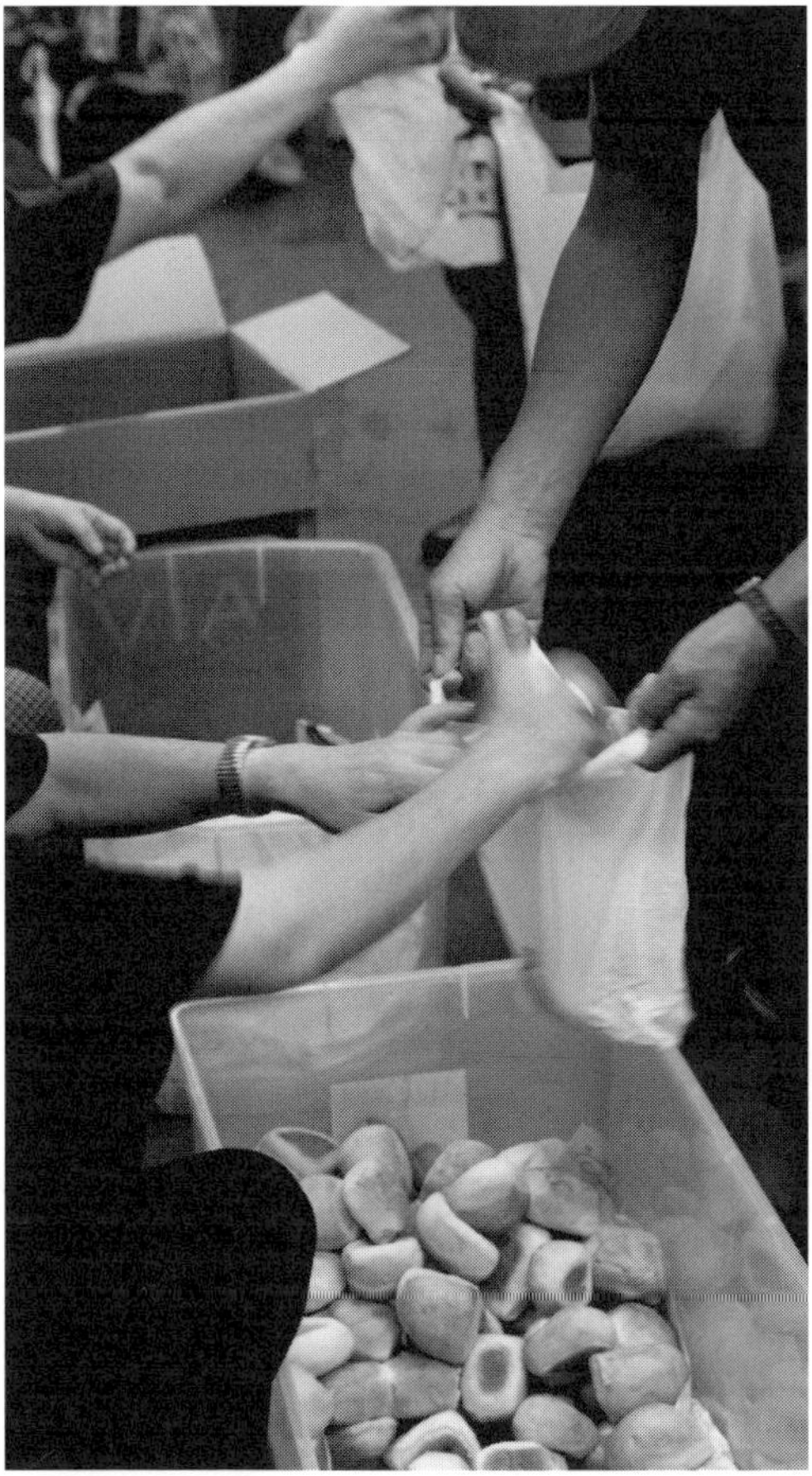

●伝道集会の後に配布されるパン。

しかし、ホームレスが伝道集会に参加するのは必ずしも食糧や衣服といった物質的なものを獲得するためだけではない。参加者のなかには、牧師たちがなげかけるメッセージに逐一《ちくいち》「アーメン!」、「ハレルヤ!」と言葉を返し、讃美歌を積極的に歌う者が少なくない。幾つかの伝道集会では、食事を配る前に献金《けんきん》を集めるのだが、そこでは参加者の二〜三割がポケットから小銭《こぜに》を献金袋に入れる姿を確認することができる。伝道集会では参加者の半数ほどが、信仰告白を表わす「使徒《しと》信条」を牧師たちと共に唱えており、その文言を暗唱している者も珍しくない。また、ホームレスが伝道集会の準備・片付けに自発的に協力している。

これらのことからも、一定の割合のホームレスが伝道集会に何らかのシンパシーを抱いていることがうかがえるのである。とはいえ、ひとつの教会にのみ所属することは、かえって自己の生存をあやうくさせるために、ホームレスの多くは特定の教会との結びつきを曖昧《あいまい》にしておく。このようにホームレスの多くは、受容/拒否という二項《にこう》対立を超えた次元で伝道集会に参加している。多くのホームレスは布教型キリスト教の伝道集会を「ハシゴ」するだけではない。運動型キリスト教と布教型キリスト教との間、労働組合の集会と布教型キリスト教との間も軽々とハシゴする。日々ギリギリの生活を余儀《よぎ》なくされるホームレスにとって重要なことは、自分を歓待《かんたい》してくれる場や、他者と交歓《こうかん》する場であって、理念の

**生活保護受給者の増加**
⇩282頁

**リーマン・ショック**
二〇〇八年にアメリカの投資銀行リーマン・ブラザーズが破綻したことをきっかけに起こった世界的な金融危機と経済不況のこと。

**6**● 釜ヶ崎における生活保護受給者の増加によって、伝道集会の参加者状況が大きく変容した。生活保護費が支給される月初は参加者が少なくなりがちであり、支給前の月末には参加者が多くなりがちである。

相違はそれほど大きな意味をもたないのではないだろうか。

## 高齢化問題と孤独死

最後に最も新しい釜ヶ崎の宗教事情について触れておこう。釜ヶ崎は二〇〇〇年代に入ると徐々に生活保護受給者が増え始め、その傾向はリーマン・ショックが起こった二〇〇八年以降、一層加速した[6]。この新たな動きは釜ヶ崎に暮らす人びとの定住化をもたらしている。日雇い労働者の街として機能不全状態となった釜ヶ崎には若年労働者が新たに流入することは少なく、急激な高齢化を経験している。釜ヶ崎は、これまでの人口の激しい流出入ゆえに匿名《とくめい》性が高く、地縁《ちえん》関係、血縁関係が希薄《きはく》な地域である。そのため、釜ヶ崎に暮らす人びとは極めて孤立しやすく、小さなアパートで孤独死することが日常化している。

生活保護の受給《じゅきゅう》が困難な時代においては、極限的な貧困

●「西成市民館」で行なわれる伝道集会の様子。

状態が主要な「生きづらさ」だった。しかし、生活保護制度の適用が進んだ今日、釜ヶ崎では貧困の問題は以前に比べてかなり緩和《かんわ》した。しかし他方で、孤立・孤独が高齢化した人びとの「生きづらさ」として新たに顕在化《けんざい》してきた。このような状況に対して近年は、伝統仏教の参画が釜ヶ崎においてにわかに活発化してきている。すでに東京では二〇〇〇年代後半からホームレス支援団体の要請を受け、伝統仏教教団に所属する僧侶たちで構成される団体「ひとさじの会」が（元）ホームレスに対する葬送《そうそう》支援を行なうようになっている。[7] 同様に釜ヶ崎においても二〇一〇年に伝統仏教教団に所属する僧侶たちで構成される団体「支縁のまちサンガ大阪」の活動が始まり、主に生活保護受給者の葬送支援を担っている。これら伝統仏教にかかわる個人・団体は、自らが得意とする葬送・先祖祭祀《さいし》をきっかけに、釜ヶ崎に暮らす人びとの日常生活にも密接な関わりを持ち始めている。伝統仏教の再参入によって、キリスト教が大勢を占めていた釜ヶ崎の宗教分布は描き変えられつつある。

社会関係が脆弱《ぜいじゃく》であり、高齢化にともなって死が差し迫った（元）ホームレスにとって、宗教は身近な存在となっている。釜ヶ崎で活動している宗教者・宗教組織は、現在の人間関係はもちろん、目に見えない存在（死者や神仏）をも含み込んだ関係性を調整し、無縁《むえん》化しがちな（元）ホームレスの縁《えん》の結び直しに深

前頁の**写真**は平川隆啓撮影（二〇一一年四月）

7● ひとさじの会は「結の墓」という合同墓を建立し、支援団体と密接な関係にあった（元）ホームレスの遺骨の納骨とそれらの供養を行なっている。

**参考文献**

◉本田哲郎、「福音は社会の底辺から」釜ヶ崎キリスト教協友会編『釜ヶ崎の風』風媒社、一九九〇年
◉小柳伸顕、「西洋型ミッションを問い直す」釜ヶ崎キリスト教協友会編『釜ヶ崎の風』風媒社、一九九〇年
◉白波瀬達也、「釜ヶ崎におけるホームレス伝道の社会学的考察——もうひとつの野宿者支援」『宗教と社会』一三、二〇〇七年

く関与している。日雇い労働の寄《よ》せ場《ば》としての機能が停滞《ていたい》してからの釜ヶ崎は、「宗教の寄せ場」となっている。

◉ソウル・イン・釜ヶ崎編『貧魂社会ニッポンへ　釜ヶ崎からの発信』アットワークス、二〇〇八年
◉撮影者名の断り書きのない写真は、筆者・白波瀬による撮影である。

# いのちと表現

## 釜ヶ崎でアートを

原田麻以

（NPO法人ココルーム）

この原稿を書いている今、釜ヶ崎のはずれにあるアートNPOココルームで働き出して一年八ヶ月が経ちました。ココルームではカフェとメディアセンターを運営していて、わたしはそこでまちの人とあいさつを交わしながら日々をすごしています。釜ヶ崎の越冬闘争が今年で四一年目を迎えていますので、その時間のなかのほんの少ししか、わたしはこのまちに関わっていません。そんな者がコラムなんぞ…「釜ヶ崎でアートを」なんぞ…書くことはおこがましいと、思っています。しかし、釜ヶ崎に入って来て日が浅い者の視点、数少ない若者の視点があることがこの本にとって大切だと思い、身

を奮い立たせて書き出す次第です。

さて、わたしが働くココルームが、徒歩五分ほどの場所にあるフェスティバルゲートから釜ヶ崎に拠点を移して活動を始めたとき、「人の移動が激しく文化が根づきにくいこの地域で、アートの活動は大変だ」と、アート業界の方から皮肉っぽく言われたことがあると聞きました。

わたしは、釜ヶ崎にはアートがある、と言い切りたいと思っています。わたし自身アートのアの字も知らず、釜ヶ崎の釜の字も知らずに、今のココルームの活動に関わりはじめたので、そんなことを言い切っていいの？と思われる方がいて当然なのですが、言い切りたいのです。

たとえば、釜ヶ崎のまちのおじさんたちの半生のものがたり、それらを語ることばのひとつ、ひとつ。響く声音、間、息継ぎ。たとえば、文字を習うことができなかったおじさんから書かれる、ゆっくりと強く懸命に引かれる線のひとつ、ひとつ。そこからつむがれる文字ともとれぬ文字のひとつ、ひとつ。そのとき、その場をつつ

# 芸

む集中の空気。描かれる絵の線、塗られる色のひとつひとつ。その身振りのひとつひとつ。

またたとえば、路上で自分たちのくらしを自分たちの手でつくるこまやかな知恵と工夫。まちに種を植え水をやってまわるおじさんの活動。それらは、背後に大きな課題や問題を孕んでいて、手放しで良いと言ってしまえるものではもちろんありません。その背後にある課題や問題に対し、アートもなにかできればと模索しているのがわたしたちの活動なのですが、しかし、先にあげたような場面に立ち合うたび、わたしは力のあるアーティストの表現に触れたときに感じるこころの揺れと同じものを感じてきました。それらは、時間と関係性の中で奇跡のように立ち上がったうつくしい瞬間であり、ただごとではないいのちの在りようをひきつれて、他者へうったえかけます。

釜ヶ崎の中に、紙芝居劇むすびというおじさんたちの紙芝居劇団の事務所があります。むすびのメンバーであるおじさんたちは、さまざまな事情の中、野宿の経験を経、現在も釜ヶ崎のまちで生活保

護を受給しながらくらしています。平均年齢七十八歳のメンバーは、しんどい足・腰、病気を抱えたりしながら、さまざまな人に支えられながら、重い紙芝居道具を運び、会場まで足を運びます。そして、そこで出会う人の前で、釜ヶ崎にくらしていることや野宿生活を経験してきたことなどをさらしながら舞台に立ちます。

ここでの表現は、おじさんたちのいのちの営みを、あす、あさって、それよりももっとずっと先の、未来の他者につないでいく作業であると感じると同時に、つながりを失ってきたおじさんたち自身が、もう一度社会の中でつながり合うための営みであると感じています。これらの営みは、今を生きるわたしたちにとっても同じように大切なことであると感じています。

どういうことが大切なの？　なんだか、わたしももやもやしているんだけれど……と感じる方がおられましたら、ぜひ、釜ヶ崎やコルームやむすびなどに足を運んでみてください。そして、まずは出会って、感じて、考えて、いっしょにおはなししてみませんか。そうすれば、きっとなにかが、すこしずつすこしずつかわっていくように思うのです。

上の写真は1964年ころ、戦災復興区画整理事業が進行中の、現在の萩之茶屋一丁目の北中部あたりの簡易宿泊所街。下は、萩之茶屋商店街に向いて撮影された、1982年当時の写真。（上畑恵宣撮影、大阪市立大学都市研究プラザ所蔵）

第10章

# 変わりゆくまちと福祉の揺《ゆ》らぎ

稲田七海

この一〇年で釜ヶ崎の風景は一変した。

まちには日雇《ひやと》い労働者にかわって、高齢《こうれい》の生活保護受給《じゅきゅう》者が激増《げきぞう》した。住人にあわせるかのように、まちの雰囲気も変化した。居酒屋とコインロッカーばかりが目立っていた通り沿いのテナントには、福祉関連とみえる事業所が軒《のき》をならべ、介護《かいご》ヘルパーや相談員が忙しそうにまちを駆《か》けずりまわっている。

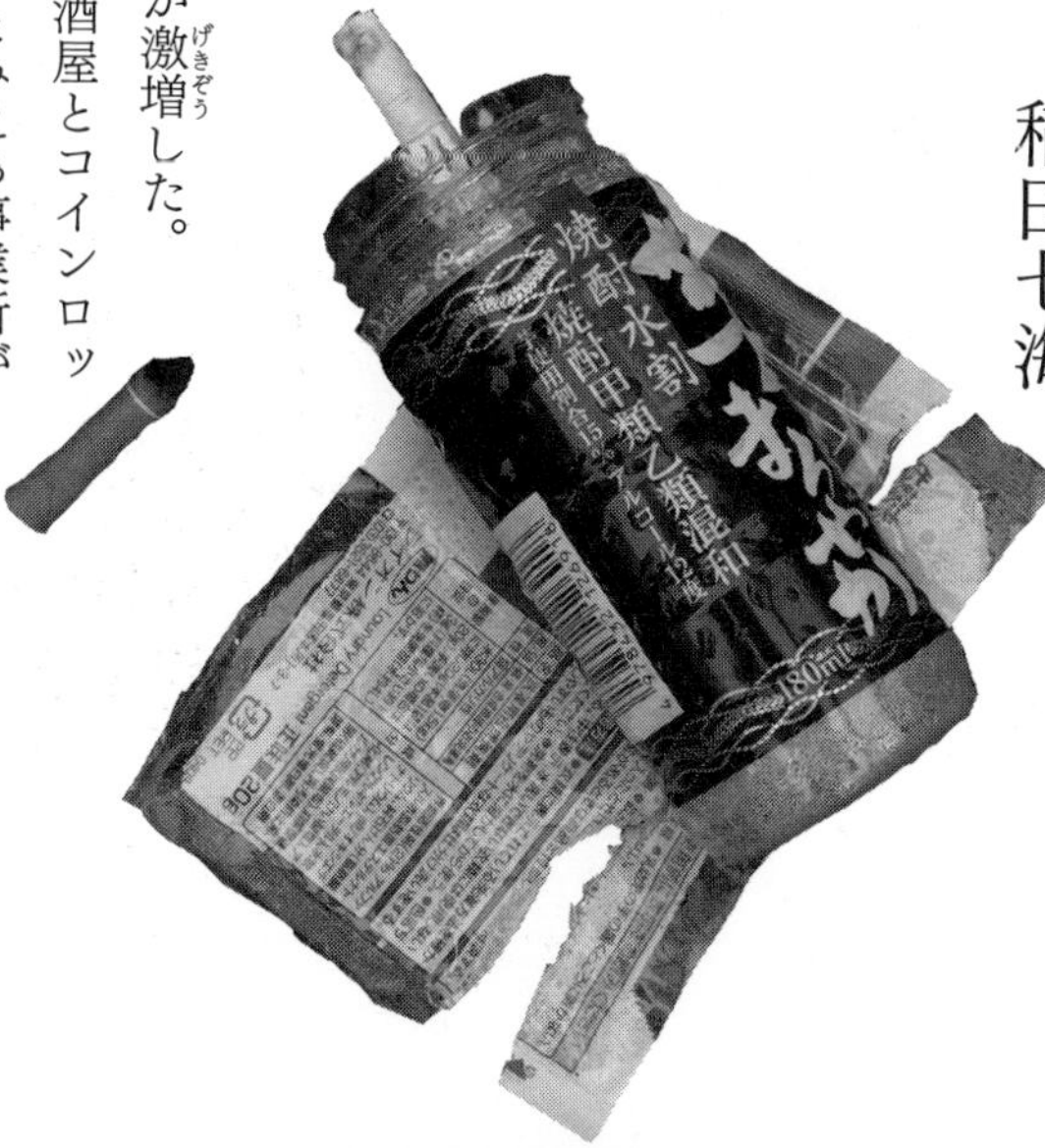

それだけではない。経営転換した簡易《かんい》宿泊所◁には、海外からバックパッカー◁や学生、それに出張中のサラリーマンなどが宿泊客として訪れ◁、これまでのまちの歴史には例を見ないかたちでの活況《かっきょう》が現われている。

現在の釜ヶ崎は、「福祉」なしには語れない。

今や釜ヶ崎は労働者のまちというより福祉のまちとして認識されるようになった。より正確に言うと、生活保護のまちである。釜ヶ崎における生活保護制度は、困窮《こんきゅう》した個人や世帯《せたい》に向けて最低限度の生活を保障《ほしょう》するという制度本来の機能を越えて、釜ヶ崎のまちそのものを激変させてしまうほどの力を発揮《はっき》してしまっている……。

釜ヶ崎のまちそのものを変えてしまうほどの福祉とは、いったい何なのか？

## 単身化する釜ヶ崎

福祉のはなしをする前に、釜ヶ崎の労働者の暮らしを少しだけ説明しておこう。福祉を理解するには、家族や世帯《せたい》のこと、そして、どのような生活なのかといった基本的なことを理解しておく必要があるからだ。

**簡易宿泊所** ⇩116頁以下

**バックパッカー** ⇩346頁

**…宿泊客として訪れ** ⇩第11章を参照

**万国博覧会（大阪万博）** ⇩26頁、および217～221頁

**家族で生活するには不向きな建物** ⇩128頁

●左の**写真**は一九六五－六八年ころの簡易宿泊所（上畑恵宣撮影・大阪市立大学都市研究プラザ所蔵）。

まず、世帯という観点から釜ヶ崎をみてみよう。釜ヶ崎には、単身者《たんしんしゃ》が多い。しかも男性のひとり暮らしばかりだ。どうしてか？

一九六〇年代の終わり頃、万国博覧会◁（大阪万博）の開催《かいさい》を前に、急ピッチで会場などの工事が進められていった。釜ヶ崎には、万国博覧会建設関連の仕事を得ようとして、各地からたくさんの労働者が集まってきた。そんな中で、釜ヶ崎の簡易宿泊所一室の最低面積が次々と三畳から一畳に変更されていった。釜ヶ崎の簡易宿泊所の限られたキャパシティにできるだけ多くの労働者を受け入れるためである。そのため、簡易宿泊所は新築されたり改築されたりする度に一部屋の面積が小さくなり、家族で生活する日雇い労働者には不向きな建物◁になっていった。その結果、家族持ちの日雇い労働者は、釜ヶ崎内外の公営住宅や宿泊施設に入所し、簡易宿泊所には一人暮らしの単身世帯ばかりが集中するようになった

のだ。
単身世帯に対して標準《ひょうじゅん》世帯という言葉がある。勤労者《きんろうしゃ》の夫に専業《せんぎょう》主婦の妻、それに子ども二人からなる世帯を示す言葉である。これが高度経済成長期◁以降の日本における標準的な世帯の姿であるとされてきた。社会保障制度をはじめとする多くの制度は、この標準世帯を前提に設計されてきた。少なくとも高度経済成長期の社会において、単身世帯は世帯類型《るいけい》や制度設計の上でも少数派として認識されていたのだ。

しかし、現在、単身化は現代社会における重要な社会問題になっている。少子高齢化による単身高齢者の増加ももちろんだが、若い世代の非正規《ひせいき》労働者が増える中で、収入の不安定化などによって結婚したくてもできない人たち、ライフコースが多様化することで結婚を選択せず個人単位で生きる人たちなど、様々な形で単身者予備軍が増加しつつある。これは、高度経済成長期における標準的な家族モデルが崩《くず》れつつあることを示すと同時に、さらに少子化を促進させ、高齢化を上昇させる要因にもなっている。

では、家族がいなかったら、子どもがいなかったら——標準世帯モデルによる社会保障制度が通用しなくなりつつある中で、誰が高齢者を支えるのか？ 今の日本で喫緊《きっきん》の課題となっているこの問題は、単身化がどこよりも早く進んでいる

**高度経済成長** ⇩ 25頁

●左の**写真**は釜ヶ崎にあるコインランドリー（平川隆啓撮影）。140頁の写真も参照。

釜ヶ崎では三〇年以上も前から問われ続けてきたことだ。

現在、釜ヶ崎の高齢化率は四〇%を超え、単身で生活する高齢男性の数は八〇〇〇人を超えている。その大部分が元《もと》日雇い労働者である。そして、彼らの生活を家族に代わって支えているのが、生活保護制度であり、釜ヶ崎のまちを忙しく行き来するホームヘルパーやコミュニティワーカー、福祉事務所のケースワーカーなのだ。

## 労働者の生活と地域のセーフティネット

それでは、家族を持たない日雇い労働者はどのような生活をしてきたのだろうか。労働者の仕事に関する詳しい紹介は、他の章に譲るとして、ここでは、労働者の生活と消費についてイメージできるようにしておこう。

まず、基本的な生活の部分からみてみよう。

日雇い労働者の暮らす簡易宿泊所（ドヤ）◁には、簡単

な炊事場《すいじば》が設置されているが、仕事から疲れて帰ってきて自炊《じすい》する人はめったにいないだろう。まず銭湯《せんとう》で仕事の汗を流し、その後は、仕事帰りの労働者を待ちかまえるように軒《のき》を並べている飲食店に足を向ける。釜ヶ崎に戻れば仕事後のビールにうまい飯《めし》、それにギャンブル、カラオケなど、お金を使う誘惑はいくらだってある。お酒を飲んで気分がよくなれば、ドヤの部屋に帰って布団に潜《もぐ》り込めばいい。ドヤ代は普通のアパートを借りるよりはずいぶん高くつくが、日雇《ひやと》いという仕事は、いつどんな現場に行くかもわからないので、アパートは借りずに身軽に動けるようにしておいたほうが都合がいい。多少出費がかさんでも日雇い労働者にとっては、仕事を探すあいりん総合センター▽も、食堂も飲み屋も、なんでも近くに揃《そろ》っているドヤでの生活が何かと勝手がいいのだ。

ドヤを拠点《きょてん》に日雇い労働をするということは、家庭内での衣食住をめぐる生活機能を持たないことを意味する。つまり、労働者が生活するために必要な、食べること（外食やお弁当）、体力を回復させること（ドヤで寝泊りする）、衛生的であること（銭湯で汗を流す、コインランドリーで洗濯する）など、普通だったら家の中で済ませることを、いちいち「購入して」生活していかなくてはならない。だから、日雇い労働をするということは何かと出費が多いのだ。

では、病気やケガなどのリスクにどう対応するのか？

**ドヤ** ⇩121頁、158頁、186頁

**あいりん総合センター** ⇩54頁、209頁以下

●写真は、釜ヶ崎にある簡易宿泊所（筆者撮影）。

単身で仕事をしている日雇い労働者の中で、家族のサポートを受けられる人はほんのわずかだ。さらに日雇い労働者はこうしたリスクに対応した社会保障◁からとても遠いところにいる。日雇い労働者は一日更新《こうしん》の不安定な雇用状態が続く限り、一般のサラリーマンや公務員のように一般の勤労者《きんろうしゃ》が受けられるべき社会保険制度[1]や企業による福祉を享受《きょうじゅ》することができない。ここが一般のサラリーマンや公務員、自営業の人たちとのいちばんの違いだろう。

それゆえ、釜ヶ崎には、法外《ほうがい》支援として労働者向けの貸付《かしつけ》もしくは低額で診療が受けられる病院（大阪社会医療センター付属病院）があり、住所をもたない日雇い労働者を対象とした相談窓口である市立更生《こうせい》相談所がある。また、仮に失業して稼《かせ》ぎが無くなっても、日雇い労働者向けの雇用保険もあり、条件を満たせば失業手当（アブレ手当[2]）も受給《じゅきゅう》することができる。

このように、釜ヶ崎には、労働者向けの衣食住をめぐるサービスの他、日雇い労働専門の職安や福祉事務所、それに貸付・低額の病院が設置され、地域の中だけで完結する「福祉」が循環している。さらに、これらのサービスと労働者に対して保護と監視の両方を行なう警察と消防が複合的に組み合わさり、「あいりん体制」という釜ヶ崎独自の、労働力をうみだす仕組みがつくりだされてきたのだ。

ところが、この「あいりん体制」は、バブル崩壊《ほうかい》以降の一九九〇年代後半以降、

**社会保障** ⇩215頁以下

**1**● 日雇い労働者は国民年金には加入できる。月々の保険料は住民登録している市町村に払う事になっているが、移動が多く定住の難しい日雇い労働者が定期的に納付や手続きを行なうのは難しい。そのため、日雇い労働者の国民年金への加入率は一〇%から一二%程度である。

**2**● 二ヶ月間に二六日以上の仕事をすると、翌月に失業してもそれまでに働いた日数や日当に応じて、四一〇〇円から七五〇〇円の失業手当が支給される。⇩215頁、236頁

これまでのように機能しなくなってしまう。

いちばんの原因は、労働者の長期失業である。労働者が長期にわたり失業すると、アブレ手当の受給条件を満たせなくなる。手持ちのお金が底《そこ》をつくと、その日からの泊まる場所を失い、食費も風呂代も払えなくなる。路上での生活が長引くと働く意欲も少しずつ低下し、次第に労働市場からも切り離された存在になってしまう。

しかし、釜ヶ崎では、路上で暮らす人のために食事を提供する炊《た》き出し◁が実施《じっし》されているので、最低限の食は確保できる。それに、路上にいれば、おにぎりやスープを持って医療や福祉の相談を受け付けてくれるグループもいる。また、路上で寝泊りするのが嫌《いや》なら、夜間滞在《たいざい》のためのシェルターを利用することができる。体調が悪ければ、病院（大阪社会医療センター付属病院）で診察もしてもらえるし、一時的に滞在できる三徳《さんとく》生活ケアセンターもある。

家族の支えや社会保障がなくても、労働から切り離されてお金が底をついてしまっても、最低限の食事と寝る場所、そして簡単な医療が受けられる「福祉」が釜ヶ崎には存在する。つまり、家族の役割や社会保障の機能を肩代わりする多くの資源が釜ヶ崎には用意されているのである。

**炊き出し** ⇩ 237頁、48頁

## まちづくりと簡易宿泊所経営者が出会う

長期失業者が釜ヶ崎のまちにあふれかえり、具体的な打開策《だかいさく》が見えない中で、ホームレス化した労働者の仕事と生活を取り戻すための様々な活動の試みが始まった。とはいっても、そのころの日本には、ホームレスに対する具体的な福祉制度がないため、路上に出て行き場のない元《もと》労働者のホームレスを支援することは決して簡単なことではなかった。

従来の労働運動からは、大阪府や市に対し日雇い労働者の雇用創出《こようそうしゅつ》に向けた要求が粘り強く続けられてきた。その結果、一九九九年には大阪府の緊急地域雇用特別交付金の中からホームレスの雇用対策として「高齢者特別清掃《せいそう》事業」が実施された。しかし、仕事を希望するホームレスに対して雇用枠《わく》が少なく、ホームレスが路上生活を脱するための十分な手助けにはならなかった。—3

他方で、これまでの労働運動とは異なる、まちづくりに関わるネットワークによって、高齢の日雇い労働者が生活保護を受給できるようにする方法が模索《もさく》され始めた。

釜ヶ崎で活動するまちづくりグループである「釜ヶ崎のまち再生《さいせい》フォーラム」◁

**3●** この事業は輪番登録制となっており、二〇〇〇年当時の登録者は二八一五名、一ヶ月あたりの就労機会は三回程度、収入は二万から三万円であった。⇩49頁、277頁も参照。

**釜ヶ崎のまち再生フォーラム** 一九九九年一〇月に、釜ヶ崎居住COMの呼びかけによって発足したまちづくりのネットワーク組織である。

は、生活保護を利用して居住の安定を図り、その後の生活をサポートするという支援策を提唱した。居住が安定しない限り、その後の生活は安定しないという考えが根本にある。

まず、住まいを確保することで心身を休め、その後の就労を目指し、社会復帰することを目標とする。居住を確保した労働者の生活がそれぞれ安定すれば、それが釜ヶ崎のまちの再生にもつながるという発想だ。しかし、まちづくりのグループは、居住となる建物を持っていないし、ましてや買うことのできるような財力もない。そこで、彼らが目をつけたのが簡易宿泊所の建物だ。

その頃の簡易宿泊所は労働者のホームレス化によって宿泊客が激減し、空室がかなり目立つ状態にあった。中には経営が立ち行かなくなり、廃業《はいぎょう》するものやまったく別の商売へと転換したりするものがみられるようになっていた。まちづくりグループは、このお客の減った簡易宿泊所を、ホームレス向けの住宅に転換◁できないかと考え始めたのである。

簡易宿泊所のほうにもちょっとした動きがあった。簡易宿泊所を経営する立場としては、お客が減っただけでも大打撃だというのに、釜ヶ崎のまちを歩けば顔なじみのお客さんたちが路上生活をし、炊《た》き出しに並んでいる姿を目にして心が痛んで仕方ない。こうした現実を目《ま》の当たりにした経営者のグループが、路上に

**ホームレス向けの住宅に転換**
⇩131〜133頁、348頁

出てしまった労働者を支援する試みを提案し始めたのである。簡易宿泊所の経営者でつくる組合では、困窮《こんきゅう》した労働者に簡易宿泊所の空室を一定期間提供しようという「簡宿活用二〇〇〇室プラン」◁を大阪市に提案した。しかし、実現化は難しかった。その後も、経営者側の思いや取り組みが出ては消えしていく中で、いくつかのきっかけが重なって、まちづくりグループとの出会いがあったのである。

## 居宅保護と新たなセーフティネット

まちづくりグループと簡易宿泊所経営者がホームレス問題をとおして出会い、知恵をしぼり、試行錯誤《しこうさくご》を繰り返しながら、居住《きょじゅう》と生活支援を組み合わせた支援内容を検討していった。

その中でもっとも大きな課題となったのが、支援の事業を支える財源をどう調達するかということだった。住宅や支援のための費用は、ホームレスが受給する生活保護費を見込んでいるが、釜ヶ崎の日雇い労働者やホームレスが生活保護を受給するのはとても難しく、仮に受給できても条件付きだった。

具体的には、釜ヶ崎の日雇い労働者やホームレスが生活保護を受給できるのは、

二〇〇〇室プラン ⇩ 132頁

病気治療が必要な場合の「入院」と通院やその他の理由による「施設入所」に限られていた。生活保護には、施設保護と居宅《きょたく》保護の二つがあるが、住宅も住所も持たない日雇い労働者には、前者しか認められてこなかったのだ。

釜ヶ崎の中で居住を軸とした支援を行なうには、どうしても居宅保護が必要だ。まちづくりのグループと、簡易宿泊所経営者は、日雇い労働者やホームレスに居宅保護を受けやすくするための方策を考えた。

その方策とはこうだ。居宅保護を不可能にしている「住宅も住所も持たない」という状況を変えるために、まず簡易宿泊所オーナーに所有する簡易宿泊所を共同住宅に登記《とうき》変更してもらう。次に、路上にいるホームレスとオーナーが賃貸《ちんたい》契約を結び、住所を設定するという方法だ。とにかく、住まいを確保して住民登録を行なえば、ホームレスではなくなるので、居宅保護への道が開ける可能性があると考えたのだ。

実はこの時、ホームレスや日雇い労働者への生活保護の運用の見直しが議論されていることも、居宅保護実現の後押しになっていた。一九九八年に提訴《ていそ》された佐藤訴訟[4]（一九九八年一二月提訴、二〇〇二年三月地裁判決、二〇〇三年一〇月高裁判決）をはじめとする生活保護裁判がきっかけとなり、住所を持たない日雇い労働者やホームレスに対する生活保護の限定的な運用は是正《ぜせい》されつつあったのだ。[5]

4●病気と難聴のためホームレス生活を送っていた佐藤邦男さんが生活保護（施設保護）を受給し、更生施設に入所した。しかし佐藤さんは、難聴のため周囲とのコミュニケーションを図るのが困難で、施設での集団生活に馴染めず、半年で施設を退所した。その後、佐藤さんは居宅保護を求めて生活保護申請を求めたが再度施設入所をすすめられた。これを不服として提訴された訴訟である。

こうした追い風もあって、二〇〇〇年六月に、ホームレス支援に関心の強い一人の経営者が、簡易宿泊所を廃業して共同住宅に転換するという一大決心をした。簡易宿泊所から転換した共同住宅は「サポーティブハウス」と名づけられ、路上で生活するホームレスや元日雇い労働者に居宅保護を利用した住宅支援が開始されたのである。このようにまちづくりの中から生まれた、居宅保護を活用した「住宅」と「生活支援」をセットにした支援は、釜ヶ崎の新たなセーフティネットとして機能しはじめたのである。

## 福祉アパート化する簡易宿泊所

「サポーティブハウス」のアイディアは、まちづくりグループが提唱している「居住のはしご」という考え方に支えられている。これは、釜ヶ崎での支援の在り方を、野宿《のじゅく》型→収容型→ドヤ型→アパート型に段階分けして、元ホームレスの生活を安定と自立の方向でサポートしていこうというアイディアだ。

簡易宿泊所がサポーティブハウスに転換するにあたっては、まちづくりの団体からは以下のような提案がなされた。

5● 具体的には、二〇〇〇年頃から施設病院以外の現在地における生活保護認定が可能になった。住宅を借りる際に必要な敷金の支給も認められた。さらに二〇〇三年には厚生労働省よりホームレスへの生活保護適用の適正化に関する通達も出され、日雇い労働者やホームレスの居宅保護適用が大幅に是正された。

◉二四時間の見守りの体制を整えること
◉居室が狭く、こもりがちになる可能性があるので共有スペース（談話室）を充実させること
◉地域との交流プログラムを充実させること
◉野宿から脱した直後のケアをしっかり行なうこと
などである。

これを実現させるには、建物の改装費も必要だし、見守りの体制をつくるために新たに職員を配置しなくてはならない。そしてなにより、生活をサポートしていくためのケアの仕事という重大な責任が付いてくる。

こうした厳しい条件にもかかわらず、多少のコストをかけてでも簡易宿泊所を転換しよう、路上で生活していた労働者に寄り添って支援していこう、という経営者が続々と現われだしたのである。また、サポーティブハウスの後を追うように、独自の生活支援の取り組みを始めた福祉アパートもいくつか見られるようになってきた。

簡易宿泊所がサポーティブハウスに転換する背景には、経営者の利他《りた》的なマインドがあってのことだが、生活保護受給者を受け入れると、安定的な家賃収入が望めるし、経営的な不安が少ない状態で支援することが可能になるという目算も

**共有スペース（談話室）**
⇩138頁を参照。

あった。

とはいえ、この経営条件でさえ、生活保護で支払われる住宅扶助費《ふじょ》（四万二〇〇〇円）と数千円の共益費《きょうえき》を入居者から家賃と生活支援の対価として徴収《ちょうしゅう》して、そのお金をもとに、ケアスタッフの人件費や設備費などのランニングコストを支払いながら運営していくことになる。なので本来は、経営的には大儲《もう》けできるような仕組みにはなっていない。善意や熱意がなくては、とうてい続かない仕事である。

しかも、サポート付きの居宅《きょたく》保護の場合、施設保護よりも四分の一程度の費用で支援できるので、行政の立場からすれば生活保護費の節約にもつながるのだ。民間業者とはいえ、ホームレス経験というある種の社会的ハンディキャップを抱えた人たちのケアをするということは、本来は行政のやるべき仕事を肩代わりしていることを意味するし、さらには、ホームレスへのサポートが施設で行なうよりもかなり安上がりで済んでしまうことを考えると、簡易宿泊所転換型のサポート付き住宅は公共サービスの一部を担う事業と考えてもいいのかもしれない。

このように、まちづくりの中で生まれた「居住のはしご」という発想は、簡易宿泊所に新たな息吹《いぶき》をもたらした。簡易宿泊所を住宅に転換することで、かつての「お客さん」でありホームレス状態にあった労働者を支援することができるようになった。そして、彼らを支援し続けることで生活保護費による家賃（住宅扶《ふ》助《じょ》費）が定期的に払い込まれるようにもなった。社会的貢献もできるし、多少の初期的なコストがかかったとしても安定的な収入が見込めるというわけだ。こうした、誰にとってもマイナス要素の少ないサポート付き住宅の取り組みは、次第に拡大していったのである。

そして現在、居宅保護による生活支援付き住宅の取り組みが始まって一〇年以上が経過した。

この間、大半の簡易宿泊所は共同住宅に転換し、生活保護受給者を受け入れるアパートに変貌《へんぼう》した。一九九九年には六軒《けん》しかなかった転用型アパートは、二〇一〇年には九七軒にまで増加し、簡易宿泊所の数を凌《しの》ぐ勢いで増加している。そして、二〇〇〇年には約二二〇〇世帯だった生活保護受給世帯は、二〇一〇年には約四倍の九五〇〇世帯にまで増加した。地区住民の三人に一人が生活保護を受給していることになる。

サポーティブハウスは現在一七軒が運営されており、そのうち九軒のサポーティブハウスが「NPO法人サポーティブハウス連絡協議会」に加盟し、支援と居住環境の整備に日々奮闘《ふんとう》している。また、生活支援を実施している福祉アパートはまだまだ少数派であるものの、経営者や管理者による安否《あんぴ》確認や声《こえ》かけ、入

**大半の簡易宿泊所は…**
簡易宿泊所の軒数の推移については、第3章の134頁のグラフを参照されたい。

居者同士の自助的《じじょ》グループの発足や定期的な入居者交流行事の開催《かいさい》など、多彩な支援や交流の取り組みが実施されている。

これらの転換型のサポート付き住宅の入居者の中には、元日雇《もと》い労働者やホームレス以外にも、生活支援を求めて流入してきた身寄りのない精神病院退院者やひとりでの生活困難になった高齢者など、これまで釜ヶ崎と縁《えん》のなかった人たちの姿も目立ってきている。さらに、近年では、一つの建物の中に労働者や旅行者、そして生活保護受給者を受け入れる宿泊所と住宅が混在《こんざい》する建物も増え、簡易宿泊所や福祉アパートの形態も多様化している。

労働者を再生産する機能が集中していた釜ヶ崎は、こうして生活保護とまちの様々な社会資源とが組み合わさって、福祉のまち、定住のまちへと変貌していったのである。

## 生活保護がビジネスになる?

そして近年、これまでとは異なる新たな福祉の展開が見られるようになった。生活保護受給《じゅきゅう》支援と住宅斡旋《あっせん》を組み合わせた新しい福祉ビジネスが登場したのである。これは一見すると、サポーティブハウスや福祉アパートにおける「生活保護」と「住宅」をセットにした支援と変わらないようにも見える。顧客《こきゃく》も同じく生活保護受給者としているが、その生活保護受給者の中身が以前とは変わってきている。これまでは元《もと》日雇い労働者で路上生活している人たちへの支援が中心だったが、最近では、寄せ場《よせば》での労働経験のない路上生活者やネットカフェ難民、派遣《はけん》切りにあった労働者も対象となっている。

これらのビジネスは、二〇〇八年のリーマン・ショック以降に目立ち始めてきた。それまで病気や高齢で働けない人にしか認められていなかった生活保護制度が、雇《やと》い止《ど》めや派遣切りなどの不安定就労《しゅうろう》層の失業者にも適用されるようになったのだ。このような生活保護の受給の「緩和《かんわ》」は、釜ヶ崎でも例外なく適用されて、日雇い労働者以外の新たな層の困窮《こんきゅう》者にも生活保護の受給のハードルが下げられたのである。

ただし問題なのは、新旧の生活困窮者を支援することを目的とした新たな「ビジネス」が釜ヶ崎にも次々と参入するようになってきたことである。生活保護受給支援、福祉住宅斡旋《あっせん》、就労相談などのサービスをさかんに謳《うた》った看板を立て、事業所や窓口を開設している。これらの事業者は、釜ヶ崎に集まってくる生活に困窮した人たちに生活保護受給を勧め、大阪市近郊のアパートを斡旋することを

**寄せ場** ⇩80頁

**ネットカフェ難民**
経済的な理由で定まった住居を持たず、日払いの仕事や短期のアルバイトをしながらネットカフェなどで寝起きする人々のことを指す。

**リーマン・ショック** ⇩308頁

主な業務としている。

生活保護費によって事業を展開するという意味では、サポーティブハウスや福祉アパートと同じ発想ではある。しかし、これらの新規の事業者の中には、サービス内容以上の対価を徴収し、利益をあげようとする――釜ヶ崎的な言い方をすると生活保護費を「ピンはね」する――ものが目立ってきたのである。

悪質な例をひとつ紹介しよう。

ここに事業所で住宅と生活保護受給のあっせんを受けた一人の元ホームレスがいるとしよう。

現在、大阪市の単身世帯の生活保護費の総額が一三万円程度である。このうち、家賃は住宅扶助《ふじょ》費として上限四万二〇〇〇円支給される。ここで業者が斡旋するアパートの家賃は上限ちょうどの四万二〇〇〇円。しかし、これは生活保護受給者向けの家賃設定であって、本来の家賃は三万円と設定されている。ここで一人あたり一万二〇〇〇円の差額＝利益が生じるわけである。

また、食事のサービスとして一食六〇〇円、月に換算《かんさん》すると五万円以上の食費を徴収することになっているが、一食分の金額に見合う食事が出されることはほぼない。この他に、月々の生活保護受給のための事務手数料三万円から四万円が徴収され、受給者の手元には数千円も残らない。

事業者はここで得られた「差額」や、支援を名目とした「手数料」を請求するなどして、多くの保護費を巻きあげていく。さらに、利用者を数ヶ月おきに敷金《しききん》礼金の必要ないゼロゼロ物件に転居させ、虚偽《きょぎ》の賃貸《ちんたい》契約書を作成し、本来は必要ない敷金《しききん》を申請しだまし取るという、より悪質なものも出てきた。

こうした悪質なビジネスが成り立つのは、実際に提供されるサービスがどれだけ質が低くとも、そしてその料金設定がどれだけ法外に高額だとしても、居宅《きょたく》保護における支援には適正価格は存在しないし、監視するシステムが十分に機能していないからだ。

生活保護受給者を囲い込み、保護費から暴利《ぼうり》を得る事業は、「貧困《ひんこん》ビジネス」として世間を騒がす社会問題となったのである。[6]

## 生活保護で「支援する」とはどういうことか?

このような貧困ビジネスを目的とする事業所に斡旋《あっせん》を受けた人の中には、行き場もなくお金もなく途方に暮れていたところに、住宅や食事まで用意してくれた事業者に素直に感謝しているという人もいれば、ここにいれば生活保護のややこ

6● 大阪市では二〇一〇年四月から貧困ビジネス事業者対策の取り組みが始まっている。安定した住居のない要保護者に対して貧困ビジネスからの影響を入口で排除する「居宅生活移行支援事業」の実施や、敷金の上限額引き下げ、宿泊施設の立ち入り調査などが実施されている。

しい手続きも、日々食べる物の用意も全部やってもらえるのでお金はなくても気楽にやっていけると、若干の不信感をいただきつつもしたたかに生活している人もいる。しかし、彼らの多くは、簡素な住まいと食事を保障されるだけで、自立した生活を獲得するための支援とは無縁のところにいる。

一方で、サポーティブハウスや生活支援を実施している福祉アパートでは、たいていの住宅が一定の支援の水準を満たしている。しかし、経営者や系列グループによって、支援の理念も方向性もバラバラである。これには、多様性があってよいという見方と、どういった支援をしているのかの基準が明確でないし、三畳の部屋に対して四万二〇〇〇円の家賃が見合わないなどの批判的な見方もある。

しかし、これまでに前例のなかった居宅保護によるホームレス支援は、日々試行錯誤の連続だった。そうした日々の中で、サポーティブハウスにおける支援のプログラムを見直しする作業や、サービスの対価などを明確にする点検は、この一〇年間きちんと行なわれてこなかったのだ。

見直したり点検したりすることすら困難なほどに、元日《もと》雇い労働者や元ホームレスへの居宅支援の現場は、日々の支援業務をこなしていくことで精一杯なのだ。

そもそも、これらの生活保護を受給している人たちの福祉的なニーズは、時間をかけて丁寧に聞いていくと、とても複雑だ。心の問題、対人コミュニケーションの問題、仕事へのモチベーションの保ち方、ギャンブル、アルコール、借金癖など、挙げていけばきりがない。

さらに、日雇い労働者のように各地を転々としながら定住しない生活を続けていると、福祉をはじめとした社会サービスなどの存在を知らないことが多い。つまり、市民としての権利や、義務に関すること、そして、自分に必要なモノやサービスは何なのかということ、これらの意識がとても低くなってしまう。

そういう意識の人たちに対し、生活を一から組み立て自立していくことを支援するのは、並大抵のことではない。だからこそ、生活保護費を有効に活用しながら、受給者の自立のために手厚く支援していかなくてはならない。生活保護はそもそも、こうした個人の生活の保障と自立の助長のために使うお金であって、事業や営利を生み出すために存在するものではないのだ。

そして、生活保護費を財源に公的な仕事を肩代わりするということは大変な負担と責任を強いられる。経験の浅い民間事業者ならなおさらだ。住人が多様化し、ニーズも複雑になっている現在、善意で支援している人たちの気力と体力がいつまでもつかわからない。行政に代わって事業を肩代わりしている人たちの支援もこれからは必要になってくるはずだ。

福祉のまちになった釜ヶ崎は、まだまだ多くの課題を抱えている。

## 懐《ふところ》の深い釜ヶ崎でしたたかに生きる

釜ヶ崎は、無頼《ぶらい》とか無関心とかそういう言葉がぴったりくるかと思えば、無関心を通り越して、何でも受け入れてしまうようなおおらかさも持ち合わせている。昔から、わけありの人、身を隠さなくてはならない人、そういう人たちが集まってくるようなアンダーグラウンドなまちであることは否定できない。でも、それは裏を返すと、他に居場所のない人を受け入れることのできる、誰にでも優しいまちであるとも言えるのだ。究極の福祉がそこにあると言ってもいいかもしれない。

困窮《こんきゅう》して疲れ果てた人や挫折してすべてを無くした人たちが、自分で生活を組み立てやり直していこうとする意思さえあれば、釜ヶ崎には手を差し伸べてくれる人びとやサポートはいくらだってある。一人で生きて死んでいくことも、一度失敗した人生をやりなおすことだってできるまちなのだ。

今、日本の福祉は大きな転換点にある。福祉サービスの市場に民間の事業者を積極的に参入させ、市場原理を働かせる方向性に進んでいる。つまり福祉がサー

●次頁の**写真**は、尼崎平野線（国道43号線）と堺筋の交差点（太子交差点）あたりで二〇一一年二月に撮影。人物はこの章の内容とは関係ない。（平川隆啓撮影）

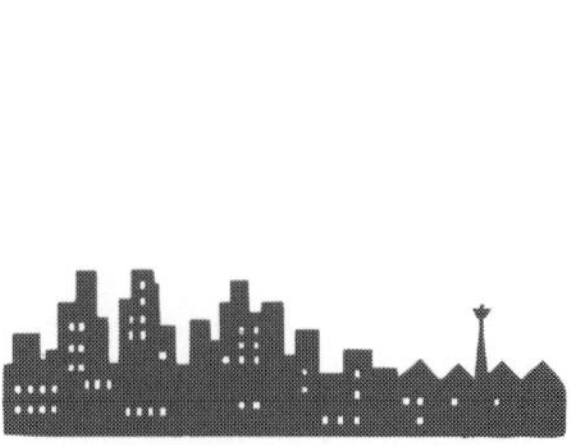

丸紅

OKAMOTO EXPRESS
OKAMOTO EXPRESS

ビスとして利益を出さなくてはならない仕組みになってきたのだ。そうなると、「福祉」を看板とした様々な業種のサービスが福祉の分野に参入することになる。釜ヶ崎も例外ではない。むしろ、公的な社会保障や福祉から切り離され、単身《たんしん》化と高齢化の進む釜ヶ崎には、民間事業者が参入しやすいのだ。

　釜ヶ崎には、すでに、国も行政も頼らず、自分たちのネットワークと自己資本で新たな福祉をつくろうというマインドをもった民間事業者が存在する。その一方では、ここで一儲《ひともう》けしようという貧困ビジネスも存在する。まさに、釜ヶ崎は玉石混淆《ぎょくせきこんこう》の福祉が存在する過渡期《かとき》にあるのだ。そして、それらの福祉を使いこなしながら、したたかに生き抜く単身の元《もと》労働者たちの姿がある。

　彼らと彼らを取り巻く支援の駆け引きは、新たな福祉のカタチを予見させるものなのだ。釜ヶ崎の福祉を見れば、福祉の未来が見えてくる。

**参考文献**

◉稲田七海、「定住地としての釜ヶ崎——「寄せ場」転換期における野宿生活者支援」、『人間文化論叢』第七巻、二〇〇四年、一六九頁－一八三頁
◉ありむら潜、「日本居住福祉学会居住福祉ブックレット一二　最下流ホームレス村から日本を見れば」、東信堂、二〇〇七年
◉野宿生活者居住支援研究委員会、「寄せ場型地域——山谷、釜ケ崎における野宿生活者への居住支援「自立」支援と結合した居住支援の課題」（研究〔№.〇一一八〕）、住宅総合研究財団、二〇〇七年

第11章

# 外国人旅行者が集い憩《いこ》うまち 釜ヶ崎

松村嘉久

観光地でない釜ヶ崎に

**旅行者が…それも外国人が…なぜ?**

釜ヶ崎は決して観光地ではない。むしろ観光とは最も縁《えん》遠い場所である。でも不思議なことに、二一世紀に入って、釜ヶ崎には旅行者が増えている。それもただの旅行者ではない。自分ひとりか、気の合う仲間と自由に旅する若い外国人た

## Osaka laborer flophouses reborn as foreign visitor inns

Aya Oikawa
Osaka
JJ

Rather than nagging the homeless sleeping in front of their stores, shopkeepers in Osaka's Shinsekai district now find themselves luring in foreign tourists walking the route from Airin, one of the largest flophouse districts, to the city's landmark Tsutenkaku tower.

only 70 such lodgings survive, though Airin still remains one of the nation's top three concentrations of flophouses.

To revitalize the community, forward-thinking owners of 13 hostels set up the Committee for Creation of Osaka International Guesthouse Area, or OIG, in March 2005.

"I was confident that hotels for foreign tourists would be a hit if we could meet the needs of backpackers," said Hideno-

upscale Umeda and Nanba commercial districts.

Rooms at Hotel Chuo Oasis, an inn that Yamada opened last year, look just as fancy as downtown hotels. The Oasis even provides free towels, night robes and slippers, and guests have access to a laundry room and kitchenettes.

"A British rugby team stayed here this summer and they were all happy with our big beds," receptionist Shogo

Changing little from the 1960s and 1970s, the busy streets are full of restaurants serving typical Osaka food, including "kushikatsu" deep-fried pork and onions on skewers, "takoyaki" grilled octopus dumplings and "okonomiyaki" pancakes with cabbage, meat and seafood.

"Airin should ride the wave of this Showa boom," Matsumura reiterated, urging more hotels, restaurants and shops

「The Japan Times」２０１０年12月1日の記事（部分）

ちである。集団で行動することはあっても、パッケージツアーには属さない外国人個人旅行者（foreign individual tourist 以下ＦＩＴ）である。少しでも安く、長く、自由に、軽やかに旅しようと、バックパックという少し大きめのリュックを担いで移動することから、バックパッカー（backpacker）[1]とも呼ばれる。

　海外から釜ヶ崎に来る旅人は、釜ヶ崎そのものを観光しにやって来るわけではない。釜ヶ崎の安い宿泊施設を拠点《きょてん》に旅するのである。かつて簡易《かんい》宿泊所▷（以下「簡宿《かんしゅく》」）に寝泊まりした労働者は、簡宿を拠点《きょてん》に日本各地で労働してまた釜ヶ崎に帰ってきた。いまゲストハウスに寝泊まりする外国人旅行者も、ゲストハウスを拠点に日本各地を旅行して釜ヶ崎に帰ってくる。違いは労働するか旅行するかで、釜ヶ崎の簡宿・ゲストハウスを拠点に動くことに変わりはない。

　日本全国に観光地はたくさんあるが、観光地でないのに旅行者が多い釜ヶ崎は、とても珍しく貴重な存在である。いったいどれくらいの外国人が釜ヶ崎にいるのだろう。地下鉄御堂筋線《みどうすじせん》の動物園前駅▷を中心に、半径一〇〇メートルの円を描くと、そのなかに十数軒のゲストハウスが含まれる。二〇一〇年、そのうちのわずか八軒のゲストハウスだけで、年間のべ七万六〇〇〇人もの外国人が宿泊した。一日平均でざっと二〇〇人、真夏のハイシーズンならば、この三倍近い外国人が滞在《たいざい》する日もある。

1● もともとはバックパックを担ぐ人、という外見からの命名であった。最近では、安く長く自由にというスタイルの旅行者全般を示す言葉となっている。自由旅行者（free tourist）や低予算旅行者（budget tourist）という言葉も意味が近い。

**簡易宿泊所** ⇩117頁以下

**御堂筋線の動物園前駅**
⇩11頁の**地図**

**山谷**
⇩この章の**写真❻**を参照

**九〇年代半ばから…変貌**
⇩264頁以下、および226頁以下

日雇《ひやと》い労働者のまちとして、東京の山谷《さんや》◁と並び有名な釜ヶ崎に、どうしてこれほどたくさんの外国人が、しかも旅行者が集まるようになったのか。そもそも、まちは人が集《つど》うからまちになる。まちをつくったから人が集うわけではないし、そう簡単にまちをつくりかえることもできない。むかしは全国から日雇い労働者が釜ヶ崎に集まってきたが、時代の流れのなかで労働者は集まらなくなり、まちにぽっかりと大きな穴があいた。いまの釜ヶ崎のまちの現状で、どんな人たちならば集ってくれるのか。大きな穴を埋める答えのひとつが外国人の旅行者であった。

## 宿泊施設としての簡宿の危機

活気ある日雇い労働者のまち・釜ヶ崎は、バブル崩壊《ほうかい》後の建設不況と日雇い労働者の高齢化にともない、一九九〇年代半ばからのわずか数年で、野宿《のじゅく》とホームレスのまちへ変貌◁す

❶平野郷のだんじり祭りを見に行ったFIT向けまち歩きツアー

る。釜ヶ崎の簡宿はどこも客室稼働率《かどうりつ》が大きく落ち込み、存亡《そんぼう》の危機に瀕《ひん》する。もともと簡宿にいた労働者の多くは、路上《ろじょう》での生活を余儀《よぎ》なくされていた。携帯電話で雇主《やといぬし》と直接つながる若い労働者は、釜ヶ崎のセンターで求職する必要がないため、釜ヶ崎への流入者はさらに激減《げきげん》する。かつてのお客は路上、新しいお客は来ない状況のもと、釜ヶ崎の簡宿は先を見通せなくなる。

転機は二〇〇〇年前後に訪れる。釜ヶ崎のまち再生フォーラム[2]の呼びかけで、釜ヶ崎の各方面で活躍する人びとが集い、野宿とまちづくりを考えるワークショップが積み重ねられた。そこから、生活保護制度を利用して、高齢の野宿者に安定した居住と生活支援を提供し、地域での自立につなげる「サポーティブハウス」という考え方が生まれた。二〇〇〇年六月、釜ヶ崎で最初のサポーティブハウスができてから、サポーティブハウスへ転業する簡宿がつづいた。

二〇一一年現在では、特別な生活支援を行なわない施設も含めて、福祉マンション◁という呼び方が一般的となり、その多くが簡宿から転用されたもので、数にして九〇軒を超えた。リーマン・ショック◁以降、釜ヶ崎の生活保護世帯も急増し、最近では九〇〇〇世帯くらいになっている。釜ヶ崎は間違いなく、福祉のまち、生活保護のまちとなった。

簡宿から福祉マンションへの転業は、釜ヶ崎の将来を決定づける不可逆的《ふかぎゃく》な（後《あと》

2● 一九九九年秋、「釜ヶ崎のまちの再生」を目的に結成されたやる気のある個人からなるネットワーク組織（http://www.kamagasaki-forum.com/ja/index.html 参照）。

**福祉マンション**（福祉アパート）⇩331頁以下参照

**リーマン・ショック** ⇩308頁

3● 正式な名前は「日雇労働被保険者手帳」、日雇い労働者が失業時の雇用保険（日雇労働求職者給付金）を受けとるために必要である。⇩215頁、236頁も参照

● 左の**写真❷**は、動物園前駅近くの簡易宿泊所。

戻《もど》りできない）選択を迫った。福祉マンションに転業した簡宿は、簡宿営業許可を返上して、宿泊施設から生活保護を前提とする居住施設へと転換しなければならなかったのである。

バブル前後の釜ヶ崎でいったい何が起こったのか、もう一度、整理しておきたい。まず現役の日雇い労働者が激減した。白手帳《しろてちょう》所持者はピークであった一九八六年の約二万四〇〇〇人から、一〇分の一以下の二〇〇〇人くらいになった。一九八〇年代に釜ヶ崎の簡宿は二〇〇軒を超えたが、廃業と福祉マンションへの転業が相次いだため、現在は半数以下に減った。福祉マンションの入居者の多くは、釜ヶ崎の労働者ＯＢ（かつてのお客）である。しかしながら、釜ヶ崎ＯＢは着実に減りつつあり、釜ヶ崎での生活歴がない人で、生活保護と無関係に釜ヶ崎の福祉マンションへ入居する者は稀《まれ》である。釜ヶ崎の福祉マンションは、必ずもう一度、もっと深刻な存亡

❷

の危機に直面するのではないか。

そのような危機感を持ちながら、宿泊施設として生き残った簡宿は、ざっと九〇〇〇名くらいの収容定員であろうが、バブル崩壊後に激減した労働者の大きな穴を埋めようと苦しんでいた。最初に思い浮かんだ新たな顧客《こきゃく》層は、日本人のビジネスマンや旅行者であったが、これがなかなかうまくいかなかった。

## 釜ヶ崎の地域イメージと偏見

バブル期、釜ヶ崎の簡宿は大きく様変わりする。それまでの簡宿の建物は木造低層建築であったが、バブルの好景気で新改築ラッシュが起こり、その多くが鉄筋高層建築に生まれ変わった。個室化が進み、部屋も一畳程度から三畳程度へ広がり、テレビ・冷暖房などが完備される。簡宿は旅館業法で「宿泊する場所を多人数で共用する構造」と定義される。[4] 釜ヶ崎の簡宿は、バブル期に個室化が進み、設備も充実し、少し狭い部屋でバス・トイレ付でないビジネスホテルへと変容し、簡宿ではなくなった。宿泊料金の相場も一泊一〇〇〇円〜二五〇〇円くらいに上がるが、一般的なビジネスホテルと比較すると、まだなお激安《げきやす》であった。

●右の**写真**は一九八九年一二月、バブル期の簡易宿所街。すでに高層化されている。(上畑恵宣撮影、大阪市立大学都市研究プラザ所蔵)

4● 旅館業法は宿泊施設をホテル営業、旅館営業、簡易宿所営業、下宿営業の四つに分け定義している。

**ミナミ** ⇩ 11頁の**地図**

ビジネスホテルに生まれ変わった簡宿は、激安ホテルとして、日雇い労働者でない日本人にも利用されるようになった。そもそも釜ヶ崎の立地はとてもよく、そのポテンシャルは高い。バブルに踊ったあの頃、建設現場から戻るとスーツに着替えてミナミへ飲みに出かける労働者と、ミナミで飲み終電《しゅうでん》を逃したサラリーマンとが、同じ簡宿に泊まっていた。もしかすると、釜ヶ崎は激安ホテル街として再生できるかもしれない…。バブルの頃はそんな夢も抱けた。

しかしながら、釜ヶ崎や西成《にしなり》の地域イメージは悪く、偏見《へんけん》は根深かった。人間という生き物は、自分の住み慣れた世界と全く様相《ようそう》が異なる世界へ踏み込むと、ほとんど本能的に「危ない」と感知して距離を置こうとする。一種のアレルギー反応であろう。釜ヶ崎から社会へ発信されてきた情報を振り返ると、地域イメージが悪くなってもしかたないものが多い。劣悪《れつあく》な地域イメージが偏見をうみ、偏見を解《と》くには内実《ないじつ》を理解するしかないが、たいていの人はそこまで至らない。

花博《はなはく》[5]が終わった一九九〇年一〇月、釜ヶ崎で一七年ぶりの大規模な暴動が起こる。労働者と機動隊との市街戦さながらの映像が、数日にわたりニュースやワイドショーで流れた。バブル

5● 大阪の鶴見緑地で一九九〇年四月から九月まで開催された国際花と緑の博覧会。会場へのアクセス手段として地下鉄長堀鶴見緑地線が開通し、来場者数は二〇〇〇万人を超えた。

● 左の**写真**はビジネスホテルに生まれ変わった簡宿の部屋。三畳少しの狭い空間であるが、テレビ・冷蔵庫・エアコンが付き、最近はネット環境も整備されている。

で平和ボケした日本人はこの映像に驚き、「釜ヶ崎は怖い」というイメージが増幅され拡散する。この暴動が終息《しゅうそく》した頃から、バブルは崩壊の道へと歩みを進め、釜ヶ崎は、野宿《のじゅく》とホームレスのまちへと変わっていく。フェスティバルゲート[6]へ遊びに来た家族やカップルが、新今宮界隈《しんいまみやかいわい》で目撃したのは、路上で生活する元《もと》労働者の姿であり、その内実を理解しようとする人は少なかった。バブルが崩壊してから、深刻な野宿問題を釜ヶ崎が抱え込むなか、簡宿が日本人客を呼び込もうとしても、劣悪な地域イメージと偏見が立ちはだかり、とてもうまくいく状況にはなかった。

　釜ヶ崎のまち再生フォーラムが二〇〇〇年七月に描いた「釜ヶ崎のまち再生2nd《セカンド》ステージ」のなかに、簡宿の再生方法のひとつとして、「10の条件[7]をそろえてバックパッカーの拠点《きょてん》地域にする」という先見性に富む提案があった。外国人バックパッカーならば、釜ヶ崎に対するイメージも偏見もなく、世界各地の安宿街[8]と釜ヶ崎とを同じまなざしで評価するはずである。外国人バックパッカーなら何とか集まるかもしれない…。ところが、この期待にも「外国人」への偏見が立ちはだかる。

**一九九〇年の暴動**
⇩47頁、241頁

6● 大阪市が第三セクター方式の土地信託事業で一九九七年七月に開業した複合娯楽施設。新世界の南端、釜ヶ崎とはJR大阪環状線を挟み隣接する。経営破綻から倒産を経て、再建計画が迷走した後、パチンコチェーン店のマルハンが落札し二〇一三年にリニューアルオープンする予定。

7● 10の条件とは、①FITに適した食事、②コインランドリー、③両替、④格安チケット入手、⑤ネットカフェ、⑥シャワールーム、⑦旅行情報センター、⑧レンタサイクル、⑨観光地への直行バス、⑩日本文化スタディー・ツアーであった。

# 外国人が労働者であったころ

戦後、釜ヶ崎に初めて外国人が来たのは、いつ頃からであろうか。おそらく、釜ヶ崎に日雇《ひやと》い労働者が集い、労働者たちが寝起きする「ドヤ」◁ができた時から、そこには外国人が泊まっていたに違いない。その外国人は「旅行者」ではなく、「労働者」であった。

読者の皆さんがアルバイトしようとすると、履歴書やら保証人やら、色々と面倒な手続きが必要になることでしょう。釜ヶ崎での日雇い労働の場合、そんな面倒な手続きもなく、匿名《とくめい》や偽名《ぎめい》や「カマやん」のような愛称で、その日の職を得ることができた。「何か怪《あや》しいな」と感じても、その日限りか期間限定の雇用なので、そう深く詮索《せんさく》されることもなかった。何らかの事情があって身元や名前をあかしたくない状態で、身体《からだ》ひとつで世間に放り出されても、釜ヶ崎に来て仕事さえこなせれば、何とか生きてゆけた。そのような意味で、戦後の釜ヶ崎は、ずっと、ある種のアジール[9]という側面を持ち合わせていた。

外国人にとっても、事情は同じであった。もう死語《しご》であろうが、戦後の焼跡闇《やけあとやみ》市《いち》の時代から高度成長期、大阪の下町ではミッコー（密航《みっこう》）という言葉をよく耳

8● バンコクのカオサン通り（この章の❽の**写真**を参照）、カルカッタのサダルストリート、ホーチミンのファングーラオ通り、香港の重慶大厦（チョンキンマンション）などが有名である。

**ドヤ** ⇩120頁以下、および158頁、186頁を参照

9● 何らかの重大な問題を抱えた人でも、そこへ逃げ込めば追手がかからず保護を受けられた場所のこと。社会的な避難所、聖域。

にした。済州島《チェジュ》四《よん》・三《さん》事件[10]や朝鮮戦争の混乱から逃れるため、朝鮮半島から日本へ来た密航者のなかには、頼れる親類縁者もなく釜ヶ崎へ流れ込み、匿名者として日本で生活する糸口を探す者もいた。

日本へ密入国する現象は、その後「不法入国」と呼ばれ、バブル期に再び注目される。一九八〇年代後半から、外国人を満載《まんさい》した船が密かに日本近海に近づき、日本へ不法入国を試みる事件が頻発《ひんぱつ》する。バブル期の釜ヶ崎での日当は一万円を超え、技能職なら二万円以上も稼《かせ》げた。一九八五年のプラザ合意▷から円高《えんだか》が急激に進み、バブル期は一ドル一〇〇円～一五〇円くらいで推移する。私もこのバブル期、バックパッカーとしてアジア諸国を放浪したが、日本で数日間のキツイ労働に耐えれば、アジアの主要都市なら一週間、地方都市や農村で倹約《けんやく》するなら一ヶ月間くらいは旅できるという感覚だった。

何が何でも日本へ行って稼ぎたい…、外国人も必死だったバブル期、観光ビザや就学ビザなど合法ビザで来日して、不法に滞在《たいざい》し就労する外国人も急増する。日本各地の生産・建設現場で、アジアからの外国人研修生が安い賃金で働き、不法に滞在《たいざい》し就労《しゅうろう》する外国人労働者たちが、キツク、汚く、危険な3K労働に従事する光景は、日常のものとなった。ジャパゆきさん[11]という言葉が定着したこの時代、アジアや第三世界から見れば、日本は光り輝く黄金の国・ジパングに見えた。

---

**10**● 現在の韓国の済州島で一九四八年から数年にわたり発生した島民虐殺事件のこと。

**プラザ合意**
先進五ヵ国が為替レートをドル安（円高）へ進めることで合意したこと。これが引き金となり、日本ではその後、バブル景気となる。当時は中曽根康弘内閣（自民党）であった。

**11**● 戦前、日本の貧しい地方から東南アジアへ出稼ぎにいった女性は、「からゆきさん」と呼ばれた。この逆に、バブル期、東南アジアから日本へ働きに来る女性が、「ジャパゆきさん」と呼ばれるようになった。興行ビザで来日したフィリピン人女性など。

密入国事件の発覚や不法滞在の摘発《てきはつ》は、氷山の一角でしかない。安い労働力を確保したい国内産業界からの強い要望もあり、外国人労働者の不法な就労は、そう厳しく取り締まられることもなかった。

バブル期の釜ヶ崎でも、韓国、中国、フィリピン、スリランカ、パキスタン、バングラデシュなど、世界各地からの労働者が、日本人にまじってセンターで求職する姿がよく見かけられた。その多くが不法な就労であるからこそ、釜ヶ崎と関わりを持った。不法に就労する外国人は、何らかのトラブルに巻き込まれても、訴え出るわけにもいかないため、不当な扱いを受け、泣き寝入りを強いられることも多かった。バブル期を通して、釜ヶ崎でも、日本でも、「外国人」に対する冷たいまなざしが形成された。外国人、特にアジア人は「旅行者」ではなく、日本人と仕事を奪い合う「不法」な「労働者」である、というイメージや偏見が生まれ共有されていく。

一方、ビジネスホテル化した簡宿には、円高で激安ホテルを求める外国人が宿泊するようにもなった。外国人の「旅行者」の出現である。しかしながら、バブル期の簡宿には、早朝から工事現場に通うアジア人男性もいれば、夕方になるとミナミへ出勤する欧米人女性もいて、そこに同宿する外国人の「旅行者」に向けられたまなざしは冷たかった。アジア人なら「どうせ働きに来たのだろう」、欧

●一九八九年一二月、バブル期のただなかの夜の簡易宿所街。(上畑恵宣撮影、大阪市立大学都市研究プラザ所蔵)

米人なら「もしかすると働く気ですか」という偏見や不信感で見られた。

## 外国人旅行者誘致への胎動

野宿問題が深刻であった頃でも、FIT誘致《ゆうち》の可能性を見いだせる兆候《ちょうこう》があった。最大のチャンスは、二〇〇二年の日韓共催ワールドカップ（以下WC）であった。東京の山谷《さんや》（下の❻の写真）、横浜の寿《ことぶき》町▽は、このチャンスに、FITの受け入れに向けて舵《かじ》を切る。しかしながら、暴動の系譜《けいふ》を持つ釜ヶ崎は、積極的にFITを誘致する姿勢を打ち出せなかった。大阪長居《ながい》スタジアムで行なわれた試合に、イングランド戦が含まれたことも不運であった。大阪府警は悪名高きフーリガン[12]が釜ヶ崎に潜入し、野宿で鬱積《うっせき》した路上の不満を扇動《せんどう》することを恐れた。大阪府警は簡宿経営者を集め、フーリガンが騒ぐ映像を見せ、WC期間中は怪しげな外国人を宿泊させないよう協力要請《ようせい》した。

そんななか、FITの誘致に乗り出す簡宿も出現する。ネット時代の到来を受けて、ホテル中央グループ[13]が二〇〇〇年、釜ヶ崎の簡宿でおそらく最初に日本語ウェブサイトを立ち上げた。すると、これを見て日本語の分かる韓国人や台湾人

6

●『あしたのジョー』で有名になった泪橋の交差点は山谷の中心。立ち並ぶ簡宿の奥に建設中の東京スカイツリーが見える。

寿町 ⇩271頁

12● サッカーの試合会場の内外で、相手チームのサポーターに言いがかりをつけ、騒ぎを起こし大暴れする人たち。

からの問い合わせが増えた。円高《えんだか》のなか、外国人が安宿を求める需要《じゅよう》は旺盛《おうせい》であった。WCを目前に控えた二〇〇二年、中央グループはこの魚信《ぎょしん》に反応して、ウェブサイトを英語・中国語・韓国語で多言語化する。それ以降、これを見て、FITがちらほらと来るようになる。当初は、日本で就学や就労している留学生や外国人が、国内旅行で利用することが多かった。日本経験があり日本語も分かる者が、口コミやネットで母国語を使い情報発信し始めた意義は大きかった。

釜ヶ崎のまち再生フォーラムが活動を始めた一九九九年以降、フォーラム主催《しゅさい》の「定例《ていれい》まちづくりひろば」が毎月一回ペースで開催されてきた。「ひろば」には、簡宿や福祉マンションの経営者、団体職員、研究者、宗教者、学生、労働者、生活保護受給者、NPO関係者、商店主など、実に様々な人びとが個人として集い、緩《ゆる》やかな人的《じんてき》ネットワークが構築されてきた。お互いの意見や立場は違えども、どのような目的で何をしようとしているのかお互い理解しあえる、そんなまちづくりの大前提となるような環境が、この「ひろば」での話し合いの積み重ねから育まれていた。福祉マンションや夜間シェルター◁の出現で、二〇〇四年末頃には野宿問題も、昼夜で景観が激変するような深刻な事態から、少なくとも西成《にしなり》区太子《たいし》◁一丁目界隈《かいわい》は脱していた。

世界的に見ると、アジアの国際都市が急成長を遂げ、バックパッカーが利用す

**13**● 西成区太子一丁目で六軒のホテル（中央・オアシス・セレーネ・来山南館・来山北館・みかど）を経営。

●左の**写真**は、釜ヶ崎のまち再生フォーラム主催の「ひろば」でのまちづくりワークショップの様子。

**夜間シェルター** ⇩ 278頁以下

**太子町** ⇩ 11頁の**地図**

る海外のゲストハウスの宿代も上がった。バックパッカーの大衆化も進み、激安《げきやす》志向《しこう》であるが、決して「安かろう、悪かろう」ではなく、「リーズナブルで快適」な空間を求める旅人が急増する。二一世紀に入ると、世界の大都市の安宿街と比較しても、釜ヶ崎の宿代は決して高くなく、「日本は高い」との先入観から、逆に割安《わりやす》と認識され始める。

## 若者・バカ者・よそ者の集結とOIGの結成

まちづくりの現場では、若者、バカ者、よそ者の三者が必要である。既存のしがらみに囚《とら》われず、未来を見すえて行動する「若者」、他人に何と思われようが、地域を愛する信念に基づきやり抜く「バカ者」、地域の状況を冷静に分析してアドバイスする「よそ者」である。若者とバカ者は地域の内から、それも現場中枢から出現することが望ましい。地域の外の若者や、地域の内に入って間もないバカ者が動くと、内からの反発が起こり行きづまる。よそ者は地域の外から参与する場合にのみ意味を持つ。

釜ヶ崎でのＦＩＴ誘致《ゆうち》を活《い》かしたまちづくりでは、この三者が二〇〇四年一二

**バンコクのカオサン**
安宿街であったカオサンは地元バンコクの若者も集うおしゃれなまちへと変貌しつつある（左の**写真❽**）。この章の**脚註8**も参照。

月に出会う。簡宿とサポーティブハウスを経営し地域を熟知する西口宗宏氏と私は、フォーラムの「ひろば」などで交流と信頼を深めていた。そこへ中央グループの後継者である山田英範氏が外遊から帰国し、「釜ヶ崎をバンコクのカオサンのように変えたい」と加わった。これ以降、FIT誘致の現場を若者の山田が、地域との調整や橋渡しをバカ者の西口が、学術的な分析に基づく提言をよそ者の松村が担当するという構図ができあった。

二〇〇五年三月、FITの積極的な誘致を主な目的として、大阪府簡易宿所生活衛生同業組合（以下「組合」）の一三軒の簡宿で、大阪国際ゲストハウス地域創出委員会（The Committee for Creation of Osaka International Guesthouse Area 以下OIG）が結成された。委員長に西口、副委員長に山田が就任し、私も顧問として加わった。OIGは結成当初からまちづくりを強く志向して、以下の三つの活動方針を掲げた。(1)日雇《ひやと》い労働者や野宿《のじゅく》生活者を排除せず、野宿からの脱却に向けた小さな雇用の創出をできる

限り心がける。(2)簡宿《かんしゅく》の再生だけを考えるのではなく、地域へ働きかけ、FITの存在を活《い》かしたまちづくりを目指す。(3)決して無理な投資はせず、簡宿に欠けているサービス機能は地域のなかに求め、FITと地域をつなげるよう心がける。

OIG結成に向けた議論のなかでは、FIT誘致を呼び水として、将来的には、日本人も気軽に来訪《らいほう》できるまちへ変えていこう、とも話しあわれた。釜ヶ崎や簡宿の劣悪《れつあく》なイメージを少しでも良くするため、OIGの活動やこのまちの重要性や可能性を、広く社会へ積極的にアピールしてゆくことも確認された。

OIGの一三軒の簡宿のうち、太子一丁目に立地するものが一一軒を占め、残りの二軒は萩之茶屋《はぎのちゃや》一丁目に立地していた。OIGの戦略は、まず太子《たいし》一丁目をFIT誘致のモデル地区として、FIT受け入れのノウハウや経験を蓄積して、それを他地域へ徐々に広げていこう、とするものであった。一三軒の一日当た

❾FITが多い簡宿街の一角

りの収容定員は一五〇〇名を超えていて、それが狭い地域に立地している。ＯＩＧの最大の強みは、かなりの客室規模を持つ激安ゲストハウスが、集積かつ連携《れんけい》している点にあり、このような地域は日本でもここしかない。二〇一一年四月現在、ＯＩＧ加盟のゲストハウスは一七軒になった。

## ＯＩＧの活動

ＯＩＧの最初の活動は、加盟ゲストハウスのパンフレット『大阪の安い宿』を英語・中国語・韓国語で作成し、ＯＩＧウェブサイトも同様に多言語で立ち上げることであった。翻訳などを外注すると高いので、松村研究室のゼミ生がボランティアで支援し、パンフレットに「製作協力　阪南大学国際観光学科　松村研究室」と明記していただいた。このパンフレット作成の経験から、ＯＩＧとの責任ある協働《きょうどう》活動は、教育効果が

「労働者の街」変身中

# 外国人宿　あいりん人気

世陸も拍車　旅行客に活路、PR

「労働者の街」で知られる大阪市西成区のあいりん地区（釜ケ崎）で、簡易宿泊所（簡宿）を利用する外国人客が増えている。日雇い労働者が激減するなか、一部の簡宿が外国人旅行者に活路を見いだそうとPRや設備改修に乗り出したためだ。25日から開催中の世界陸上大阪大会が後押しし、格安宿は大にぎわいだ。（左古将規）

JR大阪環状線・新今宮駅から100㍍ほどの簡宿「ビジネスホテル中央」。世界陸上の観戦に訪れた米国人の弁護士、ジョン・ベナンさん(49)が、ロビー備え付けのパソコンでインターネットを閲覧していた。

3畳の和室で1泊2600円。シャワーとトイレは共同だが、エアコンとテレビと冷蔵庫は部屋に付いている。「値段が手頃で交通の便もいい。申し分ないよ。街の雰囲気はロサンゼルスのダウンタウンに似ているね」

あいりん地区は、建設現場などで日雇いの仕事をしながらアパートや簡宿で寝泊まりする労働者の多い街として知られる。だが、バブル崩壊を機に状況は変わった。

あいりん労働公共職業安定所によると、雇用保険手帳を発行する日雇い労働者は、86年度末の2万4458人をピークに、06年度末は4204人まで減った。担当者は「不況と建設業の機械化で求人が減った。労働者も高齢化し、生活保護をもらってアパートで暮らし始めた人も多いようだ」とみる。

廃業したり、アパートに商売替えしたりする簡宿が相次ぎ、大阪府簡易宿所生活衛生同業組合に加盟する同地区の簡宿は、バブル期の約200

⑩『朝日新聞』2007年8月29日夕刊
（記事は部分）

とても高いと分かった。そのため、それ以来、松村研究室はＯＩＧの実働《じつどう》ボランティア部隊として積極的に関わる。二〇〇五年秋に完成した『大阪の安い宿』は、大阪府などの支援も受けて、関西国際空港ほかでも配布され始めた。

ちょうどこの頃は、二〇〇三年の小泉首相の観光立国宣言[14]からビジット・ジャパン・キャンペーンが始まったものの、インバウンド振興《しんこう》[15]で目立った成果はあがらず、ユニークな事例を社会が求めていた。産官学《さんかんがく》の連携《れんけい》で、「あの釜ヶ崎が」「思わぬ方向から」変わり始めたという意外性もあり、ＯＩＧの活動にメディアからの注目が集まった。ＯＩＧではメディア報道が、良好な地域イメージの形成にプラスに働くのか、個別慎重に見極めながら、積極的に取材対応していく。

二〇〇六年、ＯＩＧと松村研究室の活動成果を、『第二回関西元気な地域づくり発表会』で自らが外向けに発信して、まちづくりとしての評価を得た。これ以降、私たちは外向けに活動を発信する機会があれば、積極的に参加してゆくことになる。メディア報道ではなかなか私たちの真意は伝わらないが、自ら発信する場合は、確実に言いたいことや伝えたいことに焦点を当てられる。外向けに発信することで、社会的な注目が再び集まる、という相乗《そうじょう》効果も大きかった。地域イメージの改善を重視するＯＩＧのメディア戦略のもと、二〇〇五年から二〇一一年四月までに、私たちの活動は、新聞やテレビで五〇回以上も報道された。

**小泉首相**
小泉純一郎内閣総理大臣（自民党）の在任期間は、二〇〇一〜二〇〇六年。

**14●** 小泉首相は「二〇一〇年までに訪日観光客を一千万人に倍増させたい」との目標を掲げ、日本経済の新たな成長分野として、国際観光を位置づけた。

**15●** 日本人が海外旅行に行くのがアウトバウンド観光、外国人が日本旅行に来るのがインバウンド観光。観光立国ではインバウンド振興が重要である。

大阪の安い宿

# Access to Shin-imamiya

## From Kansai International Airport

JR 50min. ¥1030
JR Kansai International Airport Sta.
JR Hanwa Line 55min. Kansai Airport Rapid Service "Kanku Kaisoku" Platform 3
35min. Airport Exp. "Haruka" Platform 4
JR Shin-imamiya Sta.

Airport Limousine bus 70min. ¥1120
Bus stop No.11 at Kansai International Airport
Last stop "Namba"
walk
JR Namba Sta.
JR Shin-imamiya Sta.

Nankai Railway 45min. ¥890 35min. ¥1390
Nankai Kansai International Airport Sta.
Nankai Line: 45min.
Airport Exp. 35min.
Ltd. Exp. "Rapi:t"
Nankai Shin-imamiya Sta.

## From Tennouji Station

On foot 15min. walk
JR Tennouji Sta.
Walk westward along the JR Osaka Loop Line
Shin-imamiya

JR 3min. ¥120
JR Tennouji Sta.
JR Osaka Loop Line Platform 14/17
JR Shin-imamiya Sta.

Subway 3min. ¥200
Subway Tennouji Sta.(M23)
Midosuji Line
Dobutsuen-mae Sta. (M22)

## From Namba (OCAT Bus Terminal) Station

Nankai Railway 3min. ¥150
Nankai Namba Sta.
Nankai Line
Nankai Shin-imamiya Sta.

Subway 5min. ¥200
Subway Namba Sta. (M20)
Midosuji Line
Dobutsuen-mae Sta. (M22)

## From Umeda (Osaka) Station

JR 16min. ¥170
JR Osaka Sta.
JR Osaka Loop Line Platform 1
JR Shin-imamiya Sta.

Subway 13min. ¥230
Subway Umeda Sta. (M16)
Midosuji Line
Dobutsuen-mae Sta. (M22)

## From Shin-osaka (Shinkansen) Station

JR 25min. ¥210
JR Shin-osaka Sta.
JR Kyoto Line Platform 7/8/9/10
JR Osaka Sta.
JR Osaka Loop Line Platform 1
JR Shin-imamiya Sta.

Subway 13min. ¥270
Subway Shin-osaka Sta. (M13)
Midosuji Line
Dobutsuen-mae Sta. (M22)

⓫ パンフレット
『大阪の安い宿』（部分）

二〇〇六年夏には、ＯＩＧと中央グループの協力のもと、松村研究室がＦＩＴ向けの「大阪下町ツアー」を実《じっ》施《し》した。学生ボランティアガイドの案内で、ゲストハウスに宿泊する外国人が、大阪の「ありふれた日常」と「ささやかな非日常」を体感した。この試みはＦＩＴ向け着地型ツアーの実験であった。二〇〇六年秋には、ゲストハウスに宿泊する外国人の実態と観光ニーズを把握するため、松村研究室がアンケート調査を行なった。その結果、従来の訪日《ほうにち》外国人とは異なるＦＩＴ像が、学術的に有意なデータで裏づけられた。ＯＩＧゲストハウスの外国人のべ宿泊数の統計と、このアンケート結果によるＦＩＴ像が合わさり、観光立国戦略で釜ヶ崎が担う重要性と可能性が浮き彫りとなった。

二〇〇六年は、自身もバックパッカーであった若者・山田の発案と努力で、世界のバックパッカーたちが宿を探すウェブサイト「HOSTELWORLD.com」に、中央グループが登録《とうろく》された。このサイト登録で、欧米からの

⑫ 太子一丁目のゲストハウス８軒の外国人のべ宿泊数の推移

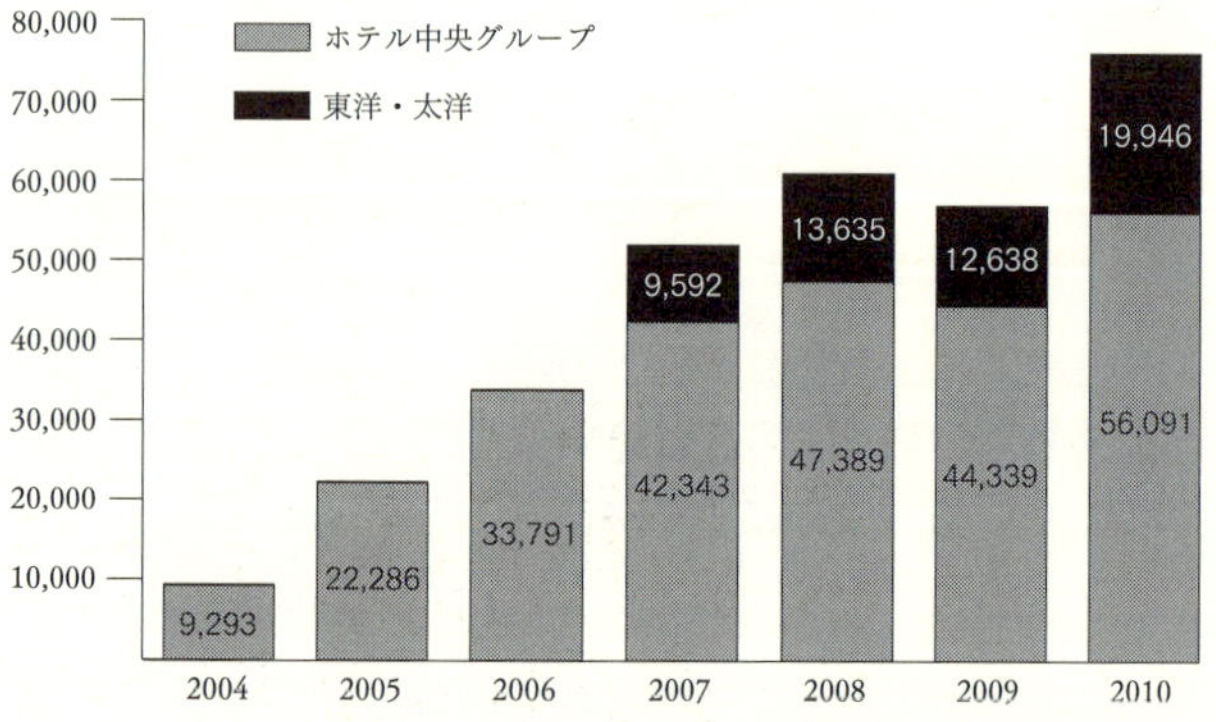


東洋・太洋の 2004～2006 年はデータなし

バックパッカーが急増し始め、FIT誘致は軌道に乗る。FITが増えている実績を背景に、二〇〇七年からは動物園前一番街など地元商店街との連携《れんけい》に乗り出した。FITを歓迎する商店街のお店を選び、松村研究室がメニューやパンフレットの多言語化を支援し、OIGゲストハウスが店舗を紹介するという試みである。地元商店街とOIGとの連携は、その後、大きな財産へと育つ。

右下の⑫のグラフは、太子《たいし》一丁目に立地する八軒のゲストハウスの外国人のべ宿泊数の推移を示したものである。二〇〇九年はリーマン・ショックの影響で少し落ち込むが、わずか数年で驚異的な伸びを記録した。他のゲストハウスも含めるならば、二〇一〇年の釜ヶ崎の外国人のべ宿泊数は、九万泊から一〇万泊に迫る。FITが増え始め、新聞やテレビで釜ヶ崎の変容が報道されるようになってから、釜ヶ崎の地域イメージは徐々に変わり、日本人のビジネスマン、旅行者、就活学生なども、OIGゲストハウスや簡宿に泊まるようになってきた。しかしながら、それらすべてを加えても、釜ヶ崎全体で見ると、激減した労働者の穴を埋めるには至っていない。太子一丁目を中心とするFIT誘致は、その収容能力から見て、最近では限界に達しつつあり、新たな活動展開が求められた。

⑬二〇〇七年七月二四日放映の読売テレビ『ズームイン!! SUPER』の取材風景。

# 新今宮観光インフォメーションセンターとまちづくりに向けた新たな展開

釜ヶ崎でFITが増えると、地域からの新たな要望が生じた。組合からはFIT受け入れを拡大するため、どのゲストハウスに泊まるFITでも利用でき、その旅のニーズに対応する観光案内施設の創設が期待された。FITの消費を望む地元商店からは、FITを確実に連れてきてほしいとの意見が出た。外国人宿泊客や通天閣《つうてんかく》◁を目指す日本人観光客で、厳しい現実を抱える釜ヶ崎の核心部に迷い込む者も増え、道案内が必要であるとの声も地域からあがった。

そうした地域からの要望を受けて、二〇〇九年一月末から、OIGと松村研究室は、産学《さんがく》連携の民設学営という形で、新今宮《しんいまみや》観光インフォメーションセンター（以下「新今宮TIC」）を開設する。当初は大学の春休み期間を利用して、一ヶ月間限定で試験的に運営を

14

行なった。新今宮TICの場所は、中央グループが無償《むしょう》提供し、実際の運営はすべて、松村研究室が担った。試験的運営で蓄積した利用者の記録から、運営上の課題を発見し克服し、二〇〇九年七月一一日から現在まで、新今宮TICは松村研究室のゼミ生が中心となり常設運営されてきた。大学で授業がある期間は土日のみ、長期休暇に入ると毎日、朝の九時から一六時まで、数名の大学生がボランティアで詰めている。

新今宮TICの主な活動は、(1)観光情報の提供と旅の相談、(2)FIT向けの着地型まち歩きツアーの企画と実施、(3)国際観光振興やFITの調査研究活動とまちづくり関連の社会的実践、である。新今宮TICは単に観光情報を提供するだけの場ではなく、学生中心で行なうまちづくり活動の拠点《きょてん》であり、現場共育[16]の場である。開設以来、私たちは観光の最前線でFITの旅のニーズに対応して、その利用記録を蓄積している。最近では、その分析から、FITが見たがっているものや困っていることなどが分かるため、新今宮TICはインバウンド観光振興のマーケティング機関であるとも考えている。

最後に、新今宮TICのこれまでの運営実績を紹介したい。二〇〇九年の運営日数は一二〇日、利用は一、三五〇件二、三四七名、ボランティ

**通天閣**
右の**写真⑭**は、昭和レトロが再発見され観光客で賑わう通天閣・新世界。11頁と154頁の**地図**、および179頁も参照。

**16**● 学生と教員が一緒に現場へ出て、現場から学び、学ぶ学生も教える教員も育ち、人びとや現場そのもの（地域）も育ち、現場と関わる皆が共に育つという教育理念。松村が造語した。

⑮ フランスから自転車で来て自転車で帰るカップル

アはのべ七五九名を動員した。二〇一〇年は一七〇日間運営し、一、六二四件二、七九一名の利用があり、九一五名のボランティアが対応した。利用の約八割が外国人で、その国籍は五〇ヶ国を軽く超え、アジアよりも欧米からの利用者が多い。二〇〇九年・二〇一〇年とも、FIT向けの着地型まち歩きツアーを六回行ない、計一二回のまち歩きツアーのFIT参加者は一六七名、案内側の学生ボランティアは二二九名にのぼる。小さな努力と経験を積み重ねてきた結果であるが、振り返るとその重みを感じる。

二〇一〇年、OIG・松村研究室・組合の三者が名を連ね、「大阪へ行こう！　大阪で遊ぼう！　アイデアプラン支援事業」の認定を受け、学生たちの努力で地元商店を紹介するエリアマップも盛り込み、『大阪の安い宿』拡充版を作成した。釜ヶ崎でのFITの存在を活《い》かしたまちづくりは、ボランティア学生が集《つど》う新今宮TICの活動が軌道に乗り、新た

⑯ 新今宮TIC近景

な段階へと着実な一歩を踏み出した。釜ヶ崎はすでにＦＩＴが集うまちとなり、ＦＩＴが憩《いこ》うまちへと進化し深化しつつある。

**参考文献**

◉有村遊馬・松村嘉久・佐藤有「アンケート調査からみた新今宮界隈の外国人個人旅行者の実態報告：国際ゲストハウス地域の創出に向けた活動報告 その3」、『日本観光研究学会第24回全国大会論文集』、二〇〇九年、三四一－三四四頁

◉大阪市立大学都市環境問題研究会『野宿生活者（ホームレス）に関する総合的調査研究報告書』、二〇〇一年、五五六頁

◉佐藤有・有村遊馬・松村嘉久「新今宮観光インフォメーションセンターの活動内容と利用実績：国際ゲストハウス地域の創出に向けた活動報告 その2」、『日本観光研究学会第24回全国大会論文集』、二〇〇九年、三三七－三四〇頁

◉松村嘉久・濱中勝司「外国人個人自由旅行者の実態報告――釜ヶ崎の簡易宿所でのアンケートと聞き取り調査から」、『日本観光研究学会第23回全国大会論文集』、二〇〇八年、一一七－一二〇頁

◉松村嘉久「大阪国際ゲストハウス地域を創出する試み」、神田孝治編『観光の空間――視点とアプローチ』ナカニシヤ出版、二〇〇九年、二六四－二七四頁

◉松村嘉久・丸市将平「外国人向けまち歩きツアーの理論と実践」、『日本観光研究学会第25回全国大会論文集』、二〇一〇年、九七－一〇〇頁

◉松村嘉久・佐藤有・有村遊馬「新今宮観光インフォメーションセンター設立の経緯と運営戦略：国際ゲストハウス地域の創出に向けた活動報告 その1」、『日本観光研究学会第24回全国大会論文集』、二〇〇九年、三三三－三三六頁


◉撮影者名の断り書きのない写真は筆者・松村による撮影

# ひきだしのなかの
## 釜ヶ崎

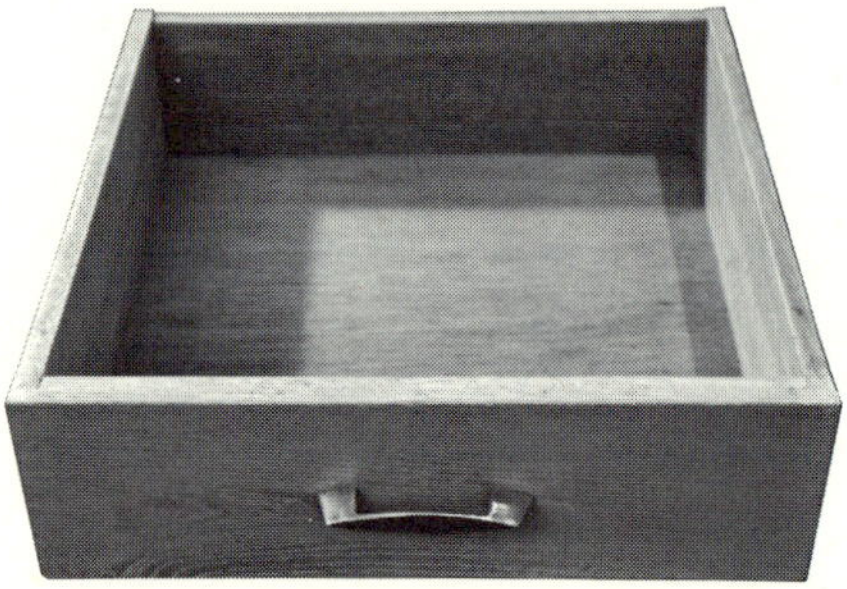

水野阿修羅

映画

「王将一代」（一九五五年／ビデオ／国際放映／116分）
脚本　北条秀司《ほうじょうひでじ》
監督　伊藤大輔《いとうだいすけ》
出演　辰巳柳太郎《たつみりゅうたろう》、田中絹代《たなかきぬよ》

◉将棋の名人・阪田三吉《さかたさんきち》物語。阪田三吉の釜ヶ崎時代が色濃く出てくる。

## 「王将」

◉基本は「王将一代」と一緒だが一九六二年に三國連太郎《みくにれんたろう》、淡島千景《あわしまちかげ》でとりなおされたもの。監督も伊藤大輔《いとうだいすけ》(92分/東映)、VHS化されている。

## 「太陽の墓場」(一九六〇年/松竹/87分)

監督　大島《おおしま》　渚《なぎさ》
出演　津川雅彦《つがわまさひこ》、佐々木功《ささきいさお》、炎加世子《ほのおかよこ》、伴淳三郎《ばんじゅんざぶろう》

◉警察の協力の中、ロケされた作品。港湾労働や血液銀行も登場。おすすめ。

## 「がめつい奴」(一九六〇年/東宝/108分)

脚本　菊田一夫《きくたかずお》
監督　千葉泰樹《ちばやすき》
出演　三益愛子《みますあいこ》、団令子《だんれいこ》、中山千夏《なかやまちなつ》、森繁久彌《もりしげひさや》

◉舞台は釜ヶ崎。ドヤの姿がよくわかる映画。おもしろい。

「当たりや大将」（一九六二年／日活／87分）
脚本　新藤兼人《しんどうかねと》
監督　中平《なかひら》 康《こう》
出演　長門裕之《ながとひろゆき》、中原早苗《なかはらさなえ》
◉全編釜ヶ崎ロケ。黒澤明《くろさわあきら》の「生きる」に似たラストシーンが泣ける。ビデオ無。

「㊙色情めす市場」（一九七四年／日活ロマンポルノ／83分）
監督　田中登《たなかのぼる》
出演　芹明香《せりめいか》、花柳幻舟《はなやぎげんしゅう》
◉一九歳の娼婦と母親の娼婦、障害者の兄弟という設定。しぶい映画。DVD。

「自虐の詩」（二〇〇七年／松竹／115分）
原作　業田良家《ごうだよしいえ》
監督　堤《つつみ》 幸彦《ゆきひこ》
出演　阿部寛《あべひろし》、中谷美紀《なかたにみき》、カルーセル麻紀《まき》
◉原作には浅草を想定していたが、釜ヶ崎がピッタリの映画。

「じゃりン子チエ 劇場版」（一九八一年／キティミュージック・東京ムービー新社／110分）

監督　高畑《たかはた》　勲《いさお》

原作　はるき悦巳《えつみ》

**漫画**

『じゃりン子チエ』（一九七八年／週刊漫画アクション連載、二〇年も続く）

作　はるき悦巳《えつみ》

◉西萩小5年のチエちゃん奮闘記。釜ヶ崎が舞台であることははっきりしている。おもしろい!!　アクションコミックス全47巻。アニメ化も。

『ミナミの帝王　ヤング篇』

原作　天王寺大《てんのうじだい》

画　郷《ごう》　力也《りきや》

◉一九九二年から始まった難波金融伝のヤング篇には釜ヶ崎の話がたっぷり出てくる。当たり屋をしてた主人公が金融屋になるまでの青春物語。

## 『釜ヶ崎』　武田《たけだ》麟太郎《りんたろう》（一九三二年）

◉一九三〇年代の釜ヶ崎。フィクションだが描かれた釜ヶ崎はほぼ現実と変わりない。しかしとらえ方は厳しく感じる。後輩の織田作之助《おださくのすけ》の『夫婦善哉《めおとぜんざい》』との違いは何だろう。

## 『憂鬱なる党派』　高橋和己《たかはしかずみ》（一九六五年）

◉学生運動で挫折した男が、昔の問題で釜のドヤに流れつき、昔の仲間と出会いなおしていく。ラストで第一次釜ヶ崎暴動につながる。釜ヶ崎を否定的に見ている気がする。

## 『湿った底に』　黒岩重吾《くろいわじゅうご》（一九六五年）

◉南海電車「萩之茶屋」駅から、釜ヶ崎を抜けて飛田へ。飛田で働らく女性が主人公。他にも「西成山王ホテル」「西成海道ホテル」等、釜ヶ崎を舞台にした小説が多い。

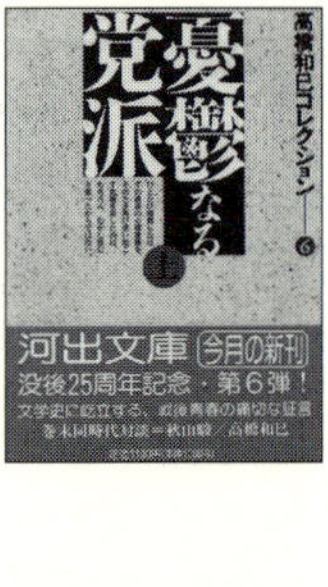


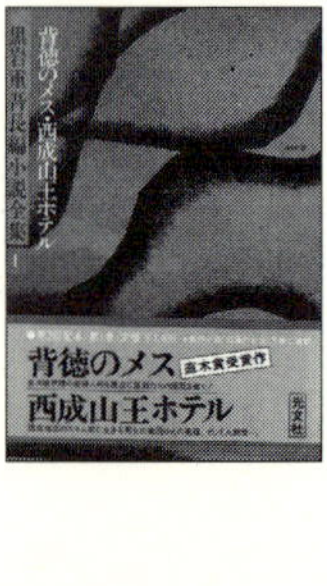

『騒動師たち』　野坂昭如《のさかあきゆき》（一九六九年／岩波現代文庫）

⦿六〇年代の釜ヶ崎暴動で活躍する労働者を描いた喜劇。風景描写はかなり正確。映画「スクラップ集団」（一九六八年／松竹／渥美清 主演）や「極道ペテン師」（一九六九年／日活／フランキー堺 主演）の原作でもある。

『ズッコケ家出大旅行』　那須正幹《なすまさもと》（二〇〇五年／ポプラ社）

⦿小学校6年生の男の子三人組のズッコケシリーズの一作。家出をして、釜ヶ崎にたどりつき、ホームレスの人たちに助けられる。釜ヶ崎を肯定的にとらえた作品。

『てんのじ村』　難波利三《なんばとしぞう》（一九八四年／文春文庫）

⦿釜の住人として日雇い労働者と並ぶ、芸人の町、山王町を舞台にした物語。「猫塚」や「トビタOS」にも関連。一読すべき作品。

# あとがき

本書は、釜ヶ崎のことを知らない人にとっても分かりやすく、それでいながら研究のクオリティを落とさないような本づくりを心がけた。そのような姿勢で編まれた重要な書物としては、釜ヶ崎資料センター編『釜ヶ崎——歴史と現在』（三一書房、一九九三年）がある。編者たちも、この本に導かれながら釜ヶ崎について多くを学び、それぞれの研究を積み重ねてきた。しかし、この二〇年の間に、釜ヶ崎をめぐる状況は大きく変わった。さらに、釜ヶ崎研究の進捗によって、さまざまな分野から新たな知見がもたらされてきた。したがって、本書は『釜ヶ崎——歴史と現在』を糧としつつ、まちの変化や新たな研究成果をふんだんに採りいれた入門書づくりを目ざした。

本書が生み出されるきっかけは、二〇〇九年三月に開かれた「釜ヶ崎のまち再生フォーラム10年誌編集委員会」であった。このとき、研究者を主体とした釜ヶ

崎の入門書づくりが提案された。その後原口が、ともに再生フォーラムをつうじて出会った稲田・白波瀬・平川に呼びかけ、共同編集に携わることになった。このような経緯により、本書は多様な読者に開かれた書物へと育てられた。

編集に携わった私たち四人は、釜ヶ崎の研究に対する情熱を、そしてこのまちに育てられた感謝の想いを、それぞれが強く抱いていた。とはいえ、研究者としてはよちよち歩きを始めたばかりの、じつに頼りない四人であった。実績の乏しい私たちの申し出を快諾してくださり、執筆を引き受けてくださった方々に、深くお礼を申し上げたい。また、本書を刊行するまでにお世話になった釜ヶ崎の団体は数えきれない。紙幅の都合上、固有名は割愛するが併せてお礼を申し上げる次第である。最後に、出版不況のなか、企画を受け入れてくださり、たくさんのアイデアを注ぎ込んでくださった洛北出版の竹中尚史氏には心より感謝したい。

本書が、釜ヶ崎に関心をもつ多くの人々に読み継がれることを願ってやまない。

二〇一一年九月一日

原口 剛・稲田七海・白波瀬達也・平川隆啓

| | | |
|---|---|---|
| 2002 | 8 | ホームレスの自立の支援等に関する特別措置法（ホームレス自立支援法）施行 |
| | 9 | 反失連、野営闘争（~2003.12） |
| | 11 | 大阪城仮設一時避難所（定員300人）、開設（~2008.3） |
| 2003 | 1 | ホームレスの実態に関する全国調査を実施（全国25,296人、大阪市6,603人） |
| | 7 | 居住地がない者に対する居宅保護の敷金支給開始 |
| | 10 | 佐藤訴訟、大阪高裁において原告勝訴（生活保護に関する訴訟） |
| 2004 | 1 | あいりん臨時夜間緊急避難所（シェルター440床）、開設（萩之茶屋） |
| | 5 | NPO法人サポーティブハウス連絡協議会、発足 |
| 2005 | 3 | 大阪国際ゲストハウス地域創出委員会（OIG委員会）、設立 |
| | 8 | 大阪ホームレス就業支援センター、開設 |
| 2006 | 1 | 釜ヶ崎支援機構「お仕事支援部」、開設 |
| | | 自立支援センター舞洲1・2、開設（定員各100人） |
| | 5 | 禁酒の館、開設（西成消防署海道出張所跡地） |
| 2007 | 3 | 釜ヶ崎内で2,088人住民登録、職権消除 |
| | 4 | 指定管理者制度にともない（社福）石井記念愛染園による西成市民館の運営が開始 |
| 2008 | 1 | NPO法人こえとことばとこころの部屋（ココルーム）、動物園前一番街にカフェ開設 |
| | 6 | 第24次暴動 |
| | | （仮称）萩之茶屋地域まちづくり拡大会議、発足 |
| 2009 | 6 | カマン！メディアセンター、開設 |
| | 7 | 新今宮観光インフォメーションセンター（新今宮TIC）、開設 |
| | 11 | 萩之茶屋小学校東側の路上屋台、撤去 |
| 2011 | 7 | 仏現寺公園、子どもスポーツひろばとして再開 |

| | | |
|---|---|---|
| 1993 | 10 | 釜ヶ崎就労・生活保障制度実現をめざす連絡会（反失連）、発足 |
| | | 釜ヶ崎医療連絡会議（医療連）、発足 |
| 1994 | 6 | あいりん総合センター、夜間開放 |
| | 11 | 高齢者特別清掃事業、開始 |
| 1995 | 10 | 道頓堀川「ホームレス」襲撃事件 |
| 1996 | | 木曜夜まわりの会、発足 |
| 1997 | 4 | 野宿者ネットワーク、発足 |
| | 6 | あいりん総合センター、夜間開放 |
| | 10 | のぞみ作業所、開設 |
| 1998 | 8 | 大阪市における野宿者概数・概況調査（大阪市内 8,660 人） |
| | 11 | 反失連、三徳寮横に大テント設置 |
| | 12 | 今宮中学校南側のテントに対する行政代執行 |
| 1999 | 2 | あいりん総合センター、夜間開放を終了 |
| | 6 | 簡宿組合、簡宿活用 2000 室プランを提案 |
| | 8 | 簡易宿泊所、1 日 10 人の野宿者無料宿泊を開始 |
| | 9 | NPO 法人釜ヶ崎支援機構、発足 |
| | 10 | 釜ヶ崎のまち再生フォーラム、発足 |
| 2000 | 4 | あいりん臨時夜間緊急避難所（シェルター 600 床）、開設（今宮） |
| | 6 | 簡易宿泊所、共同住宅やサポーティブハウスへの転業が始まる |
| | 10 | 自立支援センター大淀、開設（定員 100 人） |
| | 11 | 自立支援センター西成、開設（定員 80 人） |
| | 12 | 自立支援センター淀川、開設（定員 100 人） |
| | | あいりん相談室、開設（三徳寮内） |
| | | 長居仮設一時避難所（定員 250 人）、開設（~2003.3） |
| 2001 | 12 | 西成仮設一時避難所（定員 200 人）、開設（~2005.1） |
| 2002 | 4 | 三徳生活ケアセンター、増設（定員 224 人） |

| | | |
|---|---|---|
| **1975** | 12 | あいりん越年対策（大阪市）、南港に仮設の臨時宿泊施設を設置 |
| **1976** | 4 | 今池こどもの家、開設（今池生活館内） |
| | 7 | 釜ヶ崎日雇労働組合（釜日労）、発足 |
| | 11 | 花園公園、フェンスで囲われる |
| **1977** | 4 | 仏現寺公園、フェンスで囲まれる |
| | 12 | 四角公園、フェンスで囲まれる |
| **1978** | 4 | 釜ヶ崎解放会館、開設 |
| **1980** | 4 | 釜ヶ崎春闘、開始 |
| | 5 | 釜ヶ崎夜間学校、開始 |
| | | こどもの里、開設 |
| **1981** | 3 | 釜ヶ崎地域合同労働組合（釜合労）、発足 |
| | 9 | たそがれコンサート、開催 |
| **1982** | 5 | 全国日雇労働組合協議会（日雇全協）、発足 |
| **1983** | 6 | 釜ヶ崎差別と闘う連絡会（準）、発足 |
| **1984** | 3 | 市立新今宮小・中学校、閉校 |
| **1986** | | あいりん職安、簡易宿泊所の宿泊証明による新規手帳交付を廃止（住民票の提出を求める） |
| **1990** | 2 | 天王寺公園、有料化 |
| | | 三徳寮・新今宮文庫・子供教室、開設（市立新今宮小・中学校跡地） |
| | 4 | 今池平和寮、開設（市立今池生活館跡地） |
| | 8 | 三徳生活ケアセンター、開設 |
| | 10 | 第 22 次暴動 |
| **1992** | 7 | 釜ヶ崎高齢日雇労働者の仕事と権利を勝ち取る会（勝ち取る会）、発足 |
| | 10 | 第 23 次暴動 |

| | | |
|---|---|---|
| **1966** | 12 | 南海電鉄新今宮駅、設置 |
| | | 第 4~7 次暴動 |
| **1967** | 6 | 第 8 次暴動 |
| **1969** | 5 | 全日本港湾労働組合（全港湾）建設支部西成分会、発足 |
| **1970** | 4 | わかくさ保育園、開園 |
| | 5 | 第 1 回釜ヶ崎メーデー |
| | 10 | あいりん総合センター、開設（今宮診療所廃止） |
| | 11 | あいりん職安、日雇失業保険の適用を開始（白手帳を発行） |
| | | 釜ヶ崎協友会（のちの釜ヶ崎キリスト教協友会）、発足 |
| | 12 | 釜ヶ崎越冬対策実行委員会（越冬実）、発足 |
| | | 第 9 次暴動 |
| **1971** | 5 | 第 2 回釜ヶ崎メーデー、地域で初のデモ実現 |
| | 8 | 市立更生相談所、開設（市立愛隣会館内） |
| | 9 | 福利厚生資金（モチ代・ソーメン代）、支給開始 |
| | | 第 10~12 次暴動 |
| **1972** | 5 | 鈴木組闘争 |
| | | 野鳥の会、発足 |
| | 6 | 暴力手配師追放釜ヶ崎共闘会議、発足 |
| | 8 | 第 1 回釜ヶ崎夏まつり |
| | | 第 13~19 次暴動 |
| **1973** | 11 | 西成区住居表示変更（これに伴い公園名称も変更） |
| | 12 | 市立あいりん小中学校を市立新今宮小中学校と改称・校舎移転 |
| | | 第 20・21 次暴動 |
| **1975** | 2 | 越冬テント村（花園公園）、機動隊が強制排除 |
| | 3 | 簡易宿泊所「千成ホテル」、全焼 |
| | 12 | 釜ヶ崎炊き出しの会、発足（四角公園で炊き出し） |

| | | |
|---|---|---|
| 1955 | 4 | 西成市民館、開設（市立今宮市民館を旧西成区甲岸町に新築移転） |
| 1960 | 7 | 西成愛隣会、結成 |
| 1961 | 4 | 西成愛隣会館、開設（旧西成区甲岸町） |
| | 5 | 大阪府簡易宿所環境衛生同業組合（簡宿組合）、発足 |
| | 8 | 第 1 次暴動 |
| | 9 | 大阪府労働部西成分室、設置 |
| | | 全日本自由労働組合（全日自労）大阪支部釜ヶ崎分会、結成 |
| | | 西成署防犯コーナー、開設 |
| | 10 | 西成保健所分室、設置（西成愛隣会館内） |
| 1962 | 2 | あいりん学園、開校（旧西成区海道町） |
| | 8 | 市立愛隣会館、開設（旧西成区東田町） |
| | 8 | 西成保健所分室・あいりん学園、市立愛隣会館内へ移転 |
| | 10 | あいりん貯蓄組合、開設 |
| | | 財団法人西成労働福祉センター、開設（旧西成区東入船町） |
| | 12 | 市立愛隣寮、開設 |
| | | 馬渕生活館、開設 |
| 1963 | 1 | 済生会今宮診療所の所長に本田良寛 |
| | 4 | 財団法人西成労働福祉センター、新築移転（旧西成区東入船町） |
| | | 市立あいりん小・中学校、開校（愛隣会館内） |
| | | 第 2･3 次暴動 |
| 1964 | 3 | 環状線新今宮駅、開設 |
| 1965 | 4 | 市立今池生活館、開設 |
| | 7 | 港湾労働法施行 |
| 1966 | 6 | 愛隣地区対策三者協議会（府・府警・市）、設置（釜ヶ崎を愛隣地区に） |
| | 11 | 街頭監視カメラ、設置 |

# 年表で見るまち（この本で述べられた出来事を中心に）

本書では言及しなかった事項も含む。言及した事項のページ数は「索引」から調べられます

| | | |
|---|---|---|
| 1885 | | 長町、コレラの大流行（~1886年） |
| 1886 | 5月 | 長屋建築規則制定 |
| | 12 | 宿屋取締規則制定 |
| 1891 | 3~4 | 長町の取り払い（長屋建築規則の適用によるスラムクリアランス） |
| 1897 | 4 | 大阪市第1次市域拡張 |
| 1898 | 4 | 宿屋営業取締規則（宿屋取締規則を改正、大阪市・堺市内での木賃宿営業を禁止） |
| 1903 | 3~7 | 第5回内国勧業博覧会 |
| 1906 | | 難波署による「貧民窟の掃討」「無頼漢狩」（~1907年） |
| 1912 | 6 | 大阪自彊館、開設 |
| 1913 | 4 | 恩賜財団済生会大阪府今宮診療所、開設（恵美須町） |
| 1918 | 12 | 飛田遊郭、営業開始 |
| 1920 | 4 | 大阪市社会部、設置 |
| 1921 | 10 | 四恩学園、開設 |
| 1922 | 3 | 町名改正により小字名「釜ヶ崎」が消滅 |
| 1923 | | 簡易宿止宿人の実態調査 |
| 1925 | 4 | 大阪市第2次市域拡張 |
| 1926 | 10 | 宿屋営業取締規則改定（木賃宿の名称が簡易宿に変更される） |
| 1927 | 7 | 不良住宅地区改良法施行 |
| 1929 | | 今宮警察署による簡易宿止宿人の実態調査 |
| 1933 | 11 | 聖心セツルメント（愛徳姉妹会）、開設 |
| 1937 | | 大阪市による不良住宅地区調査 |
| 1938 | 3 | 西成労働至誠団、結成 |
| 1947 | 3 | 市立今宮市民館、開設（旧西成区東田町） |
| 1950 | 5 | 阿倍野公共職業安定所西成労働出張所、東萩町に移転 |

# ま



# や



# ら



# わ

# な



# は

# た

# さ

# か

# 索引

年表のページの頁数は含めない。ページ下部の写真は1966年に撮影された（上畑恵宣撮影、大阪市立大学都市研究プラザ所蔵）

**欧文・数字**



# あ

**松繁逸夫**（まつしげ・いつお）MATSUSHIGE Itsuo ◉ **261~283** 頁

1950 年生。釜ヶ崎資料センター代表。共著として『知っていますか？ ホームレスの人権 一問一答』（解放出版社、2003 年）

**松村嘉久**（まつむら・よしひさ）MATSUMURA Yoshihisa ◉ **345~369** 頁

1966 年生。阪南大学国際観光学部教員。単著として『中国・民族の政治地理』（晃洋書房、2000 年）など。

**水内俊雄**（みずうち・としお）MIZUUCHI Toshio ◉ **143~155** 頁

1956 年生。大阪市立大学教員。専門は都市社会地理学、共著として『モダン都市の系譜』（ナカニシヤ出版、2008 年）ほか、雑誌「ホームレスと社会」（明石書店）の編集長をつとめる。

**水野阿修羅**（みずの・あしゅら）MIZUNO Asyura ◉ **370~375** 頁

1949 年生。1970 年より釜ヶ崎で生活。港湾、運送、建設業で日雇い生活。著書として『その日暮らしはパラダイス』（ビレッジプレス、1997 年）、『脱暴力を呼びかける』（人民新聞社、2007 年）。共著として『「男らしさ」から「自分らしさ」へ』（かもがわ出版、1996 年）。

**村松由起夫**（むらまつ・ゆきお）MURAMATSU Yukio ◉ **202~205** 頁

1950 年生。（社福）釜ヶ崎ストロームの家　のぞみ作業所施設長。1986 年より釜ヶ崎のアルコール依存症者の自立支援プログラムなど生涯支援に取り組む。

**吉村智博**（よしむら・ともひろ）YOSHIMURA Tomohiro ◉ **185~201** 頁

1965 年生。博物館学芸員。大阪市立大学人権問題研究センター特別研究員。近代大阪における差別問題を歴史的に研究しており、とくに都市部落（西浜）と寄せ場（釜ヶ崎）に関心をもっている。

**渡辺拓也**（わたなべ・たくや）WATANABE Takuya ◉ **51~73** 頁

1979 年生。大阪市立大学大学院都市文化研究センター研究員、社会理論・動態研究所研究員。専門は労働社会学。本書の原稿のベースとなった文章や関連情報などを Web サイトでお読みいただけます（http://www.geocities.jp/miirakansu/index.html）。

**白波瀬達也**（しらはせ・たつや）SHIRAHASE Tatsuya ◉ **285~313**頁

1979年生。大阪市立大学都市研究プラザ GCOE 特別研究員。社会学博士。専門は宗教社会学、福祉社会学。研究活動に従事するかたわら、2007年より釜ヶ崎の地域福祉施設「西成市民館」でソーシャルワーカーとしても活動する。ホームページは http://tatsuyashirahase.com/

SHINGO★西成（しんご・にしなり）SHINGO NISHINARI ◉ **108~111**頁

1972年生。まさにココ西成出身のミュージシャン。ヒップホップという音楽を武器に独自のソウルフルな「べしゃり芸」で表現する世界観は層が厚くキャラの濃い関西シーンでも突出して今や名実共に完全なる「大阪名物」である。www.shingonishinari.jp **twitter**: @shingo_ghetto

能川泰治（のがわ・やすはる）NOGAWA Yasuharu ◉ **79~106**頁

1966年生。金沢大学教員。専門は歴史学（日本近現代史）。共著として『近代日本の地方都市』（日本経済評論社、2006年）など。

**原口　剛**（はらぐち・たけし）HARAGUCHI Takeshi ◉ **15~37**頁 ◉ **235~255**頁

1976年生。大阪市立大学都市研究プラザ研究員。専門は都市社会地理学。共著として、『ホームレス・スタディーズ——排除と包摂のリアリティ』（ミネルヴァ書房、2010）、『労働再審 第4巻——周縁労働力の移動と編成』（大月書店、2011）など。

原田麻以（はらだ・まい）HARADA Mai ◉ **314~317**頁

1985年生まれ。2009年より NPO 法人ココルームスタッフ。カマン！メディアセンターの立ち上げ、運営を行なう。えんがわ日和おしゃべり相談会・勉強会などのプロジェクトを実施。ホームページは http://www.kama-media.org/

**平川隆啓**（ひらかわ・たかあき）HIRAKAWA Takaaki ◉ **113~142**頁

1979年生。2008年よりココルームスタッフ、2009年より大阪市立大学都市研究プラザ GCOE 特別研究員。建築や地理に関心を持ち、まちづくりにかかわる。

本田哲郎（ほんだ・てつろう）HONDA Tetsuro ◉ **256~259**頁

1942年生。カトリック司祭。1989年11月より釜ヶ崎で活動。著書として『小さくされた人々のための福音』（新世社、2001年）、『釜ヶ崎と福音』（岩波書店、2006年）など。

**著者紹介文**（五十音順　太字の名前は編著者を示す）

## ありむら潜（ありむら・せん）ARIMURA Sen ◉ 39~50頁

1951年生。1975年から財団法人西成労働福祉センター職員。釜ヶ崎のまち再生フォーラム事務局長。漫画家。著書は『カマやんの野塾――漫画ホームレス問題入門』、『ホテルNew釜ヶ崎』、『釜ヶ崎〈ドヤ街〉まんが日記シリーズ①〜⑤』、『最下流ホームレス村から日本を見れば（居住福祉ブックレット）』など。

## **稲田七海**（いなだ・ななみ）INADA Nanami ◉ 319~344頁

1975年生。大阪市立大学都市研究プラザ特別研究員。専門は福祉地理学。論文として、「定住地としての釜ヶ崎――「寄せ場」転換期における野宿生活者支援」（『人間文化論叢』第7巻所収、2004年）など。ホームページはhttp://miou-miou.net/

## 海老一郎（えび・かずお）EBI Kazuo ◉ 207~230頁

1958年生。財団法人西成労働福祉センター職員。共著として『路上に生きる命の群』（随想舎、1999年）、論文として「日雇労働市場の縮少過程と野宿生活者問題」（『ホームレス研究』信山社、2007年）など。

## 加藤政洋（かとう・まさひろ）KATO Masahiro ◉ 157~184頁

1972年生。立命館大学教員。都市を地理歴史から探究中。ホームページはhttp://urbanist.blue.coocan.jp/

## 川浪　剛（かわなみ・たけし）KAWANAMI Takeshi ◉ 231~234頁

1961年生。真宗僧侶。支縁のまちサンガ大阪代表。共著として『介護保険ビジネス総覧』（サイエンスフォーラム、2000年）、『貧魂社会ニッポンへ――釜ヶ崎からの発信』（アットワークス、2008年）がある。

## 荘保共子（しょうほ・ともこ）SHOHO Tomoko ◉ 74~77頁

1947年生。1977年、聖フランシスコ会運営の「ふるさとの家」で学童保育「子どもの広場」を開設。以来、長きにわたり、釜ヶ崎の子どもの人権保障に取り組む。1998年「こどもの里」館長に就任。西成区要保護児童対策地域協議会会員。大阪市子ども家庭支援員。

# 釜ヶ崎《かまがさき》のススメ


2011年10月3日　初版第1刷発行　　四六判・総頁数400頁（全体396頁）
2014年 9月8日　初版第4刷発行

編著者
原口 剛　稲田七海
白波瀬達也　平川隆啓

発行者　竹中尚史
本文組版・装幀　洛北出版編集
発行所　洛北出版



606-8267
京都市左京区北白川西町 87-17
tel / fax 075-723-6305
info@rakuhoku-pub.jp
http://www.rakuhoku-pub.jp



郵便振替　00900-9-203939
印刷　シナノ書籍印刷





ISBN978-4-903127-14-9 C0036

APTAIN STAG